法藏知津

中國佛教研究集成

初 編

杜潔祥 主編

第7冊

《觀音玄義》思想研究
——以「性」、「修」善惡爲中心

王慧燕 著

花木蘭文化出版社

國家圖書館出版品預行編目資料

《觀音玄義》思想研究——以「性」、「修」善惡為中心／王慧
燕 著 — 初版 — 台北縣永和市：花木蘭文化出版社，2010〔
民 99〕

目 4+172 面：19×26 公分
（法藏知津——中國佛教研究集成 初編：第 7 冊）
ISBN：978-986-6528-27-9（精裝）
1. 法華部 2. 佛教哲學 3. 善惡
225.51　　　　　　　　　　　　　　　　　97016637

ISBN - 978-986-6528-27-9

9 789866 528279

法藏知津——中國佛教研究集成
初 編 第 七 冊　　　　　　ISBN：978-986-6528-27-9

《觀音玄義》思想研究——以「性」、「修」善惡為中心

作　　者　王慧燕
主　　編　杜潔祥
總 編 輯　杜潔祥
印　　刷　普羅文化出版廣告事業
出　　版　花木蘭文化出版社
發 行 所　花木蘭文化出版社
發 行 人　高小娟
聯絡地址　台北縣永和市中正路五九五號七樓之三
　　　　　電話：02-2923-1455／傳真：02-2923-1452
電子信箱　sut81518@ms59.hinet.net
初　　版　2008 年 9 月（一刷）　2010 年 8 月（二刷）
定　　價　初編 36 冊（精裝）新台幣 55,000 元　　版權所有‧請勿翻印

《觀音玄義》思想研究
——以「性」、「修」善惡爲中心

王慧燕　著

作者簡介

王慧燕，臺灣花蓮人。現為臺灣大學中文博士候選人。
學歷：政治大學中文碩士，華梵大學中文系學士。
經歷：華梵大學通識教育中心兼任講師、台灣科技大學人文學科兼任講師。
研究方向：天台思想、明末清初學術發展、宋明理學、先秦諸子思想。

提　　要

　　歷來對於《觀音玄義》的研究，主要集中於論究天台宗的「性惡」（「性具善惡」）思想上，較少探討《觀音玄義》的整體思想。因此，本論文以「性」、「修」善惡論題為中心，旨在就《觀音玄義》的全文脈絡，抉發其核心觀念，進而呈現其思想的整體圖象。

　　大乘佛教菩提道的修學，是以「自行化他」為主要內容，因此，度化眾生是成佛不可或缺的修行要道。緣此，菩薩道上成立「感應」之門；而「感應」的具體落實，便關涉到佛教聖者與眾生的生命內涵。《觀音玄義》裡，以慈悲度眾的觀世音菩薩為菩提道修學的代表人物，並藉此闡釋諸佛菩薩弘法利生的佛教事業。凡夫道上的眾生，具有可以圓滿覺悟成佛的潛能：「性德」；基於此一內在於各個生命的平等性，已經成就的聖者藉由悲願大力引導眾生時，凡情眾生於是得以轉凡為聖。在世間凡眾有「感」，而佛教聖賢能「應」的兩端，於事理上便是成立了彼此「感應」的現象和理由。同時就在「感應」關係網絡的確立上，為成立種種可能路徑，以便讓度化眾生事業得以更順利進行、更廣大開展，聖者以「惡」為方便的「法門」，於是有其可以成立的理論根據。其次，在應化救苦的菩薩道修行上，透顯出了「慈悲」這一主題；而尚為煩惱所纏縛的眾生，在大乘佛教「心」、「佛」、「眾生」三無差別的實相觀照下，對於眾生，「觀心」成為最簡易的修學入手處；而其展開，便是圓滿「定」「慧」的六度修行。因此，在修行層面，《觀音玄義》乃通過「慈悲」、「觀心」、「定慧」三項法目，來闡說其內容。

目

次

第一章　緒　論

在緒論裡，首先，對本論文的研究動機與目的做相關的說明；其次，則以檢論現有的研究成果爲基礎，進一步地爲本論文所欲討論的問題及其所可以討論的問題做劃定。再者，則交代本論文所運用的研究方法，及本論文的論述程序。

第一節　研究動機與目的

本節在於概述發現研究論題暨對象的實際動機，以及說明本研究工作預期達成的相關目的。

一、動　機

觀（世）音菩薩，一位在中國佛教或民間信仰中，爲人所熟悉和仰信的修行成就者。俗語有言：「家家（阿）彌陀，戶戶觀（世）音。」這一說法，無疑顯示了觀（世）音信仰業已普遍進入人們的生活世界。然而，宣說觀（世）音菩薩慈悲心量不可測知，並且廣能在十方世界濟度眾苦的佛教典籍，自南北朝時代（西元 220～589 年）以迄於今，在華人生活世界裡普被諷誦、流傳的一部，應該推許爲是由梵名 Kumārajīva、華稱鳩摩羅什（西元 344～413 年，一說西元 350～409 年；以下或略稱羅什、羅什法師）所譯的《妙法蓮華經・觀世音菩薩普門品》〔註1〕（以下簡稱《法華經・普門品》，或僅略名〈普門品〉）。

〔註1〕姚秦・鳩摩羅什譯《妙法蓮華經》七卷或八卷，收錄於日本・大藏經刊行會編輯，《大正新修大藏經》（以下簡稱《大正藏》，略號 T；台北：新文豐出版

—1—

〈普門品〉雖然擁有廣大諷誦群，在民眾信仰世界裡佔一極其重要的地位，而且也每以〈觀世音菩薩普門品〉於民間單行流通，甚至將〈普門品〉喚爲《觀音經》。但是，且先擱下宗教信仰的角度，只從學術研究立場來面對〈普門品〉，在漢文學界裡，即使思考、論及該品經文的思想義理者，一般也多僅是在講述《妙法蓮華經》（以下簡稱《法華經》）、或研究天台宗教義之際，順帶提起；單獨以〈普門品〉本身爲對象的研究論文，就目前所見，無乃屈指可數。

然而，問題是：遠在隋朝（西元 581～618 年），天台宗一代大師智顗（西元 538～597 年；以下或稱智者、智者大師），便已將〈普門品〉單獨提出，並且詳細詮解，以致今日仍然留有如《觀音玄義》、《觀音義疏》等述著於世〔註 2〕。爲什麼智者大師要從品有廿八的《法華經》裡，正好只提出〈普門品〉來施以詳細解說與闡釋呢？更重要的是，〈普門品〉究竟講述了怎樣重要的思想？或是其中涵蘊或展示哪些值得珍視的精神，致令智者大師如此鄭重地將它單獨提出，並且詳細闡解？

事實上，最初便是因緣於上述問題的思索，並且在進一步研讀《觀音玄義》、《觀音義疏》等智者大師對於〈普門品〉所做文義闡解時，發現了：藉由解說、揭示〈普門品〉文句和大義的方式，智者大師提出「性德」與「修德」觀念，以及由此連及的「善」、「惡」等問題，由於涉及的是佛教在義理和實踐這兩大層面所要面對的課題，實爲更具豐富意含的言說，因而尤其值得深入從事相關研究及闡論。再者，細察歷來針對《觀音玄義》的研討，焦點也多只集中於其中的「性惡說」上；而且，也並不是經由《觀音玄義》全文脈絡本身的掌握來做更具系統完整的論述，但只常以天台宗「性具」思想切入討論「性惡」論點成立因由爲其解釋重點，反而對於說「惡」或說「善」所依的「性德」、「修德」本身，但只視爲不必贅述的觀念，因而忽略其所涉及的問題，由此也較少從事更多層面的深入探討。

「性德」與「修德」，並及於「善」、「惡」——總稱爲「性修善惡」這一在《觀音玄義》中觸及的問題，關涉了諸如：理論與實踐、自修與度他、現實

公司影印，1983 年，修訂版一版），第九冊，頁 1 上～62 下；〈普門品〉位列該經品目第二十五，頁 56 下～58 中。

〔註 2〕《觀音玄義》二卷，與《觀音義疏》二卷，都是智顗大師講說，而由大師門人灌頂（西元 561～632 年）記錄所成，收入《大正藏》第三十四冊；所在起始頁碼暨欄位，分別爲頁 877 上～892 上，和頁 921 上～936 上。

與理想、個體生命與普遍關懷、諸佛體性與眾生心識，乃至於主觀宣示與客觀言說等等層面有待探討的課題；這些都是促使期望藉由本論文所展開的討論工作，在「性修善惡」這問題意識主軸下，求能獲致釐清和解答的思想動機！

二、目　的

　　動機發於現實，目的卻是就上述問題，本論文希望完成的相關思考內容：包括歷程的展示、解釋的建立和理由的尋獲方面。因此，在以〈普門品〉本身所展示的慈濟精神這根本關懷之下，通過對於天台宗教義的基本掌握，嘗試循著《觀音玄義》言說脈絡，來釐定智者大師藉由「性」、「修」及「善」、「惡」觀念所要表述的思想內涵，探討涉及「教」（理論）與「觀」（實踐）層面的佛學論題，從而援以論究「性（德具）惡」說在《觀音玄義》整體義理網絡裡，究竟佔有何種理論地位？或在宗教層面，含有怎樣的意義？

　　因此，具體條列本論文承載的研究目的，便有以下數項：

（一）學術研究層面

1. 掌握《觀音玄義》由以解說〈普門品〉義涵的言說架構或運思方式。
2. 探討「性德」、「修德」觀念的確定義涵，以及它們如何在《觀音玄義》整體教說脈絡中被提出。
3. 論述智者大師有關「性德」、「修德」之「具惡」或「具善」說法的確定義涵，並且進一步發掘其說法所由成立的義理基礎。
4. 嘗試為智者大師在《觀音玄義》的論義，尋得使之貫串為整體的基本軸線。
5. 扣緊〈普門品〉所啟示的慈悲度眾精神，探察經由「性修善惡」論題的提出，在《觀音玄義》中，是否建構了一種可以讓人援以完整地認識佛法旨要的清晰輪廓。

（二）個人生命成長層面

　　在將「因由」確立、將「內涵」闡發、將「關係」釐清，以及將「意義」釐定的研究目標底下，把屬於「生命的學問」這種型態的佛教思想當成研究對象時，連繫自己的生命關懷和日常感思，應該說是更有一種發諸心靈、屬於宗教情調的根本力量，要求所有展開的研究工作，不能僅僅止於指向思想研究層面的目的；而是期許自己如何藉由理論的探索，嘗試為自、他尋獲一

點足以援之以資益心靈生命成長的養分。因此，雖然異乎學術工作性質，但只緣於個人的生命關懷，本論文另一層的目的便是：希望藉由這一以「性修善惡」問題爲主軸的相關探討，闡揚發掘所得可以指導生活實踐的宗教意含，以便讓學術研究的功用不至只及於研究者的思維世界。

第二節　現有成果與論議範圍

　　本節目的乃在針對現有研究成果進行舉要式的檢視與評述工作，藉以看出前輩學者研究的重心與指出的方向，從而確定自己所將側重的研究面向與可以採行的觀點角度；同時，也將交代本論文所依的基本文獻，以及說明在論述上可能涉及的相關知識範圍。

一、檢論現有研究成果

　　與《觀音玄義》的研究相關，涉及譬如「性惡」、「性具」、「佛不斷性惡」或「如來性惡」等論題的探討，正像本論文「參考書目」項中所列，已有不少單篇論文〔註3〕；此外，在天台宗通論或相關專論的著作裡，也多可見述及〔註4〕。然而，檢視現有研究成果，如果要求一一加以評述，顯然不僅篇幅不足，且力有未逮，況且也並非是必要的。於是，在這裡檢討現有可見的研究成果，將僅就學生認爲比較相關的論著，以表格方式先整理呈出，然後再隨以針對這些研究成果的總括式論述。

（一）單篇論文

　　茲將較爲直接相關的單篇論文篇名，以時間先後排序，羅列如下：

篇　　　名	作　者	刊　登　處	出版時間
〈天台智者大師的如來性惡說之探究〉	張瑞良	《臺大哲學論評》第九期	1986 年 1 月
〈智顗的性惡說〉	釋恆清	《臺大哲學論評》第十三期	1990 年 1 月
《觀音玄義》「性惡」問題之探討	陳英善	《中華佛學學報》第五期	1992 年 7 月

〔註3〕請參見本論，頁139～142。
〔註4〕例如《中國天台宗通史》（潘桂明、吳忠傳著，南京：江蘇古籍出版社，2001），頁86～158。《天台中道緣起實相論》（陳英善，台北：東初出版社，1995年3月），頁365～372。《天臺教學史》（釋慧嶽，中華佛教文獻編纂社，1974），頁75。餘請參考本論所附的參考書目。

〈天台宗性惡說的意義〉	楊祖漢	《鵝湖學誌》第十四期	1995 年 6 月
〈從「法性即無明」到「性惡」〉	楊惠南	《佛學研究中心學報》第一期	1996 年 7 月
〈關於天台「性具善惡論」之形成與闡發之考察──以「性惡」說為中心〉	金希庭	《華岡研究學報》第二期	1997 年 3 月
〈智顗的「性具善惡」學說及其理論價值〉	張風雷	《宗教哲學》第三卷第二期	1997 年 4 月
〈評〈從「法性即無明」到「性惡」〉〉	陳英善	《佛學研究中心學報》第二期	1997 年 7 月
〈試論「佛不斷性惡」說之思惟方式〉	王志楣	《中華學苑》第五十二期	1999 年 2 月
〈論天台宗的染淨善惡觀〉	楊維中	《中國佛學》第三卷第一期（春季號）	2000 年 4 月

上列單篇論文，或以小篇幅針對「性具」思想從事宏觀討論，並且涉及天台宗整體思想，和「性具」思想發展史的，如陳英善、楊惠南二位教授的論著；或者是專門論究「性惡」教說在思惟方式上的表現的，如王志楣教授所撰；也有比較、討論天台宗「性具」思想與華嚴宗「性起」思想間異同的，譬如慧嶽法師所著；乃至於將天台宗與儒家在人性論問題進行比較研究的，譬如楊祖漢教授所撰。然而，總括焦點都落在天台宗「性惡說」上，對於「修」行層面的善、惡問題，便討論得較少；當然，能夠述及《觀音玄義》其他重要觀念，及其同「性」或「修」善、惡問題間之關係的，尤為罕見。

（二）學位論文

茲將主要相關的學位論文，依時間先後羅列如下：

書　　名	撰 者	類　　別	撰成年月
《智者大師的實相論與性具思想之研究》	李燕蕙	中國文化大學哲學系碩士論文	1985 年
《智者與荀子性惡觀之比較研究 ──基於社會歷史發展的考察》	張明杰	中國文化大學哲學系碩士論文	1992 年
《天台圓教與佛性思想之研究》	許國華	政治大學哲學系碩士論文	1994 年
《天台智顗性說研究》	賴志銘	中央大學哲學系碩士論文	1995 年
《試析「佛法身之自我坎陷」與天台圓教「性惡法門」之關係》	林妙貞	南華大學哲學系碩士論文	1999 年

上列是與《觀音玄義》，而且偏重在同「性惡說」有關的國內博、碩士學位論文：《智者大師的實相論與性具思想之研究》，研究智者大師的實相論與性具思想；《天台圓教與佛性思想之研究》，探討天台圓教與佛性思想；《智者與荀子性惡觀之比較研究 ── 基於社會歷史發展的考察》，則比較智者與荀子

的性惡思想；《天台智顗性惡說研究》、《天台性具圓教之義理根據及其開展之獨特模式》則以天台智顗的性惡說爲研究主題，但討論範圍甚至涉及榮格（C.G. Jung，西元 1875～1961 年）的人格心理學理論，把它拿來同智顗性惡說參照、比較，進行論說。顯然，這些都不是針對《觀音玄義》進行一種整體性思想考究的研究論文。

　　總上概述的期刊、學報論文，或是碩、博士學位論文，可謂都較偏重於關注天台宗的「性具」或「性惡」一類說法的討論，尚未見有著眼於《觀音玄義》在「性」、「修」與「善」、「惡」這雙層兩面說法上的探究者，所以認爲或許可以嘗試就此主題進行相關問題的討論，完成一部碩士論文。

（三）專　著

　　到目前爲止，似乎也還未能見到全面地討論《觀音玄義》的一部專著，而只在探討天台宗「性具」思想的著作裡，或論及天台宗相關問題的書內，並隨「性具」思想或「性惡」觀點的討論而述及《觀音玄義》，如前所說，更不是直接針對《觀音玄義》的討論。即使觸及《觀音玄義》而集中在「性惡」這一個論題的闡述，對於「性惡說」觀點提出所在的「釋名通釋」之「料簡緣了」一段〔註5〕，或多或少、或詳或略皆有所論說，也還是多半未將之置諸《觀音玄義》中該一言說脈絡底下展開，而是縮連於天台宗的「性具」思想背景來進行論說；不過，「性具」思想本身之由智者大師發始，而歷經唐・荊溪湛然（西元 711～782 年）、宋・四明知禮（西元 960～1028 年）等諸大師的紹述，觀點在內涵上也許已更豐富多元，或者重點更早已有所轉移，那麼採取類似方式及角度進行對於特定議題的論述，是否得宜，似乎有待深入考慮。

二、論議範圍的劃定

　　本論文以《觀音玄義》的「性修善惡」問題爲討論主軸，因此《觀音玄義》乃爲本研究工作進行時最重要的經典依據，而《觀音義疏》對於了解〈普門品〉文義有直接助益，則爲所依的次要典據。

　　不過，由於在《觀音玄義》中所論及的觀念，譬如：本跡、體用、眞應、權實、冥顯……等，其所涉問題與義涵的解說，實際又已超出《觀音玄義》本身所有的論說，而必須向智者大師其他述作，例如《法華玄義》、《法華文

〔註 5〕詳見《觀音玄義》卷上，T34.882c～883a。

句》、《摩訶止觀》等，尋求解說與證據上的支持，所以這些著作也是本論文援以作爲輔助說明的重要典據。

更重要的是，《觀音玄義》乃是針對〈普門品〉從事大義闡說的一部論著，因此學人如果對於〈普門品〉之內容與精神缺乏一定程度的認識，那麼，不僅一來難以理會智者大師所有講述的要義所在，另一方面，自然也無法辨析智者大師的說法，究竟是否如實照應了〈普門品〉的思想意旨。更有甚者，如果要問智者大師藉由《觀音玄義》所闡發的義理，相較於〈普門品〉本身，在思想方面是否具有可名之爲「發展」的意義，或反而使〈普門品〉的思想暨精神愈加隱蔽的問題，無疑地不以了解〈普門品〉的內涵爲前提，勢將無法獲致確切的釐定。

此外，關於智者大師的述著，歷來有所謂天台三大部：《法華玄義》、《法華文句》、《摩訶止觀》，與天台五小部：《觀無量壽佛經疏》〔註6〕、《金光明經玄義》、《金光明經文句》〔註7〕、《觀音玄義》、《觀音義疏》之稱；《觀音玄義》位列天台五小部之一，研究者自然也難以遠離智者大師整體教說的大義而能更準確地理解《觀音玄義》的義理內涵，乃至及於其中問題和觀念的本質。因此，雖然本論文無意、也不能詳論智者大師在其他述著中的義理闡釋，但是，基於部分不離全體、對某學說的整體掌握將有助於確定局部說法的義含，這一研究信念的持守，在本論文中，如果對於智者大師相關教說及其思路進行某種程度提綱式的說解，用以避免處理《觀音玄義》的論說時可能引生的理解偏差或過度詮釋，那麼，應當可以認爲這是適當、甚且是必要的步驟。

綜括上述，本論文在範圍的設定層面，可謂乃在論及智者大師主要教說的背景下，以《觀音玄義》爲主而輔以針對〈普門品〉文義進行解說的《觀音義疏》作典據，從而展開對《觀音玄義》相關思想或義理問題的討論和闡述；其中，「性」、「修」與「善」、「惡」問題便爲整體論述的主軸所在。至於像《觀音玄義》是否眞爲智顗口述、灌頂筆記等，在學界尚存歧見的類似的外緣問題〔註8〕，一來基於研究工作本身的性質設定，同時由於一篇論文實在

〔註6〕　《觀無量壽佛經疏》一卷，收入《大正藏》第三十七冊，頁 186 中～194 下。

〔註7〕　《金光明經玄義》二卷，《金光明經文句》，六卷；兩本皆收入《大正藏》第三十九冊。

〔註8〕　關於《觀音玄義》的作者問題，歷來學者已多所討論：或者從義理分析下手，也有從文獻考證切入。譬如日本・普寂法師（西元 1707～1781 年），便在所著《止觀復眞鈔》和《四教儀集註銓要》等書中，認爲「性惡說」違反佛教

不可能解決所有問題，因此針對那些觸及考據學研究課題的項目，便也無法另又投之詳細論述的心力了。

第三節　研究方法及論述程序

　　此節一在說明本研究工作進行時所將採取的方法，另一面則是爲具體展示論思問題的基本程序，以及相對章節的安排。

一、研究方法

　　以上既已大致確定了所要討論的問題主軸，也約略劃出論議所據的資料，以及可能涉及的論說範圍，接下來對於本論文所採行的研究方法做些說明。

　　方法，當以能夠有效達成研究標的作爲選取的標準；而就本論文來說，如果要切合前面所提及的研究標的，那麼兼容採取文獻學、歷史學，以及義理學三大類型的方法原則〔註9〕，來指導本研究工作的進行，或許可以預期獲得較爲理想的成果。

　　首先，在（佛教）文獻學的研究方法一層：由於文獻學大抵屬於針對所依文獻資料的研究工作，其中可以含括目錄學、版本學、校讎學，乃至於語言學等專業研究領域及其特定知識的運用；不過，本論文針對對象，主要設定爲從事「思想」（或「義理」）的研究工作，因此處理論題而採取文獻學研究方法，將只側重在以《大正藏》第三十四冊所收《觀音玄義》，同《卍續藏經》第五十五冊所錄的《觀音經玄義記會本》，以及湛然寺印行的木刻本《觀音玄義》，進行三種版本間關於文句異同方面的勘定工作，藉此得出比較完善的「文本」（text），以作爲研究的經典依據〔註10〕。除此之外，在試著將校刊

倫理；再者，天台三大部，也不見有「性惡」的主張。於是，據此判定《觀音玄義》並非智者大師所作。而日本・佐藤哲英在《天台大師研究》一書裡，則對《觀音玄義》從事文獻資料成立年代的考察，推斷該書成立時間約在西元 597 年（該年智者大師圓寂）至 629 年之間，因而認爲《觀音玄義》當是灌頂法師所作；並且，由此建立「性惡說」的創倡人爲灌頂法師的論點。以上相關論點，詳見陳英善教授：《天台緣起中道實相論》（台北：東初出版社，1995 年 6 月初版二刷），頁 371、373。並請參見釋慧嶽：《天臺教學史》（台北：中華佛教文獻編撰社，1974 年 2 月出版），頁 177。

〔註 9〕 請參見吳汝鈞，《佛學研究方法論》（台北：臺灣學生書局，1996 年 7 月增訂版），頁 93～133。

〔註 10〕 這一方面的成果，請參見本論文最後附錄的《觀音玄義》新校。

後的《觀音玄義》「文本」，標定新式標點以方便閱讀和理解的同時，進一步試著將其翻譯成白話文，而其目的即在要求自己面對《觀音玄義》每一字、每一句都能確實通過；因為，似乎唯有如此，然後本論文所謂「思想」或「義理」的研究，才有免於字義理解錯誤之患的可靠基礎。

其次，就（佛教）歷史學研究方法而言：歷史學關心宇宙、人生事理在前後關係脈絡如何的問題研究；其中，包括不僅是事實眞相的「還原」課題，而且更要探討事勢發展的原因，和展示其理則。在本論文中，關於諸如「性」、「修」觀念提出的因緣、「性修善惡」問題產生的背景，以及相關思想來源的的追溯，莫不有賴歷史學研究方法的運用。

最後，屬於（佛教）義理學研究方法的部分：基於義理學研究主要是針對某一學說，就其中較具義理成分的思想內容，進行分析、比較和闡發的工作，因此本論文既以「思想」或「義理」的研究為工作重心，相應地，方法也自將以義理學研究法為主軸。

就所涉論題的具體內容來說，在疏理《觀音玄義》乃至於《法華經‧普門品》的思想時，重點就是在於探討其中包含了哪些重要觀念？而這些觀念之中，又是何者最為基本？甚至，其中是否可能尋獲貫通該整體思想的某一中心觀點？進一步，並將就這些觀念及說法，探討其背後所蘊涵的理論或實踐上的問題？以及這些觀念如此表述出來，言說者根據的又是怎樣的一種立場？其中理路是否清晰可見呢？此外，就《觀音玄義》作者面對《法華經‧普門品》所提出的問題、或其中所蘊藏的思想精神，究竟如何回應及處理？是否足以完整回應或解答所觸及的問題？等等；凡此，都是必要倚仗義理學研究方法而展開的研究課題。當然，這是立基於上述文獻學與歷史學研究方法基礎之上的深入討論。

二、論述程序

以下將略為簡述本論文各章的內容及撰寫方式。

第一章　緒　論

本章在於交代本論文的研究動機、目的與範圍、方法等問題，目的是為了讓其他研究者在進讀本論正文前，對本論文的問題意識與基本理路，乃至於本論文的性質和意義，可先獲致一初步的了解。本章也對現有的研究成果做一基本的檢討，以期為本論文的研究做一相關的定位。

第二章 〈普門品〉與《觀音玄義》

第一節 《法華經》與〈普門品〉的譯傳

第二節 《觀音玄義》的內容架構

本章是往後幾章的基礎工作。《觀音玄義》乃是解釋《法華經・普門品》的述作，因此須先對《法華經》、〈普門品〉在傳譯、科文及內容方面的問題做一重點式的簡要說明；並對《觀音玄義》的內容架構做一清楚的展示，以期綱要式地呈現《觀音玄義》的主要內容，以便下來各個章節的論述。

第三章 性德、修德與善、惡

第一節 「緣了」與「智斷」

第二節 「性德」與「修德」

第三節 性德善、惡與修德善、惡

本章乃是正式進入論題研究與探討的思維活動；章節中所要探問的主題和確定的內容則是：(1)《觀音玄義》面對問題的討論方式，(2)進而確定「性德」、「修德」的意義內涵，以及(3)「性德」、「修德」具「善、惡」的義蘊。

討論的進行方式，大體如下：問題的軸線是沿著《觀音玄義》對「性德善惡」的討論，試著由(1)問題的提出處：「緣因」、「了因」，「智德」、「斷德」；(2)問題的切入點：「性德」、「修德」；(3)問題的關涉面：「性德」、「修德」之具「善、惡」等三方面，探索其所據的言說方式，及其相關的言說內容。

第四章 「感應」與法門

第一節 「感應」的關係網絡

第二節 十法界眾生機感

第三節 諸佛菩薩度生的方便

經由第三章的討論，出現了一個問題，那就是分由「性」、「修」二觀念層肩擔善、惡「不可斷」、「可斷」的說明任務，事實上並未觸及諸佛任運廣用即使是「惡」的法門度化眾生時，諸佛和種種被度眾生間的關係，以及那些「惡法門」為什麼是必需的問題。這些問題雖然不是在「料簡緣了」中要處理的對象，不過卻是目的在於闡釋以觀音菩薩普門示現度眾為內容的〈普門品〉意蘊的《觀音玄義》，必須面對的問題。因此，本章要論究的問題，主要是：(1)凡夫眾生與解脫的聖者，在兩者間，是否有一言說與思惟，可藉以提供在「事」上、「理」上，一者被度、一者能度的理論基礎；也就是說普門品〉廣衍觀世音菩薩「普門示現」的度生事業，所展開的不僅是菩薩的能

度，也點出了眾生的可度；在這一施、一求的互動裡，究竟是存在著怎樣的往來關係呢？（2）除了「理」上「性德」不斷外，「事」上，是否也可提供「闡提」能經由修習而成佛的條件呢？（3）能自在任運「惡法門」的佛陀，本身究竟是具有怎樣的證量，而能如是用「惡」，又能不為「惡」所染呢？以及（4）「惡法門」之所以能且必須成立的因由何在？亦即是要探問何以「惡法門」可以作為弘化利生的方便呢？

《觀音玄義》以「感應為宗」，亦即是以「感應」作為貫串〈普門品〉教說內容的主軸。而連繫諸佛菩薩與眾生兩者間的，恰是一方「有感」、一方「有應」的事理。所以，從《觀音玄義》所提示的「感應為宗」這一觀點切入，或許便可看出凡聖縛脫之間，在佛道修行上的關係，並且說明「惡法門」所以成立及所以為必須的緣故。

第五章　《觀音玄義》的修行論

第一節　「慈悲」心願的發起

第二節　照見實相的「觀心」法門

第三節　定慧等學的修行觀

緣於歷來學者對《觀音玄義》的關注，大多集中在「性具」的論題，而較少論及「修」行層面的問題，所以本章由「慈悲」、「觀心」、「定慧」三項法目，來打開《觀音玄義》在修行上的內容。

〈普門品〉宣說觀音普門示現，救度陷於生死苦海中各類有情的事跡，其內容重點即是「慈悲」，因此，《觀音玄義》以「慈悲利物為用」，正顯示出「慈悲」是《觀音玄義》用以開闡〈普門品〉經義的一個核心觀念。然而，「慈悲」不僅是一種心態，更是一種行動，即在具體的利生事行上，「慈悲」方才得如實成滿其意義。所以，如何修習而能使「慈悲」實義具體地顯現，成為必須正視的修行論課題。再者，《觀音玄義》提到「智慧莊嚴」、「福德莊嚴」，修習「定」、「慧」二種莊嚴，正為成具「慈悲」事行；而歸本於「心」的「觀心」法門，則可發起「慈悲」心願念。由是，本論文由「慈悲」、「觀心」、「定慧」來討論《觀音玄義》的修行觀。

第六章　結　論

本章是就上述討論成果所做的總結工作。

第二章 〈普門品〉與《觀音玄義》

　　《法華經·普門品》宣揚觀（世）音菩薩慈悲濟度眾苦的精神，從西元三世紀（東漢末年）以來，在民間流通日益廣遠〔註1〕，至今仍是一部普被佛教徒持誦的經典〔註2〕。智者大師《觀音玄義》乃解釋〈普門品〉的成品，如本論文〈緒論〉所言，因此在這一章中，須先針對〈普門品〉在傳譯與內容方面的問題，做一重點式的簡要說明，便利下來各個章節的相關論述。

<hr>

〔註1〕釋道昱〈觀世音經考〉一文，從僧傳記載考察〈普門品〉在民間流傳和被接受的程度。文中提到，在梁·慧皎（西元497～554年）《高僧傳》中，將《觀世音經》視作每日持誦的功課者，有：僧導、僧洪、僧昈和慧恭等人；而在梁·寶唱（生卒年不詳）《比丘尼傳》裡，則有：明感、僧端與令宗等人；唐·道宣（西元596～667年）《續高僧傳》中有：功迴、洪滿和僧明等；而宋代·贊寧（西元919～1002年）所著的《宋高僧傳》和其他僧傳中，更不乏其人。此外，在《敦煌寶藏》中，關於《觀世音經》的記錄就有數十部，其內容都是《法華經·普門品》。詳參釋道昱，〈觀世音經考〉（刊載於《圓光佛學學報》，中壢：圓光出版社，1997年10月），頁25、頁27。並請參見黃永武主編，《敦煌寶藏》（台北：新文豐出版公司，1986），第43冊，頁583～588，與第97冊，頁359～363、頁391～393、頁463～465、頁518～519。

〔註2〕在民間，《法華經·普門品》每以單行本流通，或者喚名《觀世音經》。根據釋道昱〈觀世音經考〉所述，《觀世音經》或指《觀世音觀經》、或指《法華經·普門品》。《觀世音觀經》乃是修持禪觀的一部經典，為沮渠安陽侯所譯，今已亡佚；而〈普門品〉則是講述觀世音菩薩應化的典籍。作者並且推斷鳩摩羅什所譯的〈普門品〉，在梁代應已被尊稱為《觀世音經》。此外，像《大正藏》第十一冊，錄有西晉·竺法護（生卒年不詳）所譯的《普門品經》，為唐·菩提流支（生卒年不詳）所譯《大寶積經》卷第二十九〈文殊師利普門會第十〉的同本異譯，內容講述的是「學入普門定門之法」，而與《法華經·普門品》並不相同。詳參釋道昱，〈觀世音經考〉（刊載於《圓光佛學學報》，中壢：圓光出版社，1997年10月），頁21、頁23～24、頁25。

第一節　《法華經》與〈普門品〉的譯傳

本節擬對《法華經》及〈普門品〉的傳譯稍做交待；並論述〈普門品〉的內容，以及智者大師對〈普門品〉的科判。

一、傳譯與別行

就歷史發展脈絡來看，《法華經》也如許多大乘佛教經典一樣，是由許多原已單獨流通的小部經典所組成的〔註3〕；而有關《法華經》的傳譯，根據唐·智昇（生卒年不詳）所撰《開元釋教錄》卷第十四，其中提到了《法華經》前、後共有六種譯本〔註4〕。今依翻譯時代先、後次序，將這六個譯本，以表格方式呈現如下：

	經　　名	譯　　者	卷數／品數	時　　間	存沒	《大正藏》
一	《法華三昧經》	支疆梁接	六卷	吳·五鳳二年（255年）	沒	
二	《薩芸芬陀利經》	法護三藏（竺法護）	六卷	西晉·泰始元年（265年）	沒	
三	《正法華經》	竺法護	十卷／二十七品	西晉·太康七年（286年）	存	冊　九
四	《方等法華經》	支道根	五卷	東晉·咸康元年（335年）	沒	
五	《妙法蓮華經》	鳩摩羅什	七卷或八卷／二十八品〔註5〕	姚秦·弘始八年（406年）	存	冊　九
六	《添品妙法蓮華經》	闍那崛多、達摩笈多	七卷／二十七品	隋·仁壽元年（601年）	存	冊　九

現存三譯本，內容互有出入；而一般以爲鳩摩羅什法師所譯的《妙法蓮華經》最稱精簡，其次是闍那崛多（西元 523～600 年）、達摩笈多（西元？

〔註3〕詳見印順導師，《初期大乘佛教之起源與開展》（台北：正聞出版社，1994年7月，七版），第十三章，頁1011。

〔註4〕詳見《開元釋教錄》卷十一（T55.591b）、十四（T55.629a）。

〔註5〕日本學者河村孝照在《法華經概說》中說到：「……羅什譯沒有〈提婆品〉和〈普門品〉的偈頌（世尊偈）。因此，它只有七軸二十七品。『添品法華』加譯其不足，故稱爲添品。後〈提婆品〉和〈普門品〉的偈頌加入羅什譯的妙法華，如今日所見，而成爲八軸二十八品。」詳見河村孝照，《法華經概說》（台北：新文豐出版股份有限公司，1989年2月台一版，1994年7月一版二刷），頁5。

～619 年）共譯的《添品妙法蓮華經》（以下簡稱《添品法華》），而竺法護翻譯的《正法華經》則最爲詳盡〔註6〕。茲比對現存《法華經》三譯本中的〈普門品〉題名和品次，表列如下：

	一	二	三
經　名	《正法華經》	《妙法蓮華經》	《添品妙法蓮華經》
譯　者	西晉・竺法護	姚秦・鳩摩羅什	隋・闍那崛多、達摩笈多
品　名	〈光直普門品〉	〈觀世音菩薩普門品〉〔註7〕	〈觀世音菩薩普門品〉〔註8〕
品　數	第二十三	第二十五	第二十四

　　《觀音玄義》乃以鳩摩羅什所翻、在上列三種譯本中最稱精美、也是流

〔註6〕　《文殊大藏經・法華部（全）》的〈妙法蓮華經導論〉一文說到：「現存三譯的內容互有出入，妙本最簡，添品其次，正本最爲詳盡。」（詳見文殊大藏經編輯委員會主編，《法華部（全）》，台北：文殊出版社，1987 年 5 月初版，1988年 9 月再版，頁 3。）近來在其他地方也發現了《法華經》的梵本或譯文，相關資料可以參見《文殊大藏經・法華部（全）》，頁 3～4。

〔註7〕　隋・法經（生卒年未詳）等撰《眾經目錄》卷第二提及：「《提婆達多品經》一卷，《觀世音經》一卷：右二經出《妙法蓮花經》。《光世音經》一卷：右一經出《正法華經》。」（T55.124a）又，根據梁・僧祐（西元 445～518 年）撰《出三藏記集》卷第四記載：「《光世音經》一卷，出《正法華經》，或云《光世音普門品》；《觀世音經》一卷，出《新法華經》。」（T55.22b）由此可以推知，《法華經》中的〈普門品〉，作爲單行本流通，只有兩個譯本，分別是竺法護所譯的《光世音經》，與鳩摩羅什所翻的《觀世音經》。西晉時代所譯「觀世音」，漢代譯作「光世音」；而且《正法華經》爲竺法護所譯，因此引文中的《光世音經》實即竺法護譯本中的〈普門品〉。鳩摩羅什所譯〈普門品〉，則稱爲《觀世音經》。再者，僧祐《出三藏記集》卷第二，載有：「《正法華經》十卷，二十七品。舊錄云《正法華經》或云《方等正法華經》，太康七年八月十日出，……今並有其本……竺法護譯。」（T55.7b）又，「《法華經》，舊錄有《薩曇分陀利經》，云是異出《法華》，未詳誰出，今闕此經。竺法護出《正法華經》十卷；鳩摩羅什出《新妙法華經》七卷。」（T55.14a）由此，《正法華經》爲竺法護所譯，而爲與鳩摩羅什所譯區別，所以稱羅什所譯《法華經》名《新妙法華經》。

〔註8〕　大略說來，依據《大正藏》所收隋譯本《添品妙法蓮華經》，〈觀世音菩薩普門品〉位居第二十四品，與羅什譯本的〈普門品〉稍作比較，則約有二處不同：首先，在偈頌之前，隋譯本比羅什本多了乙小段文字：「爾時，莊嚴幢菩薩問無盡意菩薩言：佛子！以何因緣名觀世音？無盡意菩薩即便遍觀觀世音菩薩過去願海，告莊嚴幢菩薩言：佛子！諦聽觀世音菩薩所行之行。」（T9.192b）。其次，在偈頌中，羅什譯本是「氣毒煙火燃」，而隋譯本則作「毒氣煙火燃」。（詳見《妙法蓮華經》卷第七，T9.58a；《添品妙法蓮華經》卷第七，T9.193。）因此，細觀兩譯本的〈普門品〉，在內容上可謂並無重大出入。

通最廣的《妙法蓮華經·觀世音普門品》為其闡釋所依的經典〔註9〕。在羅什譯《法華經》,〈觀世音菩薩普門品〉位列其中卷第七、第二十五品,而且原先並沒有偈頌;品中的偈頌,乃是據隋譯本而依天竺多羅葉本添補的〔註10〕。也因此在《觀音玄義》或《法華玄義》中,皆無偈頌方面的說釋。關於〈普門品〉中的偈頌,在《大正藏》第九冊錄有題名《妙法蓮華經觀世音菩薩普門品經》者,根據該頁校注所說「本文與《妙法蓮華經》卷第七〈普門品〉全同故略」〔註11〕,而該題如此提及:

　　《妙法蓮華經觀世音菩薩普門品經》,姚秦·三藏法師鳩摩羅什譯長
　　行,隋·北天竺沙門闍那崛多譯重頌。〔註12〕

明白表示了〈普門品〉的「長行」由鳩摩羅什所翻,而「偈頌」則是闍那崛多所譯。

　　有關〈普門品〉的「偈頌」問題,〈添品妙法蓮華經序〉如此說道〔註13〕:

　　昔燉煌沙門竺法護,於晉武之世,譯《正法華》;後秦姚興,更請羅
　　什譯《妙法蓮華》。考驗二譯,定非一本:護似多羅之葉,什似龜茲
　　之文。余撿經藏,備見二本。多羅則與《正法》符會,龜茲則共《妙
　　法》允同。護葉尚有所遺,什文寧無其漏。而護所闕者,〈普門品〉
　　偈也。什所闕者,〈藥草喻品〉之半,〈富樓那〉及〈法師〉等二品

〔註9〕　《文殊大藏經·法華部(全)》的〈妙法蓮華經導論〉說:「……三譯之中,流行於中國、日本者,為什譯的『妙法蓮華經』,其他二譯只不過是妙法蓮華的比較研究資料。這是由於羅什的譯筆較流暢之外,再加上羅什門下的弟子,如僧叡等,爭相講誦此經,續有光宅、天台、嘉祥等諸哲加以註釋的關係。」(詳見該書,頁3。)而在河村孝照的《法華經概說》一書,也說到:「……當今一般使用的,是羅什說的『妙法蓮華經』。這是因為它的文章美妙,意義通達,所譯無有晦澀。」(詳見該書,頁5。)

〔註10〕參見河村孝照,《法華經概說》,頁5。

〔註11〕引見《妙法蓮華經》卷第七,T9.198,校注5。

〔註12〕引見《妙法蓮華經》卷第七,T9.198b。

〔註13〕《文殊大藏經·法華部(全)》的〈妙法蓮華經導論〉一文,提到:「添品不外是增補的意思。依據《添品》之序所述羅什譯本中缺了最初的〈藥草喻品〉的一半,〈法師品〉的最初部分,〈提婆品〉、〈普門品〉的偈頌,崛多依據請來的貝葉本,加以增補,故稱為『添品妙法蓮華經』。」又,「按《法華傳》及《添品》的序所云,三譯的原本似乎不同。」(參見該書頁3)「羅什是依照罽賓國王宮所藏的六千偈白[疊+毛]梵本,崛多等是依照六千二百偈的貝葉本,法護是依據于闐國皇宮所藏的六千五百偈的貝葉梵本(《法華三昧經》是依據五千偈的梵本)。」(以上說法,詳見該書頁3。)據此所提示的線索,本論文乃返回《添品法華》的〈序〉與唐·僧詳《法華傳記》中的記載來進行討論。

之初，〈提婆達多品〉、〈普門品〉偈也。什又移〈囑累〉在〈藥王〉
之前。二本〈陀羅尼〉，並置〈普門品〉之後。其間異同，言不能極。
竊見〈提婆達多〉及〈普門品〉偈，先賢續出，補闕流行。余景仰
遺風，憲章成範。大隋仁壽元年辛酉之歲，因普曜寺沙門上行所請，
遂共三藏崛多、笈多二法師於大興善寺，重勘天竺多羅葉本。〈富樓
那〉及〈法師〉等二品之初，勘本猶闕；〈藥草喻品〉更益其半；〈提
婆達多〉通入〈塔品〉；〈陀羅尼〉次〈神力〉之後；〈囑累〉還結其
終。字句差殊，頗亦改正；儻有披尋，幸勿疑惑。〔註14〕

此段引文，主要說明了：（1）《添品法華》所依據的版本，以及補闕、移品的
情形；（2）《正法華經》、《妙法蓮華經》依據的版本，與二本所闕品文和品次
安置的情形；（3）《添品法華》在文句上有所修改。其中，與〈普門品〉相關
的部分，乃是提到了竺法護《正法華經》和鳩摩羅什《妙法蓮華經》中，〈普
門品〉都未有偈頌；也就是在〈普門品〉中的偈頌，直到闍那崛多、達摩笈
多共譯的《添品法華經》時，方才依據天竺多羅葉本增添上去〔註15〕。

又，唐‧僧詳所撰《法華傳記》的〈傳譯年代〉中，曾經提到《添品法
華》增添與更動經文的三個原則，說：

重勘之時，略用三例：一者移品，如〈神力〉、〈囑累〉等；二者添
文，如〈藥草〉半、〈普門〉偈等；三者改言，如二品咒等。自餘諸
文，全依什本，並無所改。〔註16〕

在這段引文中也提到在竺法護譯的《正法華經》與鳩摩羅什譯的《妙法華經》
中，〈普門品〉都並沒有偈頌，到《添品法華》才增補了偈頌部分。

再者，智者大師在《觀音玄義》中，提到了與觀世音菩薩相關的經典，說：

夫《觀音經》，部黨甚多，或《請觀世音》、《觀音受記》、《觀音三昧》、
《觀音懺悔》、《大悲雄猛觀世音》等不同。〔註17〕

〔註14〕引見《添品妙法蓮華經‧序》，T9.134c。
〔註15〕在《法華傳記‧部類增減》卷第一也提到：「今長安所傳（《法華經》），四本
不同：一、五千偈，正無畏所傳是也；二、六千五百偈，竺法護所譯是也；
三、六千偈，鳩摩羅什所傳是也；四、六千二百偈，闍那崛多所傳是也。三
本是多羅葉，什本白〔疊+毛〕也」（T51.49b）。依照這一說法，闍那崛多所
傳的《法華經》原本，是六千二百偈的多羅葉本。
〔註16〕引見《法華傳記》卷第一，T51.51a。其中，「二品咒」指的是〈陀羅尼品〉
與〈普賢菩薩勸發品〉當中的咒語。
〔註17〕引見《觀音玄義》卷下，T34.891c。

而當時流傳廣大的是作爲《法華經》一品的〈普門品〉：

> 今所傳者，即是一千五百三十言，《法華》之一品。〔註18〕

　　這裏提到〈普門品〉有一千五百三十言（字）；不過，眞正細數〈普門品〉一文，扣除「偈頌」部分〔註19〕，實有一千五百四十二字。又，《觀音義疏》是對〈普門品〉從事逐字、逐句解釋的作品，其中，也沒有屬於「偈頌」文字部分的疏解。

　　經由以上討論可知，《觀音玄義》所據的〈普門品〉，確實是鳩摩羅什的譯本；反之，也可用此佐證羅什譯本中並無「偈頌」部分。

二、〈普門品〉的內容與科文

　　基於《觀音玄義》是〈普門品〉的釋解之作，因此，理當先對〈普門品〉的內容有一基本的了解，往後的討論方才有所依據。

（一）內　容

　　鳩摩羅什譯《法華經》，共分二十八品，〈普門品〉爲其第二十五品；內容由「長行」與「偈頌」兩個大部分構成〔註20〕，主角便是觀世音菩薩。經文記載的是，在靈鷲山上釋迦牟尼佛（以下簡稱佛陀或釋尊）宣講《法華經》的會場，有位名叫無盡意的大菩薩向佛陀請示了二個問題：（1）觀世音菩薩稱名爲「觀世音」的原由；以及，（2）觀世音菩薩同身處於此一世界上的眾生有怎樣的關係或因緣？於是，佛陀便針對這兩大問題做了如經文的回答〔註21〕。

　　首先，在「長行」部分，無盡意菩薩向釋尊請教，說：

> 觀世音菩薩，以何因緣名觀世音？〔註22〕

〔註18〕引見《觀音玄義》卷下，T34.891c。

〔註19〕〈普門品〉的「偈頌」部分共有 520 字。

〔註20〕中文「偈頌」有廣、狹二義，廣義的偈頌，包括佛教十二類典籍中的「伽陀」（梵語 gāthā）與「祇夜」（梵語 geya）。二類中，偈頌前沒有散文（「長行」），而直接以韻文記錄的教說，稱爲孤起偈，也就是「伽陀」；偈頌前有散文，但仍以韻文重複其義者，便稱爲重頌偈，亦即「祇夜」。不過，佛教經論中或有混用二者的情形。狹義的偈頌則單指「伽陀」一種，意譯爲諷誦、孤起頌、不重頌偈、頌、歌謠等。至於「長行」（梵語 gadya），是指不受字數限制的文體，也就是今之所謂「散文」，與作爲「韻文」的偈頌對稱。請參見《佛光大辭典》，頁 4383。

〔註21〕詳見《法華經‧普門品》卷第七，T9.56c～57b。

〔註22〕引見《法華經‧普門品》卷第七，T9.56c。

這便是請問觀世音菩薩得名的因緣，而釋尊的回答說：

> 若有無量百千萬億眾生，受諸苦惱，聞是觀世音菩薩，一心稱名，
> 觀世音菩薩即時觀其音聲，皆得解脫。〔註23〕

〈普門品〉經文便是以這一「眾生」與「觀世音菩薩」的關係為軸線來展開，而在「長行」前半部分的內容，主要便在說明：眾生受苦，一心稱念觀世音菩薩名號，觀世音菩薩即時可以尋見眾生音聲施以救護，令眾生得解脫苦患，所以觀世音菩薩被稱名為「觀世音」。經文隨此便舉出一些具體情形，用以展示觀世音菩薩回應眾生受苦，無遠弗屆往赴救濟的無畏大力和慈悲心懷〔註24〕；釋尊由此更以較量功德的方式，勸教眾生一心稱念觀世音菩薩，來獲得大福利〔註25〕。

「長行」的後半段，無盡意菩薩向釋尊提出上述第二個問題是：

> 觀世音菩薩云何遊此娑婆世界？云何而為眾生說法？方便之力，其
> 事云何？〔註26〕

也就是請教觀世音菩薩在「娑婆世界」〔註27〕，是用怎樣的方式來進行濟度眾生的事業。於是佛陀便就觀世音菩薩神力自在的大能，例舉了菩薩以三十三類身形、十九種說法方式應化眾生的情況來回答問題〔註28〕。經文提到：

〔註23〕引見《法華經・普門品》卷第七，T9.56c。

〔註24〕關於眾生的苦患，經文中是以災難、三毒煩惱及種種願求來表現的；而以免七難、離三毒、應二求來顯揚觀世音菩薩的慈悲大力。（1）火不能燒、水不得沒、羅剎不能傷、刀仗不能殺、惡鬼不能惱、杻械枷鎖不得囚、怨賊不能害──免七難；（2）令眾生離貪、瞋、癡三毒──離三毒，（3）應得男得女的生育之求──應二求。詳見《法華經・普門品》，T9.56c～57a。

〔註25〕經文如此說到：「……無盡意！觀世音菩薩有如是力，若有眾生恭敬禮拜觀世音菩薩，福不唐捐；是故眾生皆應受持觀世音菩薩名號。無盡意！若有人受持六十二億恒河沙菩薩名字，復盡形供養飲食、衣服、臥具、醫藥；於汝意云何？是善男子，善女人功德多不？無盡意言：甚多！世尊！佛言：若復有人受持觀世音菩薩名號，乃至一時禮拜供養，是二人福正等無異，於百千萬億劫不可窮盡。無盡意！受持觀世音菩薩名號，得如是無量無邊福德之利。」詳見《法華經・普門品》卷第七，T9.57a。

〔註26〕引見《法華經・普門品》卷第七，T9.57a。

〔註27〕「娑婆世界」（梵語：Sahā-lokadhātu），指的是釋迦牟尼進行所教化的這一現實世界。「娑婆」，意譯為「忍」或「堪忍」、「能忍」，意謂此一世間的眾生安於十惡，忍受種種煩惱，不知、不肯出離。參見《佛光大辭典》，頁4077。

〔註28〕詳見《法華經・普門品》，T9.57ab。智者大師在《法華文句》說為以觀世音菩薩的「三十三聖容」、「十九尊教」來酬答無盡意菩薩的請問：請參見《妙法蓮華經文句・釋觀世音菩薩普門品》卷第十下，T34.145a、146b。

> 若有國土眾生，應以佛身得度者，觀世音菩薩即現佛身而為說法；
> 應以辟支佛身得度者，即現辟支佛身而為說法；應以聲聞身得度者，
> 即現聲聞身而為說法；……應以童男、童女身得度者，即現童男、
> 童女身而為說法；應以天龍、夜叉、乾闥婆、阿修羅、迦樓羅、緊
> 那羅、摩睺羅伽、人、非人等身得度者，即皆現之而為說法；應以
> 執金剛身得度者，即現執金剛身而為說法。〔註29〕

引文雖然著重於展示觀世音菩薩觀見眾生根機，隨順因緣應化身形度脫眾苦
的大方便力，不過背後卻也隱含觀世音菩薩照察眾生根性願欲的智慧，以及
饒益眾生的慈悲〔註30〕。事實上，觀世音菩薩是以智慧的照察力為前導，以
慈悲顧念為內涵，化現各類身形濟度眾苦的「方便」大力方才發生〔註31〕。

「偈頌」部分，大致回應「長行」重新頌說大義；內容可以歸納為兩大要
點：（1）觀世音菩薩具足無量智慧、慈悲〔註32〕、功德、大行願力〔註33〕、神
通方便力，能夠除滅眾生煩惱危厄，作眾生依怙；（2）因著觀音大力，所以眾
生應當毫無懷疑地一心稱念、頂禮觀世音菩薩，以便能得解脫苦難〔註34〕。

〈普門品〉最後以「長行」作結，說：

> 爾時，持地菩薩即從座起，前白佛言：世尊！若有眾生，聞是〈觀
> 世菩薩品〉自在之業、普門示現神通力者，當知是人功德不少。

〔註29〕引見《法華經·普門品》卷第七，T9.57ab。經中舉觀音化現「三十三身」為
眾生說法，是要說明觀世音菩薩能夠照應眾生種種機緣，隨時間、處所的不
同，而變化身形救度諸苦；雖僅列出「三十三身」，實際意含觀音菩薩可以無
量應化。

〔註30〕有關觀世音菩薩的「智慧」與「慈悲」，經中是在「偈頌」部分才明白宣說的。
詳見《法華經·普門品》卷第七，T9.58a。

〔註31〕佛陀說明觀世音菩薩種種遊化度眾的方便後，仍然勸導眾生應當一心供養觀
世音菩薩。此時無盡意菩薩隨即以許多珍寶供養觀音菩薩，觀音菩薩在佛陀
勸教下接受後，旋即將珍寶分成兩分供養釋尊，以及在佛塔內的多寶佛；多
寶佛乃是東方寶淨世界的教主，在滅度後以本願力成就全身舍利，一旦有佛
宣說《法華經》時，必會從地踊出為諸佛作證所說實義。詳見《法華經·見
寶塔品》卷第四，T9.32b～34b。

〔註32〕偈頌中提到觀世音菩薩具足「五觀」：真觀、清淨觀、廣大智慧觀、悲觀及慈
觀。而關於菩薩的「智慧」一面，「長行」是隱含的，到了「偈頌」才明白揭
示。詳見《法華經·普門品》卷第七，T9.58a。

〔註33〕經文偈說：「汝聽觀音行，善應諸方所，弘誓深如海，歷劫不思議，侍多千億
佛，發大清淨願。」詳見《法華經·普門品》卷第七，T9.57c。

〔註34〕詳見《法華經·普門品》卷第七，T9.57c～58b。

> 佛說是〈普門品〉時，眾中八萬四千眾生，皆發無等等阿耨多羅三
> 藐三菩提心。〔註35〕

提綱式地舉出「自在」與「神通」二大德目，來總結觀世音菩薩於本品中所展現的能力，同時也宣明聽聞此品可以獲得的功德利益。

概括上述，〈普門品〉的內容乃是沿著觀音菩薩的「得名因緣」及在世間度眾的「遊化方便」兩大問題主軸，來展現觀音菩薩無畏自在、智慧神通的方便力，與隨感赴應、普度眾苦的悲願力。換言之，這兩大精神力量可用「智、悲雙運」加以說明，而「眾生即感、觀音即應」則是該品經文的宗義〔註36〕。

（二）科 判

智者大師，法號智顗，字德安；俗姓陳，名王道，亦名光道，梁武帝大同四年（西元 538 年）七月，誕生於河南潁川。傳說七歲時，有僧口授大師《法華經·普門品》乙遍，大師一聞成誦〔註37〕。根據南宋·志磐（生卒年不詳）《佛祖統紀·山家教典志》記載，北宋天聖二年（西元 1024 年），天台宗僧慈雲遵式（西元 964～1032 年）奏稱已入藏的智者述著中，有：

> 《觀音別行玄義》二卷（釋《法華》〈普門〉一品。別行部外，昔曇
> 無讖勸河西王誦持，愈疾，故智者特釋）、《觀音別行義疏》五卷、《請
> 觀音經疏》一卷。〔註38〕

據此，《觀音品別行玄義》實為《觀音玄義》；而《觀音品別行義疏》，當即是《觀音義疏》。引文中也透露智者大師所以從《法華經》二十八品中，特別提出〈普門〉一品為之做詳細疏解，原因（之一）在於奉持〈普門品〉確可實際獲益，另一層意含當是〈普門品〉因此別出《法華經》而單獨流通〔註39〕，民間已見普及，特別為之作釋也有宗教在應世傳播機緣上的需要。

〈普門〉為《法華》經中一品，而針對《法華經》全經，智者大師將它分成三大部分：(1)「序分」、(2)「正宗分」，與(3)「流通分」〔註40〕；經

〔註35〕引見《法華經·普門品》卷第七，T9.58b。
〔註36〕事實上，智者大師便說此品經文「以感應為宗」；詳見《觀音玄義》卷下，T34.890c。
〔註37〕關於智者大師的生平，可以參考《佛祖統紀》卷第六，T49.180c～186b。
〔註38〕詳見《佛祖統紀》卷第二十五，T49.258b。
〔註39〕引見《觀音玄義》卷下，T34.891c。
〔註40〕佛教將一經（或一論）分成幾大部分解釋，也就是一般所謂「科文」，通常就是以「序分」、「正宗分」與「流通分」等三分法為主流，或稱作「三分科經」。

中〈序品〉是全經的「序分」，而〈方便品〉到〈分別功德品〉則爲「正宗分」，〈分別功德品〉後半止於〈普賢菩薩勸發品〉乃是「流通分」。同時，智者大師又把「本、跡」觀念帶入，而將《法華經》分成「本門」與「跡門」〔註41〕：前十四品是「跡門」，後十四品則爲「本門」；「跡門」、「本門」，各自又劃爲「序分」、「正宗分」與「流通分」三部分〔註42〕。據此分判，則〈普門品〉爲《法華經》第二十五品，在全經中的位置，便是「本門」的「流通分」。

專就〈普門品〉而言，歷來諸師爲闡釋經義，針對〈普門品〉的內容進行結構分析以求便於理解時，也每有不同；例如，智者大師在《觀音義疏》裡便提及：

〔註41〕（1）「序分」述說經教產生的因緣，；（2）「正宗分」，論說該經宗旨，爲一經主體，正顯教說法門和中心思想；（3）「流通分」，敘言受持該經教說的利益，並勸導大眾廣傳流通。「三分科經」：將一經分成三部分的作法，在印度當始於《佛地經論》卷第一，在漢地則從東晉‧道安（西元312或314～385年）開始，而盛行於劉宋之後。請參見《佛光大辭典》，頁531、頁3923。智者大師解釋《法華經》所用方法有所謂「天台四釋」，亦即（1）因緣、（2）約教、（3）本跡、（4）觀心的說法；其中，「本跡釋」，即是爲展示「根本」、「末跡」的不同意義，以此「本地」與「垂跡」二門解釋法義。據僧肇（西元384～414年）《注維摩詰經》卷第一并序說）：「本、跡雖殊，而不思議一也」（詳見T38.327b）。又據《法華經傳記》卷第二〈僧叡傳〉記載，僧叡（生卒年不詳）曾將《法華經》科分爲九轍，其中第七「本、跡無生轍」，即在說明《法華經‧寶塔品》的本、跡。《法華經》卷第五〈如來壽量品第十六〉說到釋迦牟尼佛早在降生這娑婆世界修行成佛前不可計量的年數，便已成佛，在印度成佛的釋尊之身，不過「本」已成佛的佛陀所垂現是「跡」相而已（詳見T9.42b、42c）；智者大師之有「本門」、「跡門」的判釋，除了「本」、「跡」概念在佛門早於羅什時代已經使用之外，自當說也是根據經文所建立的。智者在《觀音玄義》卷上對「本」、「跡」有如下的解釋：『「本」名實得，「跡」名應現。……若圓教無始發心，初破無明所得法身者，名之爲「本」；垂形百億，高下不定稱之爲「跡」。……「本」是實得：始坐道場、及初住所得法身即是本。「跡」爲上地之佛、及作上地菩薩，悉名爲跡』（詳見T34.880b）。由此可知，「本」指的是實得法身，「跡」則爲法身的化現。就《法華經》而言，「跡門」是在「教理」上「開權顯實」、「開三顯一」；「本門」則在「佛身」上「開跡顯本」、「開近顯遠」。「跡門」的「權」、「三」，指的是三乘法；「實」、「一」是唯一佛乘。「本門」的「跡」、「近」是指在此世界成佛的釋迦牟尼；「本」、「遠」則指久遠實成的佛陀法身。

〔註42〕就此，《法華經》的〈序品〉，爲「跡門」的「序分」；〈方便品〉至〈授學無學人記品〉，是「跡門」的「正宗分」；〈法師品〉至〈安樂行品〉，則爲「跡門」的「流通分」。至於「本門」的「序分」，爲〈從地涌出品〉的前半；「正宗分」，爲〈從地涌出品〉的後半至〈分別功德品〉的前半；「流通分」，則從〈分別功德品〉的後半終於〈普賢菩薩勸發品〉。

此文既別出大部，有人亦作三段分文，謂：初，「問」去為序，「佛
答」去為正，「持地」去為流通。復有云：「經家序」者為序，「無盡
意白佛」去為正，「持地」去為流通。今師有時亦作三段；有時不作
三段名，但分為三章：一無盡意問，二佛答，三持地歎。或為四章，
三如前，四者聞品得益。或作二段，謂：前、後兩問答也。多種分
章，隨人意用也。〔註43〕

由此可見對於〈普門品〉的科判，歷來約有四分、三分與二分的不同。「三分」
者，都依「序分」、「正宗分」、「流通分」判之；也有雖作三分，但未有「序
分」、「正宗分」、「流通分」之名的。「四分」者，乃是將〈普門品〉三分外，
另增「聞品益」一分。「二分」者，則依經裡的兩個問答，分為前、後二大段
落。然則，智者大師本人又怎樣判釋〈普門品〉呢？大師說：

若作問答分章，則有兩問答。初問答，明觀音、樹王、冥益等義，
後問答，明普門、珠王、顯益等義。〔註44〕

可見智者大師採取的是「二分」科判，也就是根據〈普門品〉經文內的兩個
問答來進行分別的說釋〔註45〕。

上引文句中，提到「觀音、樹王、冥益」、「普門、珠王、顯益」等名相；
這些名相，即是智者大師在《法華文句》及《觀音玄義》中闡釋「觀世音普
門品」題名意義——所謂「十義」（或「十雙釋義」，簡稱「十雙」）裡的幾項；
智者大師說：

釋名為二：一通釋，二別釋。通者，人法合明。別者，人法各辯。……
今就通釋為四：一列名，二次第，三解釋，四料簡。一列名者，十
義以為通釋。……十義者，一人法，二慈悲，三福慧，四真應，五
藥珠，六冥顯，七權實，八本跡，九緣了，十智斷。〔註46〕

通有十雙，別有五隻。十雙者，一人法，乃至第十智斷云云。……五、
觀世音者，譬藥樹王，遍體愈病。普門者，譬如意珠王，隨意所與。
六、觀世音者，冥作利益，無所見聞。三毒七難皆離，二求兩願皆滿
也。普門者，顯作利益。目睹三十三聖容，耳聞十九尊教也。〔註47〕

〔註43〕引見《觀音義疏》卷上，T34.921ab。
〔註44〕引見《觀音義疏》卷上，T34.921b。
〔註45〕〈普門品〉中的兩個問答，詳見本章第一節。
〔註46〕引見《觀音玄義》卷上，T34.877ab。
〔註47〕引見《法華文句》卷第十下，T34.144c～145a。

以「十義」或「十雙」:「人法」、「慈悲」、「福慧」、「眞應」、「藥珠」、「冥顯」、「權實」、「本跡」、「緣了」、「智斷」等十組法目爲「觀世音普門」題名解義。這「十雙」中,「人」、「悲」、「慧」、「眞」、「珠」、「冥」、「實」、「本」、「了」、「智」等,解說對象的主體是「觀世音」;而「法」、「慈」、「福」、「應」、「珠」、「顯」、「權」、「跡」、「緣」、「斷」等,則是落在闡釋「普門」名義而說的。上段引文中,「觀音、樹王、冥益」、「普門、珠王、顯益」便指十組法目中的第一組「人法」、第五組「藥珠」,與第六組「冥顯」。

第二節 《觀音玄義》的內容架構

上節論及智者大師以「十義」來闡釋《法華經・普門品》的義理或宗教蘊涵。「十義」,在《觀音玄義》中,是在更大的解釋架構下的一項,因此,這節中,乃將進一步針對《觀音玄義》的內容架構做些必要的說明和討論。

智者在《法華玄義》中已經提出了一個解釋經文義理的架構,那就是所謂「五重玄義」:

> 釋名第一,辨體第二,明宗第三,論用第四,判教第五。……〔註48〕

智者便依「釋名」、「辨體」、「明宗」、「論用」與「判教」這五重架構來揭露《法華經》經題,以及經文本身意在言外的深層義理,所謂「玄義」。

在《觀音玄義》,智者也仿照《法華玄義》以「五重玄義」闡釋經義的方式,針對〈普門品〉品題及經教深義,展開探玄勾索的闡論〔註49〕;智者大師說:

> 大部(按:指《法華玄義》)既有五章明義,今品例爲此釋。五意者,
>
> 一、釋名,二、出體,三、明宗,四、辯用,五、教相。〔註50〕

所說「大部」,便指《法華玄義》。現存《觀音玄義》上、下二卷,大分爲「序文」和「正文」兩部分:(1)「序文」,乃是對《觀音玄義》內容做大要說明的文字;而作爲主體的(2)「正文」部分,便是依照這裡所揭示的「五意」,亦即「五重」,開展解「明義」理的工作的。

〔註48〕 詳見《法華玄義》卷第一上,T33.681c～682a。

〔註49〕 相對於《觀音玄義》,作爲隨文解釋類型的註釋之作的是《觀音義疏》。《觀音義疏》是對〈普門品〉經文字句作更爲詳細解說的述著,如同《法華文句》解釋《法華經》經文字句義涵一般,而《觀音玄義》的類型與性質,則近同《法華玄義》。

〔註50〕 引見《觀音玄義》卷上,T34.877a。

一、「序文」部分

　　《觀音玄義》開頭的「序文」，首先交代了《觀音玄義》的講說人：智者大師，和記錄者大師門人灌頂；然後，便分從「總」、「別」兩面闡明「觀世音菩薩普門品」的意思：「總說」乃是針對「觀世音普門」做一總攝性的提要，而「別說」則爲分別地解釋「觀」、「世音」、「普」、「門」、「品」各字詞的意思。

　　「總說」中表示：

>　　夫法界圓融，像無所像；眞如清淨，化無所化。雖像無所像，無所而不像；化無所化，無所而不化。故無在無不在，化應九道之身；處有不永寂，入不二之旨。是以三業致請，蒙脫苦涯；四弘爲誓，使霑上樂。故娑婆世界，受無畏之名；寶藏佛所，稟觀音之目。已成種覺，號正法明；次當補處，稱爲普光功德。其本跡若此，寧可測知？方便隨緣，趣擧一名耳。〔註51〕

大意在於說明觀音菩薩「眞」、「應」二身的德相和妙用，以及觀音菩薩利益眾生的慈悲善巧，並且追溯觀音菩薩久已成佛的「本」體，以與現爲菩薩的「跡」相對顯，最後指出「觀世音」不過是菩薩的無數名號之一而已。

　　其次「別說」，針對「觀」、「世音」、「普」、「門」、「品」的意思，解釋如下：

>　　今言觀世音者，西土正音，名阿耶婆婁吉低輸；此言觀世音。能所圓融，有無兼暢。照窮正性，察其本末，故稱觀也。世音者，是所觀之境也。萬像流動，隔別不同；類音殊唱，俱蒙離苦。菩薩弘慈，一時普救，皆令解脫，故曰觀世音。此即境、智雙擧，能、所合標。經者，由義；文理表發，織成行者之心，故曰經。普門者，普是遍義，門曰能通。用一實相，開十普門，無所障閡，故稱普門。品者，類也；義類相從，故名爲品也。〔註52〕

大抵是以「能」、「所」解釋「觀世音」的「觀」字，爲「能觀之智」，而「世音」，則爲「所觀之境」的意思。所以如引文中說：「境、智雙擧，能、所合標」。至於「普」，是「普遍」之義；而「門」則取其可藉以通過、來去的功

〔註51〕引見《觀音玄義》卷上，T34.877a。
〔註52〕引見《觀音玄義》卷上，T34.877a。「觀世音」，《正法華》譯爲「光世音」，玄奘則譯爲「觀自在」。而其梵文有二，分別爲：Avalokiteśvara，又Āryāvalokiteśvara。

用喻解。最後，「品」者，便是品目或類別的意思。

二、「正文」部分：以「五重玄義」爲解說架構

《觀音玄義》的「正文」，以「五重玄義」爲架構展開內容的解說；而在每一重之下，則又以幾個小細目撐開。

（一）「釋名」

「五重」的第一重「釋名」，闡釋對象是「觀世音菩薩普門品」這一題名，而分成「通釋」、「別釋」兩部分：

> 釋名爲二，一通釋，二別釋。通者，人法合明；別者，人法各辯。
> 〔註53〕

這是指「觀世音」表「人」，而以「普門」則指「法」而言。「通釋」，乃就「觀世音」、「普門」二者合說，而「別釋」則爲「觀世音」、「普門」分解而言。其中，就在「通釋」提出了「十義」：「人法」、「慈悲」、「福慧」、「眞應」、「藥珠」、「冥顯」、「權實」、「本跡」、「緣了」、「智斷」，來開闡「觀世音普門」的義蘊〔註54〕。智者說：

> 略用十義以釋通意也。十義者，一、人法，二、慈悲，三、福慧，
> 四、眞應，五、藥珠，六、冥顯，七、權實，八、本跡，九、緣了，
> 十、智斷。〔註55〕

〔註53〕引見《觀音玄義》卷上，T34.877a。

〔註54〕這十組法目在《觀音玄義》也或稱「十法」（參見T34.878b）；而《法華文句》則稱爲「十雙」：「此品（指〈普門品〉）是當途王經，講者甚眾。今之解釋，不與他同，別有私記兩卷。略撮彼釋此題，有通、有別。通有十雙，別有五雙。十雙者，一人法，乃至第十智斷。⋯⋯略用十雙，始從人法，終至智斷，釋品通名。」（參見T34.144c～145a）引文中的「五雙」是指針對「觀」、「世」、「音」、「普」、「門」所做的分別討論。

〔註55〕引見《觀音玄義》卷上，T34.877b。關於「十義」間的關係，詳見《觀音玄義》T34.877c～878a。大抵可以「根」、「道」、「果」來收攝「十義」；也就是「十義」所要開示的是自行化他修學的歷程次第，包涵著修學的根本源頭（根）、修學的面向與次第（道），以及修學的成果（果）。茲以表格的方式呈現如下：

根	「緣了」
道	自行：「人法」、「慈悲」、「福慧」、「眞應」 化他：「藥珠」、「冥顯」、「權實」、「本跡」
果	「智斷」

在以「十義」爲主的「通釋」論說裡，又分爲四小項：

　　今就通釋爲四：一、列名，二、次第，三、解釋，四、料簡。〔註56〕

「列名」，乃是列出「十義」的名相；「次第」，說明「十義」次第；「解釋」者，解釋「十義」內容；而「料簡」，則以問答方式簡別觀念彼此間的差別，並且藉以挖深十組法目的義涵。

在說明「十義次第」方面，智者大師分別從「觀」、「教」兩方面來說釋「十義」的安排順序：

　　第二次第者，此有兩意：一、約觀明次第，二、約教明次第。約觀
　　則總初、中、後心，因圓果滿；約教則該括漸、頓、小、大諸經。
　　〔註57〕

在「約觀明次第」的部分，大抵說明了兩個問題：（1）「十義」彼此之間的次第；（2）各組法目自身的次第〔註58〕。而在「約教明次第」中，又分「通」、「別」二義作討論。所謂「通」義，是指從較寬泛的角度來說，天台宗所判「化法」：藏、通、別、圓四教中〔註59〕，教教分別都具「十義」；而就「別」義，也就是分別而言，並非教教皆含「十義」。針對這部分，《觀音玄義》也並未就「通」義作解釋，而只討論了「別」義〔註60〕。在「別」義中，則又

〔註56〕引見《觀音玄義》卷上，T34.877a。
〔註57〕引見《觀音玄義》卷上，T34.877b。引文中提到的「初中後心」、「因」、「果」，根據知禮在《觀音玄義記》的說明，「初心」是指人法、慈悲，而福慧是「中心」；真應、藥珠、冥顯、權實、本跡，則爲「後心」。「因」指緣、了：智、斷，是「果」。「漸頓小大」指的是天台宗所說「五時」中，華嚴爲頓；鹿苑、方等、般若是漸。在漸中，鹿苑是小：方等、般若是大。詳見《觀音玄義記》，T34.894b。
〔註58〕所謂各組法目自身的次第，是指如「人法」一組：人→法，法→人；「慈悲」一組：慈→悲，悲→慈。餘八組次第論義，例此。詳參《觀音玄義》卷上，T34.877b～878a。
〔註59〕關於天台宗的教判，有著名的「五時八教」。智者大師將佛陀的一代時教，依時間順序，分爲「華嚴時」、「鹿苑時」、「方等時」、「般若時」、「法華涅槃時」，是爲「五時」；依教導眾生之形式方法，分爲頓、漸、不定、祕密，是爲「化儀四教」；依適應眾生根機而教導的教理的內容，分爲藏、通、別、圓，是爲「化法四教」。「化儀四教」加上「化法四教」，合稱「八教」。而「五時」又有「通五時」、「別五時」之說。此外，智者大師又以《涅槃經》的「五味」喻配以五時（T33.683bc），請參見註61。關於「五時八教」的討論，歷來有許多的研究成果可以參考，本論文便不於此多做論述。
〔註60〕譬如《觀音玄義》卷上說：「……二、約諸教明次第者，又爲通、別。通義可解；別今當說。」詳見T34.878a。

提到可以分別就五味〔註61〕、四教來論其中次第；不過，《觀音玄義》也只討論了五味〔註62〕。

在「三、解釋」的部分，智者大師對於十組法目的名義內容〔註63〕，大抵是沿著三個方向來做闡釋的：首先，（1）分別闡釋十義，並且依循〈普門品〉中兩個問答作判分〔註64〕。其次，（2）約教明觀，即是就「觀法」層面論說藏、通、別、圓四教的不同所在；其中，著重在闡發圓教的教義和觀法〔註65〕。最後，（3）是就天台宗所說的「六即」〔註66〕來討論十義〔註67〕。

〔註61〕「五味」乃指：乳、酪、生蘇（酥）、熟蘇（酥）、醍醐；亦即是「五時」：華嚴時、鹿苑時、方等時、般若時、法華涅槃時。智者大師引《涅槃經》的「五味」之喻，配以「五時」，是爲「五味」。請參見《法華玄義》，T33.683bc。

〔註62〕歷五味論十法次第：華嚴頓教具前六義，三藏教具前三義，方等教具前六義，般若教亦具前六義，法華教具前八義，涅槃教則分利、鈍，利者具前八義、鈍者備十義。智者對於爲何以五味論十法次第有如此不同？以及同具六義的三教同異問題，都做了説明。詳見《觀音玄義》卷上，T34.878abc。

〔註63〕在「釋名」中，通釋十義的「次第」，主要是約教、約觀：教、觀分釋；而「解釋」，則是約教明觀，溝通教、觀：教、觀雙釋。《觀音玄義》卷下提到：「若無教，即無觀；稟教修觀，得成於智，所以明教也。」（T34.885b）這表示如果沒有教理的指導，佛教學人的觀修活動便沒法可以依循，所以必須以「教」引導「觀」，方能修學有得。同樣的，教理若無觀法加以實現，便隱而不顯、藏而不彰；必須於「觀」有得，「教」乃得彰示。所以「教」、「觀」兩者，實在不能相離。所謂有「教」，「觀」方有所依；有「觀」，「教」因此證成。教理與修行相互彰顯、彼此成全，所以如明末佛教大師蕅益智旭（西元1599～1655年）在所著《教觀綱宗》中開宗明義便道出：「佛祖之要，教、觀而已矣！觀非教不正，教非觀不傳；有教無觀則罔，有觀無教則殆！」（T46.936c）指出了教理與觀門爲佛教二大要素；而天台宗歷稱教、觀雙美，自智者大師便已致力於此。日本學者安藤俊雄教授説到：「天臺教學的一大特色，是教觀雙美，而完成其體系的，是智者大師，所以他被尊爲東土小釋迦。」（引自安藤俊雄著，演培法師譯，《天臺性具思想論》，台北：天華出版事業股份有限公司，1989.9一版，1992.1一版二刷，頁6。）陳英善教授在其著作中，也如此表示：「天台學說之特色，在於教觀雙運。」（詳見《天台緣起中道實相論》，台北：東初出版社，1995.6初版二刷，頁283。）

〔註64〕有關〈普門品〉的兩個問答，請參見本章第一節。兩個問答與「十義」配對：前問答，以「人」、「悲」、「慧」、「眞」、「藥」、「冥」、「實」、「本」、「了」、「智」說釋「觀世音」；而後問答，則以「法」、「慈」、「福」、「應」、「珠」、「顯」、「權」、「跡」、「緣」、「斷」來解「普門」之義。譬如說：「前一番問答，是分釋無上之人稱『觀世音』；後一番問答，分釋攬無上之法故稱『普門』。當知人、法因緣故，故名『觀世音普門』也。」（T34.879a）。餘九義，例此。

〔註65〕詳細的內容可以參見《觀音玄義》卷上，T34.878c～881a。

〔註66〕天台宗所說的「六即」，是指（1）理即、（2）名字即、（3）觀行即、（4）相

就「料簡」部分來說，主要精神大抵在於闡明「人」(悲、慧、眞、藥、冥、實、本、了、智)與「法」(慈、福、應、珠、顯、權、跡、緣、斷)相即、圓融不二的道理〔註68〕。方式是採用問答型態，來進行有關「十義」各組中對稱名目間在彼此義涵上的揀擇和論釋，回答雖多用「四句」式〔註69〕，但也不盡然。

相對於「十義通釋」，在「別釋」方面，則在分別地闡釋「觀世音」與「普門」的義涵；如說：

> 第二別釋名者，爲二：先明觀世音，次明普門。〔註70〕

也就是以「觀世音」、「普門」爲兩組對象，分別解說。其中，在闡釋「觀世音」這一部分時，主要以「境」、「智」對稱爲軸線來展開；如說：

> 以何因緣名觀世音？通釋如前；別者，則以境、智因緣，故名觀世
> 音。〔註71〕

「觀」意指「能觀之智」，「世音」則爲「所觀之境」。就中又以思議、不思議或理外、理內，更深入地闡釋「境」、「智」的義蘊：

> 云何境智？境智有二：一、思議境智，二、不思議境智。思議境智
> 又二：一、約理外，二、約理內。〔註72〕

「境智」可分「思議」、「不思議」兩層意義闡論；而就「思議境智」一層，則又有「理外思議境智」與「理內思議境智」之分。甚至，「理外」、「理內」思議境智，各自又可分成：「天然境智」、「相待境智」、「因緣境智」與「絕待

似即、(5) 分證即、(6) 究竟即。關於「六即」的討論，可以參見《法華玄義》卷第一上，T33.686a；《摩訶止觀》卷第一下，T46.10b。

〔註67〕 十法中的前八法，以「六即」階位來討論；第九法「緣了」，則就「理即」來說；第十法「智斷」是依「究竟即」論。詳見《觀音玄義》卷上，T34.879a～881a。

〔註68〕 《觀音玄義》依〈普門品〉二問答在「解釋」中分別說釋「人」(悲、慧、眞、藥、冥、實、本、了、智)、「法」(慈、福、應、珠、顯、權、跡、緣、斷)的別異，是爲「權」(方便)；而在「料簡」中，則旨在論說「人」、「法」等相即不二、一時並了，是謂「實」。先「解釋」、後「料簡」，意味先立「權」說，後顯「實」義，正是扣緊智者大師所謂「開權顯實」的精神。「開權顯實」之義，請參見《法華玄義》，T33.681ab。

〔註69〕 所謂「四句」式，如果以「人法」爲例，便是：「人非法，法非人；人即法，法即人」。餘九義，例此。詳見《觀音玄義》卷上，T34.881a～883a。

〔註70〕 引見《觀音玄義》卷上，T34.883a。

〔註71〕 引見《觀音玄義》卷上，T34.883a。

〔註72〕 引見《觀音玄義》卷上，T34.883a。

境智」四種加以說明〔註73〕。雖然如此分說「境智」，但是智者在《觀音玄義》
中，卻不以「思議境智」一義來闡釋「觀世音」，而是從「不思議境智」一層
抉發「觀世音」內含的殊勝意義。

就「能觀之智」與「所觀之境」兩者，《觀音玄義》乃是先論說作爲「觀
境」的「世音」義，然後再闡釋作爲「觀智」的「觀」義。爲什麼如此呢？
智者大師這麼表示：

> 夫依名字爲便，應先明觀智，次辯世境之音。若解義爲便，前明世
> 境，次辯觀智。如先有境，可得論觀；若未有境，何所可觀？譬如
> 境鼓，後方映擊。今從義便，先明世音，後論觀智也。〔註74〕

這是說，如果就「觀世音」這名稱來看，是先「觀智」——「觀」、後「觀境」
——「世音」；不過，爲了理解上的方便考慮，則應先說「觀境」、後釋「觀
智」。理由是：一說「觀」，便預設有「境」的存在，所以自當先明所觀「境」
是什麼，而後論及能「觀」者。

在《觀音玄義》中，對於「所觀之境」，乃以「三種世間」、「十法界」、「十
如是」闡釋「世」義，這也就是將天台宗所說的「三千世間法」作爲「所觀
之境」而提出〔註75〕。至於「音」義，智者說爲：「十法界口業之機」〔註76〕，
這雖是指十法界眾生所發的聲音（口業），實際上則涵括了眾生的身、口、意
三業。換言之，這指出的是十法界眾生的一切心行作爲，皆是觀世音菩薩關
照、顧念與濟度的對象。

其次，論及「觀智」的部分，說：

> 第二明觀者，又爲二：一結束世音之境，二明能觀之智。〔註77〕

> 結境即爲六：一、結十法界是因緣境，二、四諦境，三、三諦境，四、
> 二諦境，五、一實諦境，六、無諦境。此具出大本《玄義》。〔註78〕

〔註73〕《觀音玄義》卷上說：「一、天然境智……二、明相待者……次明因緣境智……
次明絕待明境智。」這四種境智，也就是自生境智、他生境智、共生境智與
無因生境智。詳見 T34.883ac。

〔註74〕引見《觀音玄義》卷上，T34.884a。

〔註75〕詳見《觀音玄義》卷上，T34.884ab。關於「三千世間法」，請參見《摩訶止
觀》卷第五上，T46.54a。

〔註76〕詳見《觀音玄義》卷上，T34.884bc。

〔註77〕引見《觀音玄義》卷上，T34.884c。

〔註78〕引見《觀音玄義》卷上，T34.884c。

> 二明觀智者，傍境明智，作五番明觀智。就因緣則四番因緣論觀。四
> 諦亦有四番論觀。三諦有兩番論觀。二諦有七番論觀。一實諦則一番
> 論觀。無諦則無觀。如此等義，具在大本。今約三諦明觀。〔註79〕

首先承前針對「觀境」的說法，智者認為可以從更多面向來闡論，譬如：因緣、四諦、三諦、二諦、一諦、無諦，等等。關於這方面的詳細論說，在《法華玄義》中，事實上都已談到〔註80〕。至於剋就「觀智」的詳細討論，《法華玄義》也已做過〔註81〕；《觀音玄義》在這裡，乃是就「三諦」義來論說「觀智」。換言之，智者大師以「空」、「假」、「中」三諦釋明「觀智」義，並且「對境明觀」，而有「次第三觀」、「一心三觀」之說：

> 論境即有二意，今對境明觀亦為二意：一、次第三觀，二、一心三
> 觀。〔註82〕

除了依「三諦」闡明「觀」義之外，智者更談及作為能夠觀思、照察所緣境界的「觀心」，從而有「約觀心明觀」的「次第觀心」、「不次第觀心」說法〔註83〕。

　　關於「普門」的意思，在《觀音玄義》也分「通」、「別」兩項來解說：

> 第二明普門，即為二：一、通途明門，二、歷十義解釋。〔註84〕

首先，「通說」部分：

> 通六意者，一、略列門名，二、示門相，三、明權實，四、明普不
> 普，五、約四隨，六、明觀心。〔註85〕

這是以門名、門相、各門權實、普不普、四隨、觀心來闡釋「普門」名義；然而，《觀音玄義》中只談及前四項，對於「四隨」、「觀心」，事實上並沒有詳解說明〔註86〕。

〔註79〕引見《觀音玄義》卷上～下，T34.884c～885a。

〔註80〕對於這六種觀境的詳細論說，可以參見智者大師在《法華玄義》中解釋「境妙」的地方；詳見《法華玄義》卷第二上～下，T33.697c～707a。

〔註81〕關於「傍境明智」的五番論觀智，可以參見《法華玄義》卷第二下釋「智妙」處；詳見 T33.707a～715b。

〔註82〕引見《觀音玄義》卷下，T34.885a。

〔註83〕詳見《觀音玄義》卷下，T34.887ab。關於「觀心」的討論，請參見本論文第五章第二節，頁102～113。

〔註84〕引見《觀音玄義》卷下，T34.887b。

〔註85〕引見《觀音玄義》卷下，T34.887bc。

〔註86〕《觀音玄義》卷下說到：「四隨、觀心等，悉在大本。」（T34.888a）《法華玄義》卷第一下說：「四悉檀是龍樹所說，四隨禪經佛所說。……所謂隨樂欲、

其次是「別釋」：

> 二、別釋普門者，……一、慈悲普，二、弘誓普，三、修行普，四、斷惑普，五、入法門普，六、神通普，七、方便普，八、說法普，九、供養諸佛普，十、成就眾生普。〔註87〕

這是舉出：慈悲、弘誓、修行、斷惑、入法門、神通、方便、說法、供養諸佛、成就眾生等十種闡論「普門」義；是爲「十普門」。《觀音玄義》對於「十普門」之間的關係，以及其間次第，更有論說〔註88〕。

綜上所述，可以簡單地對《觀音玄義》在第一重玄義：「釋名」的內容架構做一說明：「通釋」，主要在以「十法」論說「觀世音普門」的含義；而「別釋」，則重在從「境智」解說「觀世音」之義，而開立「十普」義論釋「普門」之名。

（二）「出體」

第二重「出體」，或名「釋體」〔註89〕，而在《法華玄義》中則稱「辨體」、「顯體」〔註90〕。

關於「體」的意思，《觀音玄義》中並未談及，不過在《法華玄義》中，則有如下的解釋：

> 體者，一部之指歸，眾義之都會也〔註91〕。

第一重「釋名」，在於從名稱上解釋其在表面上的意思，也伸及內含義理的引發。然而，真正能夠顯示經趣或論旨的，才是一經一論中的主體或根本所在。

隨便宜、隨對治、隨第一義。樂欲從因得名，世界從果立稱。」（T33.687c）所以「四隨」即是「四悉檀」。《大智度論》卷第一：「有四種悉檀：一者世界悉檀，二者各各爲人悉檀，三者對治悉檀，四者第一義悉檀。四悉檀中，一切十二部經、八萬四千法藏，皆是實，無相違背。」（T25.59b）《法華玄義》卷第一下對「悉檀」（梵語 siddhānta）的意思，有如下解釋：「悉檀，天竺語。一云：此無翻，例如脩多羅多含；一云：翻爲宗、成、墨、印、實、成就、究竟等，莫知孰是」（T33.686c）。

〔註87〕引見《觀音玄義》卷下，T34.888a。

〔註88〕關於「十普門」的解說，詳見《觀音玄義》卷下，T34.888a～890c。關於「十普門」間的關係與次第，以及六項普門通說，與「十普門」別說，兩者之間性質有何不同等相關問題，本論文將在第四章第三節做討論，請參見本論文，頁84～86。

〔註89〕請參見《觀音玄義》卷上，T34.877a；卷下，T34.890c。

〔註90〕詳見《法華玄義》卷第一下，T33.681c；卷第八上，T33.779a。

〔註91〕引見《法華玄義》卷第八上，T33.779a。

所以說：

> 顯體者，前釋名總說，文義浩漫。今頓點要理，正顯經體，直辨眞
> 性。〔註91〕

所謂「體」，指的便是經論本身的要指、歸向；換言之，「出體」在於指出整部經論的核心觀念。那麼，〈普門品〉經文根本或核心觀念，智者認爲，是什麼呢？

> 第二，釋體者，以靈智合法身爲體。〔註92〕

智者認爲〈普門品〉「以靈智合法身」爲體，而其所根據的理由是：

> 若餘經明三身者，則單以法身爲體。此品但有二身義，故用理、智
> 合爲體也。只此智即實相理。何以故？若無靈智，實相隱，名如來
> 藏。今知權實相與理不二，如左右之名爾。若明實相體義，廣出大
> 本《玄義》。〔註93〕

這是說：其他闡明佛有法、報、化三身的經典，可以單提「法身」含括餘二義作爲該經教說的根本或主體。然而，就〈普門品〉經文來看，未及「報身佛」的言說，但重在揭顯觀音菩薩久已成佛的「法身」與能夠普門示現度眾的「化身」這兩面的意義。又，據智者以「眞身」釋「觀世音」、以「應身」解「普門示現」，而說「眞」義爲「不僞不動」，意謂「眞身」或「法身」指「實相之理」〔註94〕；實相之理要由智慧證顯，且由「實」智應緣出生「權」化，所以「用理、智合」，便說名「以靈智合法身爲體」。至於有關「實相體」的義涵，智者在《法華玄義》中，有更廣泛而詳細的解說〔註95〕。

（三）「明宗」

「五重玄義」第三重「明宗」；而智者大師在《法華玄義》解釋「宗」的意思，以及它的作用時，說：

> 宗者，要也。所謂：佛自行因果以爲宗也。云何爲要？無量眾善，

〔註91〕引見《法華玄義》卷第八上，T33.779a。
〔註92〕引見《觀音玄義》卷下，T34.890c。
〔註93〕引見《觀音玄義》卷下，T34.890c。
〔註94〕詳如《觀音玄義》卷上所說：「……四、釋眞應者：『眞』名不僞不動；『應』名稱適根緣；集藏名『身』。若契實相不僞不動之理，即能稱機而應；譬如攬鏡，像對即形。此之眞、應不得相離。……得實相眞，譬得明鏡，不須作意，法界色像即對、即應，如鏡寫像與眞不殊，是時乃名眞寂身應。……『觀音』從眞身得名……『普門』是從應身得名；良以眞、應因緣故，名『觀世音普門』也。」（T34.879c）。
〔註95〕詳見《法華玄義》卷第八上，T33.779a。

> 言因則攝；無量證得，言果則攝。如提綱維，無目而不動；牽衣一
> 角，無縷而不來。故言宗要。〔註96〕

又說：

> 大章第三：明宗。宗者，修行之喉衿，顯體之要蹊。如梁柱持屋、
> 結網綱維，提維則目動，梁安則桷存。〔註97〕

關於佛教從修行到證果的整個修學歷程，可以藉由「因」、「果」兩端意義來
對此一歷程做收攝性的說明。修行結「果」，發自學人有其修行爲「因」，而
「因」則涵括了證「果」之前的所有實踐活動。因此，就「宗」和「體」二
者的意義來說，「宗」可謂是貫通於「體」的一種指導原則，而所謂「貫通」
則意味那是種動態的把握，藉此乃可將「體」給抉發、證顯出來。

然而，作爲〈普門品〉「宗要」的是什麼呢？智者大師說：

> 第三、明宗者，以感應爲宗。十界之機，扣寂照之知，致有前後感
> 應之益。益文雖廣，直將感應往收；如牽綱目動，所以用感應爲宗。
> 〔註98〕

以「感應」爲通貫〈普門品〉內容主體的宗要，或一條精神主軸。這是基於
〈普門品〉在在宣說眾生稱念、禮拜觀音菩薩，得有免難、離毒、滿願等的
利益，而觀音菩薩也常恒應眾機感，尋聲往赴救濟的事實，因此，智者認爲
「以感應爲宗」，便可將觀音菩薩因著智證實相而能應化救苦，其中所由的道
理或所存的內在關係予以抉發出來。

（四）「辯用」

第四重「辯用」；在《法華玄義》中，或稱「論用」、或名「明用」〔註99〕。
至於「用」的意思，是：

> 用者，力用也。〔註100〕

> 用是如來之妙能，此經之勝用。〔註101〕

「用」是力量、作用或力用的意思。就諸佛如來作爲圓滿的生命體來說，「用」

〔註96〕引見《法華玄義》卷第一上，T33.683a。
〔註97〕引見《法華玄義》卷第九下，T33.794b。
〔註98〕引見《觀音玄義》卷下，T34.890c。
〔註99〕請參見《法華玄義》卷第一上，T33.682a；卷第九下，T33.796c。
〔註100〕引見《法華玄義》卷第一上，T33.682a。
〔註101〕引見《法華玄義》卷第九下，T33.796c。

指的是諸佛如來的大能，也就是諸佛如來具備的殊勝力量，以及其所能夠發揮的廣大作用。換句話說，諸佛如來實際受用的功德果報，能夠展現的智度力用，便是所謂的「用」；譬如，經說佛具「十力」、「六神通」等〔註102〕。就佛教經論來說，「用」即指該部經論所明教法可以發生的殊勝力用。然則，〈普門品〉以什麼爲「用」呢？智者說：

> 第四、慈悲利物爲用者；二智不當用耶？答：二智語通，今別附文。
> 以盛明隱顯之益，故以此當用爾。〔註103〕

在《法華玄義》中，智者大師以權、實「二智」爲《法華經》的力用〔註104〕；然而，《觀音玄義》以爲「慈悲利物」乃是〈普門品〉所明的力用。既是《法華經》一品，〈普門品〉爲什麼不說也以權、實「二智」爲力用呢？

原來從《法華經》全經著眼，乃以釋迦牟尼佛代表的諸佛如來爲主體，權、實「二智」是爲諸佛如來的妙用；而如果只就〈普門品〉來說，主要目的在於闡發觀世音菩薩觀眾音聲，隨而應機化身攝眾度生的神通自在和悲濟精神。因此，即使觀音菩薩久已成佛，究竟也不離有其權、實「二智」，但是扣緊經文內容，自當仍以「慈悲利物」作爲〈普門品〉所正明的菩薩力用〔註105〕。而對於

〔註102〕請參見《摩訶般若波羅蜜經》卷第二十七，T8.419a。

〔註103〕引見《觀音玄義》卷下，T34.891b。

〔註104〕《法華玄義》卷第一上說：「用者，力用也。三種權實二智皆是力用。於力用中更分別自行二智照理，理周名爲力。二種化他二智鑒機，機遍名爲用。祇自行二智即是化他二智，化他二智即是自行二智。照理即鑒機，鑒機即照理。」（T33.682a）同書卷第九下說：「大章第四、明用者，用是如來之妙能，此經之勝用。如來以權實二智爲妙能，此經以斷疑生信爲勝用。祇二智能斷疑生信：生信斷疑由於二智。約人、約法，左右互論耳。前明宗，就宗、體分別，使宗、體不濫。今論於用，就宗、用分別，使宗、用不濫。何者？宗亦有用，用亦有宗。宗用非用用，用用非宗用。用宗非宗宗，宗宗非用宗。宗用者，因果是宗，因果各有斷伏爲用。用有宗者，慈悲爲用宗，斷疑生信爲用用。若論於宗，且置斷伏，但論因果〔企一止十〕明於用；但論斷疑生信，且置慈悲。若得此意，則知權實二智；能斷疑生信，是今經之大用。其義明矣。」（T33.796c）以「權實二智」爲如來之妙能，以「斷疑生信」爲《法華》之勝用。權、實「二智」又分自行權實、化他權實、自行化他權實。自行權實二智照理，理無不周，是爲力；化他權實二智鑒機，機無不照，是爲用。就此而說自行二智、化他二智，兩者相即不二；照理，鑒機，也同樣相即不二。權、實二智能斷疑生信，斷疑生信由於權、實二智。具有能令眾生斷疑生信的權、實二智，就生命體的妙能而言；能令眾生斷疑生信，則是就佛法的勝用來說。

〔註105〕在《觀音玄義》卷下，接著談到：「他釋法身冥益爲常，應身暫出還沒爲無常。

觀音菩薩「慈悲利物」的廣大力用,《觀音玄義》中更使用「悲」、「冥益」,「慈」、「顯益」等觀念,施以深義的闡釋〔註106〕。

(五)「明教相」

第五重「明教相」,也就是屬於在「判教」層面上的一種解說。《法華玄義》中,智者大師對於「教相」做了分別說明:

教者,聖人被下之言也。相者,分別同異也。〔註107〕

「教」指佛陀的法教,而「相」則是對於這些佛說教法所作的一種分析、判別。在《法華玄義》中,更提出了三項「判教」原則:(1)「根性融、不融相」、(2)「化道始終、不始終相」與(3)「師弟遠近、不遠近相」〔註108〕;不過,《觀音玄義》並未有對這三項原則的詳細討論,而是提到:

此品是《法華》流通分,既通於開權顯實之教,令冥顯兩益被於將來。以十法界身圓應一切,使得解脫。圓人秉於圓法,流通此圓教故,即是流通圓教相也;五味爲論,即是流通醍醐味也。〔註109〕

《法華經》「開權顯實」,智者大師判其爲「圓教」;若以五味爲喻,便是所謂

今明法身常寂而恒照,此理宜然。應身處處利益,未嘗休廢,亦是常義。若言有應,不應以爲無常者。法身亦有益無益,故知俱是常、無常,俱有冥、顯。如日月共照,一虧一盈。如來恒以常無常二法熏修眾生,故言二鳥雙遊,而呼爲常、無常爾。譬如種植,或假外日風雨,内有土氣煖潤,而萬物得增,冥、顯兩益亦復如是。此中應用王三昧十番破二十五有,以辯慈悲益物之用。具在大本《玄》中。」(T34.891b)法身、應身皆可謂常(法身以寂照爲常,應身以不休爲常)、或無常(法身有益、無益,應身有應、無應);也皆有冥益、顯益。依角度而有不同的講究。至於更詳細地討論諸佛菩薩慈悲益物的相關力用,可以參見《法華玄義》,T33.746c~749c。

〔註106〕前已論及《觀音玄義》「釋名‧通釋」,以「十法」闡論「觀世音普門」,其第二義「慈悲」與第六義「冥顯」,分別是以「悲」、「冥」釋「觀世音」,而以「慈」、「顯」明「普門」:「若前一番問答,明無緣大悲拔苦,一心稱名即得解脫;後一番問答,從無緣大慈、普門與樂,皆令得度。故知以大慈大悲因緣,故名觀世音普門也。」(T34.879b)「若就前問答,不見形聲,密荷深祐,名爲冥益。聖人之益雖不可知,聖欲使知,昆蟲能知。如後問答,親睹色身,得聞說法,視聽彰灼,法利顯然。故知『觀音』從冥益得名,『普門』從顯益得名。以冥、顯因緣故,名觀世音普門也。」(T34.880a)「慈悲」強調生命體的自行功德,「冥顯」著重化他利益的不同;而在第四重「辯用」中,則是採取自行、化他並明的方式來論說。

〔註107〕引見《法華玄義》卷第一上,T33.683b。

〔註108〕詳見《法華玄義》卷第一上,T33.683b。

〔註109〕引見《觀音玄義》卷下,T34.891c。

的「醍醐味」。作爲《法華經》一品的〈普門品〉，自也屬於宣說佛陀「開權顯實」之義的「圓教」教法。再者，智者大師以「序分」、「正宗分」、「流通分」的「三科分經」方式來科判《法華經》，〈普門品〉歸爲「流通分」中的一品，所以宣說〈普門品〉的目的，便是在於流通「圓教」教法。

上引文句中，說及觀音菩薩化度眾生，不論眾生是得「冥」益，或得「顯」益；菩薩教化眾生的法教，莫不皆縱貫過去、現在、未來，普令眾生得解脫；並且，沒有一位眾生會被諸佛菩薩所遺棄：是爲一種「始」、「終」圓滿的教法。由此，《觀音玄義》主要便可歸爲依據「化導始終、不始終」這項教相判釋原則進行論說，目的在於顯明諸佛菩薩度眾攝生，必須含盡法界一切眾生，而且就時間軸線來看，也要貫通過去、現在與未來三世，同時還得以令眾生皆解脫諸苦爲化他事業的究竟〔註110〕。

三、「五重玄義」架構表示

以「五重」架構解說〈普門品〉經教「玄義」，按循的是智者大師在「大本」，也就是《法華玄義》中的做法。這一解經方式，是由提出某些具有能夠含攝對象內涵的總括性觀念，再爲這些觀念分別輕重、安排次序，然後用以展開經義的解說；其中表現的是闡釋者對於所詮對象內涵要點暨精神的通徹思考和根本了解，而不僅淺泛隨文解義的型態。

今從篇幅來看，《觀音玄義》上、下二卷，在《大正藏》版本中約十五頁有餘，第一重「釋名」可謂佔了《觀音玄義》全部論說的絕大篇幅〔註111〕，這番安排也同於《法華玄義》〔註112〕。智者大師費了這麼大一番功夫來闡釋〈普門品〉品題：「觀世音普門」五個字，可見「釋名」之在「五重」闡說「玄義」的架構裡所佔位置的重要性。

如果就內容而論，智者藉由針對「觀世音普門」這五個字義的解析與闡釋，不僅直接指向的是〈普門品〉經文本身，其中有更多是奠基在智者大師

〔註110〕關於《觀音玄義》論說「教相」的部分，請參見《觀音玄義》卷下，T34.891c～892a。

〔註111〕《觀音玄義》兩卷，T34.877a～892a；第一重「釋名」部分，從頁877a～890c，約近滿十四頁之多。

〔註112〕《法華玄義》，凡二十卷，收入《大正藏》第三十三冊，頁681c～814a。第一重「釋名」，頁691a～779a；若由「正解妙法蓮華」開始（692c），約佔了87頁。

個人對於全體佛教根本義理和精神的掌握上，所做的教義發揮；也因此《觀音玄義》中許多略而未明的部分，智者常以《法華玄義》（「大本」）已解說過為由，要請學人參看「大本」。換言之，這意謂智者大師對佛教法義的整體理解，通貫於《觀音玄義》中的各個論述與鋪陳；所以，要深入了解《觀音玄義》的言說義涵，也不時必須回到智者大師於其他著述裡的論說。

依據上述的說明與闡論，茲將《觀音玄義》的內容架構做一簡表，示之如下：

甲、序　文

　　總說：釋「觀世音普門」

　　別說：釋「觀」、「世音」、「普」、「門」、「品」

乙、正文：「五重玄義」

　　壹、釋　名

　　（壹）通釋——「十法」通釋「觀世音普門」

　　　　一、列名：列「十法」之名

　　　　二、次第：明「十法」之次第

　　　　　　（一）約「觀」明次第

　　　　　　（二）約「教」明次第

　　　　三、解釋：闡解「十法」的內容

　　　　四、料簡：揀釋「十法」的意蘊

　　（貳）別　釋

　　　　一、「觀世音」——以「境」、「智」為軸線

　　　　　　（一）「境智」：釋「觀」、「世音」

　　　　　　（二）「觀境」：明「世音」

　　　　　　（三）「觀智」（並談「觀心」）：論「觀」

　　　　二、「普門」

　　　　　　（一）通釋——六項通說

　　　　　　（二）別釋——「十普門」

　　貳、出體——「靈智合法身」

　　參、明宗——「感應」

　　肆、辯用——「慈悲利物」

伍、教相——「明教相」

小　結

　　《觀音玄義》所據的〈普門品〉，是鳩摩羅什的譯本，而鳩譯本並沒有偈頌，所以《觀音玄義》也沒有闡釋〈普門品〉的偈頌。

　　〈普門品〉的內容，可以依經文的前後兩個問答做為軸線來概括經文的要義：（1）觀世音菩薩名為觀世音的「得名因緣」；（2）觀音菩薩在世間所行的自在度生事業。而此兩大主軸，即可分由「智慧」的觀照與「慈悲」的普被來涵攝。

　　再者，此兩大問題，也是智者大師在《法華文句・釋普門品》、《觀音義疏》、《觀音玄義》據以科判的考量、釋解的依據。

　　《觀音玄義》是以「五重玄義」做為闡解的主要架構，藉此來張示〈普門品〉的義理義蘊。

第三章 性德、修德與善、惡

本章討論的問題主軸：「性修善惡」，是智者大師依照「五重玄義」的解釋架構，在《觀音玄義》「第一重釋名‧通釋」裡，針對「十義」（十法）中的「緣、了」概念進行「料簡」時所首先提出來的；其內容，以五番問答的形式呈現〔註1〕。透過對這五番問答的內容分析，或許可以逐步歸結、得出「性、修善惡」所涉及的觀念釐清、問題性質與義理闡說等相關課題的解答；本章以下各節，便將嘗試按循《觀音玄義》的整體言說脈絡，來展開針對這一中心問題的種種討論。

第一節 「緣了」與「智斷」

在《觀音玄義》中，關於「性」或「性德」、「修」或「修德」問題的討論，乃是透過解釋「緣了」與「智斷」這兩組法目的意義時展開的。這也就是說，智者大師不是簡單地對「性（德）」、「修（德）」二語詞下個定義，而是透過問答討論來釐清「性（德）」、「修（德）」的意思，以及依附它們所帶出的問題，譬如：善惡、染淨、伏斷等。因此，本節的目的即在於抉發《觀音玄義》的討論方式，進而確定「性（德）」、「修（德）」的意義內涵。

一、成佛條件的思考：「緣因」與「了因」

智顗在《觀音玄義》中，提出「十組法目」——所謂「十義」——來闡

〔註1〕關於這「五番問答」，內容詳見《觀音玄義》卷上，T34.882c～883a。

釋「觀世音普門」的義理內涵；其中，第九組名爲「緣了」，而第十義則是「智斷」。那麼，「緣了」、「智斷」，它們各自的意義或所指的是什麼呢？

　　如所周知的：佛教傳入中國後，由最先小乘禪數學的傳受，到了魏晉南北朝時代，般若中觀學說盛行之際，有關「佛性」問題的討論，便已處於日蘊月積、將趨勝廣的階程。《大般涅槃經》（以下簡稱《涅槃經》）〔註2〕傳譯漢地中土後，「佛性」思想學說更蔚成傳習的主流〔註3〕；而就在《涅槃經》中，便出現了「緣因」、「了因」與「正因」等概念，以及與其相關的論釋〔註4〕。

　　「緣因」、「了因」與「正因」等三個概念，是爲「三因」；然而，《涅槃經》對於「三因」的意義，並未加以明確且系統的論說。然而，在南北朝時代，自竺道生（西元355～434年）高唱「一切眾生悉有佛性」開始〔註5〕，沿著竺道生所提問題，中國佛教學界關於成佛的根據、條件或體性──所謂「佛性」思想，尤其「正因（佛性）」的討論，便異常熱烈〔註6〕。智者大師

〔註2〕現存《涅槃經》漢譯本有四種：（1）《大般泥洹經》六卷，法顯譯，俗稱「六卷本」，爲（北本）《大般涅槃經》前十卷的異譯；（2）《大般涅槃經》四十卷，曇無讖譯，後人稱之爲「北本」（或「大本」）《涅槃經》；（3）《大般涅槃經》三十六卷，由慧觀、謝靈運等人依「北本」《涅槃經》，參考「六卷本」，改治而成，後人喚作「南本」；（4）《大般涅槃經後分》二卷，會寧、若那跋陀羅譯。關於《大般涅槃經》的傳譯，可以參見釋恆清教授：〈《大般涅槃經》的佛性論〉乙文，收錄於《佛性思想》（台北：東大圖書股份有限公司，1997.2初版），頁1～7。

〔註3〕請參見湯用彤，《漢魏兩晉南北朝佛教史》（北京：北京大學出版社，1998年1月第一版），第十六章、〈竺道生〉、第十七章〈南方涅槃佛性諸說〉；任繼愈，《中國佛教史》第三卷（北京：中國社會科學出版社，1988年4月第一版），第三章〈南北朝時期的佛教學派〉第一、二節。

〔註4〕這些討論，可以參見《（北本）涅槃經》卷第二十八、卷第二十九，T12.528c～541b。

〔註5〕譬如竺道生所提出來的兩個問題：（1）什麼是「正因佛性」？（2）「正因佛性」是「始有」或「本有」？沿著二大問題，南北朝佛教學人針對「佛性」思想便有種種問題的討論。請參見楊惠南，《吉藏》（台北：東大圖書股份有限公司，1989年4月初版），頁76～80、頁221～252。而賴永海教授在所著《中國佛性論》（台北：佛光文化事業有限公司，1997年9月初版二刷）的第三章、第四章，也有詳細討論，可以參看：詳見該書頁83～177。

〔註6〕依據吉藏（西元549～623年）的說法，在他之前以及當時有關「正因佛性」的主張，主要約共十一家之多；吉藏對於這十一家「正因佛性」說，也做了三大類型的歸納，同時進行批判，並提出自己對於「正因佛性」的看法。詳見《大乘玄論》卷第三，T45.35b～37a。此外，湯用彤在《漢魏兩晉南北朝佛教史》（北京：北京大學出版社，1998年1月第一版）中，對於這十一家「正因佛性」說的代表人物，更做了詳細的考證；請參見該書第十七章，頁482

身處於那樣的時代與環境下，面對「佛性」思想學說，以及南北朝佛教學人針對「佛性」問題的各種主張，依據《涅槃經》中的概念與思想，便提出了有系統的「三因佛性」說〔註7〕。「緣」、「了」指「緣因」、「了因」，也就是在「正因」之外，「三因佛性」中的「緣」、「了」二因佛性。

在《觀音玄義》中，智者對於「緣」、「了」的解釋是：

> 「了」是顯發，「緣」是資助；資助於「了」，顯發法身。〔註8〕

「了」是「顯發」之義，而「緣」則爲「資助」的意思。「緣」作爲「資助」之義，是指資助「了」因，用以顯發「法身」；也就是說，「了」指顯發的作用本身，而「緣」則是指具有資助「了」、使其發揮「顯發」功能的東西。由於「緣」、「了」所對向的目的是使「法身」彰顯，可見「緣」、「了」二因所帶有的意義，重點落在指那藉以達到目標的方法或手段。上引文句中，智者從作用層面說明「緣」、「了」的義涵，相對地由此帶出「緣」、「了」兩者的關係，智者大師便引《大智度論》中的譬喻表示：

> 《大論》云：「一人能耘，一人能種。」種，喻於「緣」；耘，喻於「了」。〔註9〕

〔註7〕 ～513。

〔註7〕 釋恆清教授在〈《大般涅槃經》的佛性論〉一文中，說到：「以上〈師子吼菩薩品〉中所提到不同二因，綜合而言有生因、正因、了因、緣因，但是因爲各種不同組合的二因，其所指各有不同，因此意義不明確，……相當含混不清。天台智者大師因此將它們綜合成爲「三因佛性」──正因、了因、緣因。意義明確且有系統，深具畫龍點精之效。」（詳見《佛性思想》，台北：東大圖書股份有限公司，1997年2月初版，頁49。）陳英善教授在《天台緣起中道實相論》（台北：東初出版社，1995年6月初版二刷）中，則說到：「天台以『三因佛性』（即正因佛性、了因佛性、緣因佛性）來說明佛性，而此『正因』、『緣因』、『了因』之名稱，可說是沿自於《涅槃經》，但《涅槃經》並沒有提出『三因佛性』的看法，只是分散式論及『因』的看法，……然總體而言，《涅槃經》所述之『因』，實際上只有二種，而天台所使用『正因』、『了因』、『緣因』爲三佛性之名稱，可視爲取自於《涅槃經》及南北朝之佛性說，再配以天台自身的理論思想。……天台對佛性之看法，主要就三因佛性來論述。」（詳見該書頁330～331。）許國華在他的碩士論文《天台圓教與佛性思想之研究》（台北：國立政治大學哲學研究所，1995年6月）中，也提到：「三因之名皆見於《涅槃經》，不過，《涅槃經》對於三因之意義並沒有確切界定，三因之意義常有滑轉，似沒有把三因視爲具組織和系統的一套概念。智者大師則就三因作一系統性的說明。」（詳見該論文，頁100。）

〔註8〕 引見《觀音玄義》卷上，T34.880b。

〔註9〕 引見《觀音玄義》卷上，T34.880b。

要由「緣」、「了」二者間的相互助與，才能成就「法身」：這一說法的意義，在於指明佛教從修行到證果，莫不由許多因緣條件共同會集而成辦的。而「緣因」、「了因」落實在成就佛果或「法身」的菩提道業行上時，它們的具體內容便是：

> 「了」者，即是般若觀智，亦名慧行正道智慧莊嚴；「緣」者，即是解脫，（亦名）行行助道福德莊嚴。〔註10〕

「了因」，是一種智慧觀照的能力及其運作，而「緣因」，則指能夠成辦解脫的福德資糧。如果就佛教菩提道常說的「六度」〔註11〕行業來說，「布施」、「持戒」、「忍辱」、「精進」、「禪定」相對於成就佛果，乃是「緣因」，而「般若」正顯「法身」，則爲「了因」〔註12〕。前五爲「福」，後一爲「慧」，是成佛「法身」的二大類必備要素或條件，所以稱爲「資糧」；等待成就了圓滿佛果，「福」、「慧」二資糧便說爲用以「莊嚴」佛果之物。

　　雖然《觀音玄義》並沒有花費很大篇幅來討論「緣」、「了」二因，而只是就作用、內容與「緣」、「了」二者間關係做了如上的解說〔註13〕；其討論

〔註10〕引見《觀音玄義》卷上，T34.880b。

〔註11〕「六度」，亦即指「布施」、「持戒」、「忍辱」、「精進」、「禪定」與「般若」等「六波羅蜜」（梵語 ṣaḍ-pāramitā）。「六度」在被喚作「小乘」、判爲主軸是解脫道的佛教經論中，如《增壹阿含經》已經指出；然而，到了自稱「大乘」、宣揚菩提道行的佛教經論中，內容才被更深廣地打開及強調。請參見《增壹阿含經》卷第一，T2.550a；《摩訶般若波羅蜜經》卷第六，T8.261a。

〔註12〕智者《法華玄義》對「三因佛性」有如下解釋：「法性實相，即是正因佛性；般若觀照，即是了因佛性；五度功德資發般若，即是緣因佛性。」（詳見《法華玄義》卷第十上，T33.802a。）由此引文可更直接看出以「六度」配釋「緣」、「了」的情況。至於「六度」間的關係，根據《大般若經》的說法是：「若菩薩摩訶薩不學般若波羅蜜多，終不能得所求無上正等菩提。舍利子！諸菩薩摩訶薩要學般若波羅蜜多，乃能證得所求無上正等菩提。」（T7.403c）「一切善法、菩提分法──若聲聞法、若獨覺法、若菩薩法、若如來法──如是一切無不攝入甚深般若波羅蜜多。」（T7.110a）「布施等五波羅蜜多，要由般若波羅蜜多所攝引故，名有目者；復由般若波羅蜜多所攝持故，此五方得到彼岸名。」（T7.182c）「若無般若波羅蜜多，布施等五不得名爲波羅蜜多。要依般若波羅蜜多，布施等五乃得名爲波羅蜜多。」（T7.323c）由此可見菩薩摩訶薩要能成就佛果，「六度」中，「般若」（智慧）居於領導地位，以此攝持其他「五度」來協同達到目的；然而，「般若」（智慧）之外，其他「五度」作爲修行資糧，一樣是成佛所必修的法目。

〔註13〕智者大師也曾依《法華經》經文來解釋「三因佛性」，如說：「『讀誦經典』，即了因性；『皆行菩薩道』，即緣因性；『不敢輕慢而復深敬』者，即正因性。」（詳見《法華文句》第十上，T34.141a。）又如說：「下文云：『汝實我子，我實汝父』即正因性。又云：『我昔教汝無上道故，一切智願猶在不失』智，

關注的重點，乃是擺在由「緣」、「了」二因所帶出來的、「具善」或「具惡」、「斷善」或「斷惡」等，相關於修行和理論上的問題：這是後面將要討論的課題。然而，由上來的討論則可以看出，「緣」、「了」乃是落在修行成佛這條實踐軸線上，就作為條件、原因或根據的二種概念表示；相對於此，直就所成就的佛果，從事關乎其內容的分析說明，便有「智（德）」、「斷（德）」，以及加上「法身（德）」的「三德」之稱。

二、修行成果的分析：「智德」與「斷德」

在《涅槃經》中記載，佛陀臨將逝世（名為「入涅槃」）時對弟子說：

> 諸比丘！譬如大地諸山藥草為眾生用，我法亦爾，出生妙善甘露法味，而為眾生種種煩惱病之良藥。我今當令一切眾生、及以我子四部之眾，悉皆安住祕密藏中，我亦復當安住是中入於涅槃。

即了因性；願，即緣因性。又云：『我不敢輕於汝等，汝等皆當作佛』，即正因性。『是時四眾，以讀誦眾經』，即了因性。『修諸功德』，即緣因性。」（詳見《法華玄義》卷第五下，T33.744c。）又云：『我不敢輕於汝等，汝等皆當作佛』，即正因佛性。『為令眾生開佛知見』，即了因佛性。又云：『佛種從緣起』，即緣因佛性。」（詳見《法華玄義》卷第十上，T33.803a。）此外，智者更運用開合方法，以十二因緣、三道、三德、三涅槃等組觀念，與「三因」配釋；譬如：說「《大經》云：『十二因緣名為佛性』者，無明、愛、取既是煩惱，煩惱道即是菩提；菩提通達，無復煩惱。煩惱既無，即究竟淨，了因佛性也。行、有是業道，即是解脫。解脫自在，緣因佛性也。名色、老死是苦道，苦即法身。法身無苦無樂，是名大樂；不生不死是常，正因佛性。」（詳見《法華玄義》卷第二下，T33.700a。）這是由「十二因緣」合為「三道」，再透過「三道」說明「三德」，以與「三因」配釋。有時，智者也直接以「十二因緣」與「三因佛性」配釋，或是將「十二因緣」合為「三道」，再與「三因」配釋，譬如：「若轉無明為佛智明，從初發心知十二緣是三佛性。若通觀十二緣真如實理，是正因佛性；觀十二緣智慧，是了因佛性；觀十二緣心具足諸行，是緣因佛性。若別觀者，無明、愛、取即了因佛性；行、有即緣因佛性；識等七支即正因佛性……是名上上智觀，得佛菩提。」（詳見《摩訶止觀》卷第九下，T46.126c。）這樣的詮釋，便呈現出智者大師習於使用的多重角度的思惟方式。茲將上引說法用表格來呈現，便可較為清楚地看出其間的開合情況：

十　二　因　緣	三　道	三　德	三　因	三涅槃
識、名色、六入、觸、受、生、老死	苦　道	法身德	正因佛性	性淨涅槃
無明、愛、取	煩惱道	般若德	了因佛性	圓淨涅槃
行、有	業　道	解脫德	緣因佛性	方便淨涅槃

何等名爲祕密之藏？猶如伊字三點，若並則不成伊，縱亦不成；如
摩醯首羅面上三目，乃得成伊三點。若別，亦不得成。我亦如是，
解脫之法，亦非涅槃；如來之身，亦非涅槃；摩訶般若，亦非涅槃。
三法各異，亦非涅槃。我今安住如是三法，爲眾生故，名入涅槃，
如世伊字。〔註14〕

「解脫之法」、「如來之身」與「摩訶般若」等，這「三法」共同構成「涅槃」
的內容，所以稱爲（涅槃）「三德」；而一般將之分別名爲「解脫德」（或「斷
德」）、「法身德」與「般若德」（或「智德」）。

「智」、「斷」分別指「般若德」與「解脫德」，在《觀音玄義》中，智者
大師如是說：

慧解之心稱「智」，無縛礙身稱「斷」。〔註15〕

便謂「智」指的是般若智慧，而「斷」則指是已無滯礙的解脫狀態。又，《觀
音玄義》說：

「智」，即有爲功德滿，亦名圓淨涅槃。……「斷」，即無爲功德滿，
亦名解脫，亦名方便淨涅槃。〔註16〕

從這裡可見「智」、「斷」指向的是對於「涅槃」的分別表說。而比並前項所
引智者：「了者即是般若觀智……緣者即是解脫……」的說法，也可以看出，
「智德」便是指「了因」現成的圓滿狀態，而「斷德」則爲「緣因」落實的
圓滿狀態；這是從「因」、「果」兩種不同面向的論說。那麼，引文中的「有
爲功德」、「無爲功德」，又是什麼意思呢？智者大師說：

言有爲功德者，即是「因」時智慧，有照用修成之義，故稱有爲。「因」
雖無常，而「果」是常。將「因」來名「果」，故言有爲功德滿也。……
寂而常照，即智德也。小乘灰身滅智，既其無身，將何入生死而論

〔註14〕詳見《（北本）涅槃經》卷第二，T12.376c。

〔註15〕引見《觀音玄義》卷上，T34.883a。

〔註16〕引見《觀音玄義》卷上，T34.880c。「三涅槃」，是指「性淨涅槃」、「圓淨涅
槃」與「方便淨涅槃」。智者大師在《摩訶止觀》中，曾以開合的方式闡論十
二因緣與三道、三德、三涅槃，說：「若三賢、十聖住於果報，悉成就彼十二
因緣。等覺，餘有一生因緣在。若最後窮無明源，愛、取畢竟盡，故名究竟
般若；識等七果盡，故名究竟法身；行、有盡，名究竟解脫。雖言斷盡，無
所可斷，不思識（議）斷。不斷無明、愛、取而入圓淨涅槃；不斷名色七支
而入性淨涅槃；不斷行、有、善、惡而入方便淨涅槃。」詳見《摩訶止觀》
卷第九下，T46.127a。至於其間開合，請參考本章註13中的表示。

調伏？無礙無染，滅智何所照寂？〔註17〕

言無爲者，若小乘但取煩惱滅無爲「斷」，但離虛妄名爲「解脫」，其實未得一切解脫，此乃無體之斷德也。大乘是有體之斷，不取滅無爲「斷」，但取隨所調伏眾生之處，惡不能染，縱任自在，無有累縛，名爲斷德；指此名無爲功德。《淨名》云：「不斷癡愛，起諸明脫。」又云：「於諸見不動而修三十七品。」愛、見爲待，亦名如來種，乃至五無間皆生解脫，無所染礙，名爲一切解脫，即是斷德無爲也。〔註18〕

　　從「因」地上來說，般若智慧具有觀照諸法、成就佛教聖賢果位的作用，所以就這層意義而說般若「智」慧是「有爲」。相對於「因」地智慧觀照諸法的運作，由此般若智慧達到圓滿無缺的地步，便是「有爲功德滿」，亦即爲證入涅槃境界時的「智德」。對於這種圓滿的智慧，智者大師說其是「即寂而照」的；也就是處於此一境界中的聖者，既是安住於其中寂靜，而又能現起對外的大用——所謂「入於涅槃而不永滅」〔註19〕。這種能夠隨應因緣入生死長流開展度生事業，卻不被世間任何事物所沾著、染滯的功德，不同於以生死煩惱除滅、虛妄分別不起的解脫類型，而是不斷煩惱、不遣分別，卻也不受煩惱、分別束縛的解脫型態；前者，名爲小乘的「無體之斷」，而後者乃爲大乘的「有體之斷」〔註20〕。所謂「有體之斷」，便是依「入於涅槃而不永滅」的解脫意義而成立的；也因爲這種解脫的境界與能力，不屬於起意造作以除滅虛妄煩惱爲念的類型，而是無意爲爲、隨順機緣的自然表現，所以說它的性質是「無爲」。

〔註17〕引見《觀音玄義》卷上，T34.880c。
〔註18〕引見《觀音玄義》卷上，T34.880c。
〔註19〕引見《佛說首楞嚴三昧經》卷下，T15.642c。關於「入涅槃而不永滅」、「即寂而照」的般若智用，請參見本論文第五章第三節，頁113～121。
〔註20〕小乘佛教修行者，以煩惱的滅除、遠離妄想分別，進入且安住於「涅槃」，而不再來到世間受生，爲其解脫道要求成就的極果。然而，這種類型的解脫、涅槃觀，相對於追求成佛的菩提道行者來說，並不認爲那是眞正獲得一切解脫的境界。大乘菩提道行者——所謂「菩薩」（或「菩提薩埵」（梵語bodhi-sattva），因著圓滿菩提道果的心願，乃是求能在具備解脫生死煩惱的能力之後，不以證入涅槃、安住涅槃爲止境，而願在所處世界、乃至十方世界，開展度化眾生的菩薩事業。〈普門品〉所彰顯的精神，便是此類。

第二節 「性德」與「修德」

從對「緣了」與「智斷」這兩組法目的上述討論便可以了解，在《觀音玄義》中，「緣了」與「智斷」是被置放在修行證果這條軸線兩端的概念，分別表示的是，在佛法修行路上所需具備的相關修學條件：智慧觀照的運作、福德資糧的積集，以及相應修學條件而成果達到圓滿的狀態：能夠「即寂而照」的涅槃智德、生死流裡度生也不受結縛惡染的涅槃斷德；這是「因」、「果」分別解說下的一種表現。

一、「性德」、「修德」的義涵

然而，暫且擱置「緣了」爲「因」、「智斷」爲「果」的相對討論，但只就「緣了」這組法目本身來說，把它放在「因」、「果」相對分別的架構下進行論量，在《觀音玄義》中，於是由此就帶出了智者大師關於「性德」、「修德」的種種討論；這便是這一節中所要討論的要項。

（一）從「因」、「果」分別

「緣」、「了」爲「因」，智者大師在《觀音玄義》中援引了《涅槃經》也從「因」、「果」角度來闡說「佛性」思想的文句〔註21〕，因而對於這組概念所涉及的問題，做了另一方面的解釋及開展。就在這一解說中，帶出了「性德」、「修德」的概念；智者大師說：

> （按：《大經》）又云：「是因非果名爲佛性」者，此據性德；「緣」、
> 「了」，皆名爲因也。又云：「是果非因名佛性」者，此據修德；「緣」、
> 「了」皆滿，「了」轉名般若，「緣」轉名解脫；亦名菩提果，亦名
> 大涅槃果果，皆稱爲果也。佛性通於因、果，不縱不橫。〔註22〕

據「性德」而說的「緣」、「了」爲「因」，而就「緣」、「了」都已圓滿的「修德」立說，「了因」轉名「般若」、「緣因」轉名「解脫」，意即爲「果」。由此，

〔註21〕《（北本）涅槃經》卷第二十七：「善男子！佛性有因，有因因；有果，有果果。有因者，即十二因緣；因因者，即是智慧。有果者，即是阿耨多羅三藐三菩提；果果者，即是無上大般涅槃。……善男子！是因非果，如佛性。是果非因，如大涅槃。是因是果，如十二因緣所生法。非因非果名爲佛性。非因果故，常恆不變。」（T12.524a）。關於《大般涅槃經》這段文句，釋恆清教授在〈《大般涅槃經》的佛性論〉一文中，對此有所討論；請參見《佛性思想》（台北：東大圖書股份有限公司，1997年2月初版），頁52～54。

〔註22〕引見《觀音玄義》卷上，T34.880c。

「性德」與「修德」成立了一指「因」、一指「果」的因果關係；「性德」乃是就「因地」成立的概念，而「修德」則是依「果位」建設的概念。透過「了」、「緣」二因行的修學完備，轉成「智」、「斷」二果德的證得；前者名「般若」或「菩提果」，後者稱「解脫」或「大涅槃果果」。因此智者大師說：

> 若論性德了因種子，修德即成般若，究竟即成智德菩提。性德緣因
>
> 種子，修德（即）成解脫，（究竟即成）斷德涅槃。〔註23〕

從作爲根據的「性德了因種子」，進入修學活動中的「般若」智慧觀照，終於圓滿而成就「菩提」，是爲「智德」；而從作爲根據的「性德緣因種子」，在修行活動中落實而得「解脫」，究竟圓證「涅槃」，是爲「斷德」。所以，「性德」與「修德」分別表示「因」、「果」的觀念，兩者如同「緣了」與「智斷」一般，同樣必須透過佛法實踐這條動態言說的軸線，方得成立彼此一體無二的緊密關係。

透過「因」、「果」這組概念，可以知道「性德」與「修德」的義涵，以及存在於兩者之間的關係：「性德」就「因」言，而「修德」依「果」論。換言之，「緣」、「了」爲「因」，是就「性德」的意義說的；而「智」、「斷」爲「果」，則是據「修德」意義說的。智者大師將作爲「性德」的緣、了二因比喻爲「種子」，意味「性德」指向的是某種潛存的能力或狀態〔註24〕，寓含有可開展性，而由潛存的能力或狀態要能獲得充分開展，就佛道而言，便有賴於相關的修學努力，所謂「修行」便是指這種能使「性德」充分開展的學習及努力，而那修行的內容與成果，即爲「修德」概念的義涵。

（二）「本」、「末」的區分

透過「因」、「果」概念理解「性德」與「修德」的義涵之外，藉由智者大師解釋緣自於《法華經》所說「十如是」〔註25〕之一「如是本末究竟等」

〔註23〕引見《觀音玄義》卷上，T34.878b。

〔註24〕所謂「潛能」，意指的是某種能力處在冥伏未顯的狀態。智者《法華玄義》中說到：「……若取性德爲初因者，彈指散華是緣因種，隨聞一句是了因種，凡有心者是正因種。此乃遠論性德三因種子，非是眞實開發。」（引見《法華玄義》卷第七下，T33.769a。）這裡說到「性德三因種子」，並「非是眞實開發」。亦可見得作爲「性德種子」的東西，意味的是一種「潛能」，雖具開展的可能性，但卻處於冥伏未顯的狀態。

〔註25〕「十如是」出於《法華經・方便品》卷第一：「佛所成就第一希有難解之法，唯佛與佛乃能究盡諸法實相；所謂：諸法如是相、如是性、如是體、如是力、如是作、如是因、如是緣、如是果、如是報、如是本末究竟等。」（T9.5c）

的意思，也可以增進對「性德」與「修德」意指的了解。智者大師說：

> 本者，性德法也；末者，修得法也。究竟等者，攬修得即等有性德，
> 攬性德即具有修德；初、後相在，故言等也。〔註26〕

> 本即性德，末即修得。等者，修得相貌，在性德中；性德中，亦具
> 修得相貌。〔註27〕

「性德」爲「本」，「修得」或「修德」是「末」，而所謂「究竟等」，則是指
出「性德」、「修德」一隱一顯，因果不可割離的關係。換言之，如前所說，「性
德」與「修德」分表「因」、「果」，透過佛法實踐這一動態理解的進路，「修
德」是作爲潛能的「性德」的充分實現、乃至圓滿，因而說「攬修得即等有
性德」；同樣地，「性德」說的是尚未實現爲「修德」的潛在因子，所以「攬
性德」，便也「即具有修德」。「即」字，指出「性德」與「修德」間不能割離
的（存在或言說）關係；因此，作爲「初」始種子的「性德」，與作爲「後」
得成果的「修德」，在這一層意義上說其爲（平或同）「等」，是爲「初後相在，
故言『等』也」。也就是說，「性德」、「修德」的「相即」、「平等」，是從其實
相上的存在關係，或對實踐活動予以言語解釋上稱說的。

「性德」與「修德」二者，在「本」、「末」意義上的關係，指出了「修
德」由「性德」發展而來，而「性德」則具有可開展成「修德」的可能性，
所以說「修德即等有性德」、或說「修德相貌在性德中」〔註28〕。然而，所謂

智者大師在《法華玄義》中提到慧思大師（西元515～577年）對「十如是」
法目有所謂「十如三轉」——「是性（、相、體……）如」、「如是性（、相、
體……）」、「性（、相、體……）如是」的詮釋。詳見《法華玄義》卷第二上，
T33.693b。在《法華玄義》中，智者針對「十如是」，進行有所謂「通」、「別」
的兩種闡釋；「通」，是分別地闡釋「性、相、體……」；別釋，則以四趣、人
天、二乘、菩薩佛來論「十如是」，詳見《法華玄義》卷第二上，T33.694a～
696a。此外，智者大師在《摩訶止觀》中，也有對「十如是」較爲詳細的闡
釋；詳見《摩訶止觀》卷第五上，T46.53ab。簡單地說，「十如是」也就是對
於十種範疇的正確觀察和了知；這十種範疇是「相狀」（相）、「本性」（性）、
「實質」（體）、「功能」（力）、「構造」（作）、「主要條件」（因）、「輔助條件」
（緣）、「主要後果」（果）、「間接後果」（報），和「以上九者合成之全體過程」
（本末究竟等）。請參見釋慧嶽，《天台教學史》（台北：中華佛教文獻編撰社，
1995），頁161～162；陳英善，《天台緣起中道實相論》，頁297～309。

〔註26〕引見《觀音玄義》卷下，T34.889a。

〔註27〕引見《觀音玄義》卷下，T34.889a。

〔註28〕「本末」這一組概念，一般而言，具有輕重的意思，然在此處，是取其時間
序列上先後的意義，並沒有輕重之別。感謝口試委員之一：涂艷秋教授，於

「性德」與「修德」平等或同等，並不是說「性德」、「修德」直接或毫無條件等同的意思，因為，正如前述，「性德」、「修德」兩者，是「因」、「果」的關係；「因」、「果」固然不可割離認識，但也並非完全等同。同時，一如「性德」與「修德」兩者字義所顯示的，「德」義同「得」，乃指所擁有、所內含的東西而言；而「性」、「修」二字，是用以分別表示指兩種狀態或兩種層面的意義者，兩者也無疑不是相同的。「性德」是指「性」所內含的某物，而「修德」則謂「修」所擁有的東西。「修」，作為修學的意思〔註 29〕，應無疑義；然而，「性」字本身的意思是什麼呢？智者大師在《摩訶止觀》中，針對「性」字有如下說釋：

> 如是性者，「性」以據內，總有三義：一、不改名「性」；《無行經》
> 稱不動性，「性」即不改義也。又，「性」名性分，種類之義；分分
> 不同，各各不可改。又，「性」是實性；實性即理性，極實無過，即
> 佛性異名耳。不動性扶空，種性扶假，實性扶中。今明內性不可改，
> 如竹中火性雖不可見，不得言無；燧火乾草遍燒一切。心亦如是具
> 一切五陰性，雖不可見，不得言無。〔註30〕

意指一般說「性」，可有三種意思：(1)「不改」(「不動」)義、(2)「性分」(「種類」)義、(3)「實性」(「理性」)義。若以空、假、中三諦來說，「不改性」為空，「性分」為假，「實性」為中。

　　上引文句，是智者大師就「空」、「假」、「中」三諦圓融，所謂「即空即假即中」觀法〔註 31〕，解說「性」字義涵的表現，意在指出三種「性」義分別可用以解了圓融相即的「空」、「假」、「中」三諦的不同義涵。然而，在《法

　　　　口試會場上，指導本論文研撰者在此加注說明。

〔註29〕智者《摩訶止觀》卷第二下，說：「『修』名習行，『證』名發得。又，『修』
　　　　名習因，『證』名習果……」（T46.20b）同書卷第五上，說：「修者，先世已
　　　　曾研習次第，或此世次第修也。……」（T46.49c）

〔註30〕引見《摩訶止觀》卷第五上，T46.53a。

〔註31〕「即空即假即中」，是謂「三諦圓融」，乃智者大師對「中道實相」的一種表
　　　　達。日本學者安藤俊雄說到：「圓融三諦，欲顯示存在判斷的範疇之空、假、
　　　　中三種概念的相即，以表詮實所的實相構造。」又說：「圓融的三諦，空、假、
　　　　中，是圓融一體，而且就在差別的當相當處是同一的。」（以上詳見《天臺性
　　　　具思想論》，台北：天華出版事業股份有限公司，1992 年 7 月一版二刷，頁
　　　　61、頁64。）此外，陳英善教授也說：「不論在教理或觀行上，我們可以時常
　　　　看到智者大師以『即空即假即中』來表現『實相』觀念。……」（詳見《天台
　　　　緣起中道實相論》，台北：東初出版社，1995 年 6 月初版二刷，頁 34～48。）

華玄義》中，智者大師則僅說到「不改」爲「性」字的意義；譬如：

> 性以據內。自分不改，名爲性。〔註32〕

意謂「性」就內在於人的、不改動的質素而言；這便相對於「修」是指修習、轉易的活動，顯出了它的本來具有或非由後天所得的義涵。

二、提出「性修」與「緣了」說的意義

經由以上通過「因果」與「本末」這兩組概念對於「性」、「修」字義本身與「性德」、「修德」所指內容的討論，可以確定《觀音玄義》所說的「性德」、「修德」，乃是在一佛法實修活動的預設下，分別就原本所具的潛在能力或修證條件，以及經過相關修學程序與活動而使潛能獲得充分開展而立的二個概念或觀念。換言之，後天修學有得，是爲「修德」；而「性德」，則是用以指說佛教行者所據以修學成就的那些先天條件或內在潛能。此外，從天台宗智顗的「三諦圓融」實相觀下來看「性德」、「修德」的關係時，乃是「本末究竟（平）等」的〔註33〕。

在了解「性德」、「修德」的基本義涵後，接下來可以探討的問題是，智者在《觀音玄義》中論說「性德」、「修德」，到底有什麼意義呢？

（一）討論「性德緣了」的意義

首先，來看討論「性德」所帶出的意義是什麼？

> 通論，教教皆具緣、了義，今正明圓教二種莊嚴之因，佛具二種莊嚴之果，原此因果根本，即是性德緣、了也。此之性德，本自有之，非適今也。……以此二種，方便修習，漸漸增長；起於毫末，得成修得合抱大樹──摩訶般若、首楞嚴定。〔註34〕

〔註32〕詳見《法華玄義》卷第二上，T33.694a。

〔註33〕智者在《法華玄義》中，曾經就「性德」、「修德」同具常、樂、我、淨四德來闡釋兩者平等的意義，說：「譬如泥蓮四微，處空蓮四微，初、後不異，此名蓮子本末等。一切眾生亦如是，本有四德，隱名如來藏，修成四德，顯名爲法身。性德、修德，常、樂、我、淨，一而無二。」（詳見《法華玄義》卷第七下，T33.773c～774a。）此外，也由依「三軌」不縱不橫的關係來進行闡說：「本末等者，性德三軌冥伏，不縱不橫；修德三軌彰顯，不縱不橫。冥伏如等、數等、妙等，彰顯如等、數等、妙等，故言等也；亦是空等、假等、中等」（T33.744a）。

〔註34〕引見《觀音玄義》卷上，T34.880b。引文開頭說到：「通論，教教皆具緣了義」，《觀音玄義》約「教」討論「十法」次第時，有通論、別論。別論，是就「五

這裡指出，所謂「佛」，具有兩種圓滿的果德莊嚴該一境界或內涵，那就是「定」、「慧」二莊嚴；具體指稱，便是「首楞嚴定」和「摩訶般若」。

「摩訶般若」與「首楞嚴定」乃是佛陀果位的二種內涵，也就是圓滿成就的「慧」、「定」二種（果）「德」。然而，這兩種果德的成就，必須通過一定的修學活動；在佛教，這一定的修學活動，總括而言是為「戒」、「定」、「慧」。

上引文句中，並未提三學中的「戒」，但這並不表示「戒」不能作為莊嚴佛果的一種德目或德行；而應該是說在「戒」作為基礎的預設下，專提「定」、「慧」二種修行來說，相對於二種修得的果德，是為「二種莊嚴之因」。定、慧的修行及其圓滿，分別賦予「因」、「果」的意義，而所謂「原此因果根本，即是性德緣、了」，則顯明地標示出了提說「性德緣、了」觀念的意義，在於「原此因、果根本」。

「原此因、果根本」的意思是：推原佛教學人能夠如此修行和依以獲得成果的根據或道理所在；而「性德緣、了」則是說，「緣」、「了」概念乃是放在「本自有之、非適今」的「性德」義上而說的。換言之，這是表示「緣」、「了」概念，不僅是與「智」、「斷」二種果德相對而言，是兩種「因」行的意義，而且事實上，推原「緣」、「了」二因，更是內在於佛法行者生命之中、如同種子一般的兩類潛存能力，不是後天所得，而是先天賦有的性德。所以智者大師在上引文句中更引經說：

《大經》云：「一切諸法本性自空，亦用菩薩修習空故，見諸法空。」
即了因種子本自有之。又云：「一切眾生皆有初地味禪。」《思益》
云：「一切眾生即滅盡定。」此即緣因種子本自有之。……〔註35〕

正是以此二種「性德緣、了」的內在因子，所以佛教行者可以「方便修習，漸漸增長」，就像樹種發芽，「起於毫末」，藉由種種條件的培養之後，「得成修得合抱大樹」。

由此，「性德緣、了」，乃是順著推究為什麼佛教學人能夠修行與證果這個問題，而在探察到內在於佛教學人生命中，存有作為根據的先天條件或因

味」（五時）、「四教」來論說，而《觀音玄義》僅對「五味」（五時）做了說明，「四教」可以依此而推得。其中，並非「五味」（五時）皆具有「十法」；同樣的，「四教」也是如此。相關的說明，可以參見本論文第二章第二節，頁36～37。通論，即是這裏所說：「四教」中每一教皆具有十義，而「五味」（五時）中的每一味（時），也同樣都具十義。

〔註35〕引見《觀音玄義》卷上，T34.880b。

子時，所提出的觀念；「緣」、「了」二因的概念，不過爲進一步剖析這種內在、先天的條件內容時，所做的分別表示。於是智者大師說：

> 此一科（按：指解釋「緣了」）……但就根本性德義爾。〔註36〕

意即「緣、了」，乃是針對「根本性德」問題所提出和建立意義的概念。這樣一種問題的性質與概念的意義，援引《觀音玄義》中智者的另一種說法，或許將更有助於學者理解。

如前（第二章第三節）所說，智者以「十法釋義」的架構闡釋「觀世音普門」內涵，而在針對這十組法目次第做說明時，智者如此說道：

> 九、明了因、緣因者，上來行人，發心修行，從因剋果，化他利物，深淺不同。從「人法」至「眞應」，是自行次第；「藥珠」至「本跡」，是化他次第。此乃順論，未是卻討根本。今原其性德種子。若觀智之人，悲心誓願，智慧莊嚴，顯出眞身；皆是了因爲種子。若是普門之法，慈心誓願，福德莊嚴，顯出應身者，皆是緣因爲種子。故次第九也。〔註37〕

「了、緣」位居「十法（義）」的第九。智者在這裡表示，從「人法」到「本跡」這前八組法目，乃是分別落在佛教修學歷程中「自行」和「化他」兩個層面的活動而建立的解說觀點。這屬於「順論」，也就是順向地對於修學歷程所做的說明，而並未及討論佛教學人之所以能夠這樣「自行」、「化他」地進修的根本原因或理據是什麼的問題；但是，「了」、「緣」二因概念的提出，正爲要處理這樣一個理論上課題，用以解釋佛教學人所以能夠這樣自行、化他修學的原由。

智者這樣的說法，於是凸顯出「緣、了」一對概念與前八組法目之間在所對問題性質上的不同。具體來說就是：前八組法目在義理層次上可謂屬於第一序的解釋，然而，「了因」、「緣因」一對，則無寧是依於第二序說明而有的概念。這也就是說，「緣、了」即是爲了針對前面八組所做第一序解說──所謂「順論」──的反省，由此提出其所據以如此展現及成就的背後理由或原因爲何的解答及說明。在這裡，第一序，針對的是實際活動現象的描述和說明，而第二序的解釋，則爲探論第一序所述現象背後的原因或理由。換言之，針對實際修行活動的種種表現，探討其背後的原由，於是提出了「性德（種子）」這樣一個觀念；而「性德（種子）」之所以分爲「了因（種子）」、「緣

───────────

〔註36〕引見《觀音玄義》卷上，T34.880bc。
〔註37〕引見《觀音玄義》卷上，T34.877c～878a。

因（種子）」，則是因為對應於修行活動有不同開展面向的說法：在就「智慧」證得「法身」這一面的條件，說其為「了因」；而在就「福德」可以資助「智慧」證得「法身」且顯出「應身」的這一面的能力，說其為「緣因」。

除此之外，在智者「約教論十法次第」的時候，也指出所以論說「緣、了」問題的另一個意義：

> 若約《涅槃》，即有二種，所謂利、鈍。如身子之流，皆於《法華》悟入，八義具足，不待《涅槃》。若鈍根弟子於《法華》未悟者，更為此人卻討源由，廣說緣、了，明三佛性。〔註38〕

這是說，眾生的根器或資質，有利、鈍之別；上根利器者，如身子（即舍利弗）等輩，聽聞《法華經》便能契入真實，但是根器較鈍的眾生，卻力有未及而須留待聽受佛陀在《涅槃經》中宣教「三因佛性」後，才得解了大義。因此，為了「於《法華》未悟」的鈍根學人，所以「更為此人卻討源由，廣說緣、了，明三佛性」。換言之，揭顯修行佛道的理據，說明學人本具的學佛條件，以期鈍根眾生也能因此悟入真實，便是論說「緣、了」二因性德的意義之一。

由上來討論可知，論說「性德緣了」的意義，主要有兩方面：（1）為了解釋展現在修行活動歷程中種種現象的背後根據或先在條件；（2）是基於眾生根器利鈍不等而施設，為要能更廣泛且善巧地利濟眾生。除此之外，或許還可以從外緣因素來看《觀音玄義》論說「性德緣了」的意義，那就是為了回應當時對於「佛性」學說的討論熱潮，智者大師藉此提出自己有關這一論題的看法。

（二）討論「修德智斷」的意義

基於生命體內本具的「了因」與「緣因」二種子，透過在菩提道上種種修學，便可將「了因種子」、「緣因種子」的潛在性能逐漸開展，而在把這一

〔註38〕引見《觀音玄義》卷上，T34.878b。陳英善教授由此段引文，認為「緣了」在《觀音玄義》是「涅槃時」所要宣說的教理，而且為涅槃的特色；並以此作為《觀音玄義》為什麼要討論「緣了」的原因。然而，智者在《觀音玄義》中也明確說到：「通論，教教皆緣了義。」（詳見《觀音玄義》卷上，T34.878a。）再者，在討論「華嚴時」教時，智者也說「華嚴時」教：「未得別論權實、本跡、緣了、智斷者，通義則有，別意則無。」（詳見《觀音玄義》卷上，T34.878a。）據此，陳教授的說法便有再進一步討論的空間。關於陳英善教授的論點，可參見《天台緣起中道實相論》（台北：東初出版社，1995年6月初版二刷），頁365～394。

「智」一「福」或一「慧」一「定」兩種莊嚴佛果的條件辦到圓滿成熟的狀態，成就的便是所謂的「佛果」。

佛果，經由修習定、慧二種莊嚴，或說由積集福、智二種資糧所達成，這也就是由「修德」概念所含括的內容之一；於是智者論說「修德」的意義，乃呼之欲出。智者大師說：

> 十、明智斷者，前明緣了，是卻討因源；今明智斷，是順論究竟。
> 始則起自了因，終則菩提大智；始則起自緣因，終則涅槃斷德。若
> 入涅槃，眾行休息，故居第十也。〔註39〕

由此可見，相對於「緣、了」在於進行探討修學現象背後根據的「卻討因源」工作，作為「修德」內涵的「智、斷」一組，則是由說明「順論究竟」所得修學成果的問題而提出的概念。「緣了」與「智斷」，構成「始」、「終」關係，一如前節所說的「本」、「末」關係：「菩提大智」是「智德」，「涅槃」是解脫「斷德」，兩者並是修學的成果；而「卻討」這些修學成果的「因源」，便是作為「性德」的「緣」、「了」二因。所以「性德」與「修德」分居修行證果的整個歷程中的「始」、「終」或「本」、「末」位置。智者大師提出「修德智斷」的意義，因此便在於為修學所獲成果提出一種說明。

第三節　性德善、惡與修德善、惡

釐清「性德」、「修德」的義涵，以及提出性德之「緣了」與修德之「智斷」概念，其各自所指向的問題和解答的意義後，順著「性德」與「修德」的討論，在《觀音玄義》中，一個更為重要、也是歷來學者們論議焦點所在的，便是「性德」善、惡和「修德」善、惡的問題。

關於「性德」、「修德」與「善」、「惡」的問題，如前（第一節）所述，在《觀音玄義》中，是在「第一重釋名・通釋」中第四個段落「料簡緣了」裡提出的，而其方式則是以「五番問答」〔註40〕來呈現。這「五番問答」是

〔註39〕引見《觀音玄義》卷上，T34.878a。

〔註40〕學者或以為是「四番問答」，也就是將第五番問答併入第四番問答；譬如牟宗三先生、張瑞良教授、陳英善教授等。（1）牟宗三先生說：「智者大師對此性德緣了作料簡云……此料簡文分四重問答。」此外也說到：「第一重與第三重無問題，須說明者是第二重與第四重。」（詳見《佛性與般若（下）》，台北：臺灣學生書局，1989年2月修訂五版，頁877。）（2）張瑞良教授在〈天台智者大師的如來性惡說之探究〉一文說到：「關於『性德善惡』之辨正，即說

學者討論「性具善惡」、「性惡」或「如來性惡」等問題時常常引用的文句，意味此為智者大師論說「性惡」觀點的主要文獻出處所在〔註41〕。本節往下便將依這五個問答的次序及內容，討論諸如智者大師說「性德善」、「性德惡」與「修德善」、「修德惡」的意思是什麼？以及智者如此說法，究竟是站在一種怎樣角度或立場而提出這些與「性修善惡」相關的問題項目？

一、第一番問答

「五番問答」的第一番問答是：

問：緣、了既有性德善，亦有性德惡否？

答：具！〔註42〕

於第九釋『緣了』一節中，料簡『緣了』中，分四重質疑問答，而在一問一答中，闡明『性具』思想，進而提出『性惡說』之根本主張。」（詳見《臺大哲學論評》第九期，台北：國立臺灣大學哲學系印行，1986年1月，頁90。）（3）陳英善教授在《天台緣起中道實相論》一書則說到：「在《觀音玄義》『釋名』之『通釋』的第四部份──料簡緣了……《觀音玄義》對於性德善惡問題是置於此部份來論述。……此部份共分四組。」（詳見該書，頁386～387。）陳英善教授同時認為：「從『從料簡緣了』這整段文字來看，很明顯地並不合乎天台緣起中道實相之義理，亦不合乎天台慣有的表達模式……然而在《觀音玄義》『料簡緣了』這段文字，顯得是異軍突起，而陷入性德善心之自性執中，這基本上可說與天台思想相違背的。……然在『料簡緣了』這段文字的運用表達上，亦顯得十分不周全、不完整，反而會令人錯覺到《觀音玄義》是主張性惡說的。」（詳見該書，頁389～391）。陳教授主要是基於其所謂「天台緣起中道實相」的立場，來檢視《觀音玄義》「料簡緣了」這一段文字，並且據此論證天台宗並未主張「性惡說」；而「性惡說」，也不是天台宗的重要思想。進而陳教授更認為歷來學者由「性具」推演出「性惡」觀點的這一做法，顯然值得商榷；詳見《緣起中道實相論》，頁365～400。

〔註41〕例如張瑞良教授〈天台知者大師的如來性惡說之探究〉一文，詳見《臺大哲學論評》第九期，頁90。陳英善教授說到：「近代研究天台思想的學者往往認為性惡說為天台思想之特色，而有關『性惡說』的觀念，主要出自《觀音玄義》一文中，此是由於《觀音玄義》有明文提到「性惡」兩字，且花了些篇幅來說明性惡。因此，學者們往往以此為依據，大倡性惡說為天台思想之特色。」詳見《天台緣起中道實相論》，頁365。

〔註42〕引見《觀音玄義》卷上，T34.882c。牟宗三先生針對這番問答做過精要的說明：「第一重問答表示性德緣了不但具有性德善，亦具有性德惡。」（詳見《佛性與般若（下）》，頁877。）張瑞良教授以為此一問答的大意為：「『佛性』兼具『性德善』與『性德惡』。」（詳見〈天台知者大師的如來性惡說之探究〉，《臺大哲學論評》第九期，頁90。）陳英善教授說：「……從上述的分析中，吾人知道《觀音玄義》『料簡緣了』所處理的性德善惡問題，是基於『緣了』

這一番問答的背景是：前面解釋「緣了」的段落中，說到了眾生本具「了因」、「緣因」，所以經由「定」、「慧」或「福」、「智」的修集，可以顯發「法身」、證入「涅槃」，獲得「智德」與「斷德」二種莊嚴。基於「緣」「了」二因是修得「智」、「斷」佛果的先在條件，這就佛道的成就而言，自然應該說名「善」的，於是提問者順此理解，便問智者：「緣」、「了」爲「性德之善」固然可以無疑，那麼，就所謂先天本具的意義來說，是否也可說「有性德」意義的「惡」呢？智者的回答是：「具」。然而，「具」是什麼意思呢？

智者大師承順來問「緣」、「了」是否「有性德惡」而回答說「具」；「具」，應該便是「有」的意思。「具」爲「有」義，也就是存在或擁有的意思，可以參照智者大師的其他說法，更形確立；如說：

> ……因緣麤色，名「肉眼」；照因緣細色，名「天眼」；照因緣色空，名「慧眼」；照因緣色假，名「法眼」；照因緣色中，名「佛眼」。五眼一心中具者，非具凡夫膿血肉眼，亦非諸天所得天眼，亦非二乘沈空慧眼，亦非菩薩分別之眼，但以佛眼具有五力，如眾流入海，失本名字。故佛問善吉云：「如來有五眼不？」答云：「有。」皆稱如來有，何關凡夫二乘眼耶？……〔註43〕

「具」、「有」合詞爲「具有」，以「有」解「具有」義；「具」爲「有」義，當可確定。

然而，即使理解了智者所說「具」，是指對於「性德有惡」這一命題的肯定；但是，在這一番問答裡，卻並不能就很明確地掌握提問者所以如此發問的用意到底是什麼？以及智者回答這樣一個提問時，是否他的角度或立場一定就同於來問者，而不會是彼此有異，或智者的觀點已經有所轉易了？爲能回答這些問題，便要接著來看下一番問答的內容：

二、第二番問答

問：闡提與佛，斷何等善、惡？

來論述的，此可由第一組的問答中得知。問答中針對既然以『緣了』來詮釋『觀世音』『普門』自行利他之『人法』乃至『本跡』之性德善，而問『緣了』中除了有性德善，有否性德惡？這是屬於相對性的問題，相對於『善』，而提出相對的『惡』，不管是性德善，或性德惡，皆是基於『緣了』而說。」（詳見《天台緣起中道實相論》，頁392。）

〔註43〕詳見《摩訶止觀》卷第七下，T46.101a。

答：闡提斷修善盡，但性善在。佛斷修惡盡，但性惡在。〔註44〕

在這裡，問者是針對「佛」與「(一)闡提」〔註45〕（梵語 icchantika）兩種品質、內涵、情態不同的生命體，而提出：一闡提與佛，各是斷了哪方面的善、惡，而得稱名爲「一闡提」或「佛」呢？提問者的問題是想了解，同是一個生命體，那麼造成兩者在品質、內涵或情態上有所不同、相差天壤的原因，到底是什麼呢？智者的回答是：斷善名爲「一闡提」；是就一闡提所斷除的、在現實生活（實際事行）中的「善」，所謂「修善」說的；從理論上「一闡提」作爲一生命體，仍然還存有發展成就善德、善果的可能性，也就是說並非斷除那內在於生命中可以開展佛道的潛能（就可能往善的方向來說）。相對的，佛作爲一圓滿成就善德、獲有善果的生命境界而言，也是就實際事行上成立的，不是說佛可以斷除就理論上建立、具有可於現實上開展爲惡業的可能性或潛能（就可能發展成惡的一方來說）。換言之，一闡提是在後天修習的活動過程中，斷了「善」，也就是說，在現實上一闡提並未「修善」，而是「修惡」；但是作爲佛，則是在生活的修習事行上，將那會往不善或惡行方向開展的因素、條件給排除了，所以，在現實的意義上，佛則恒是「修善」而不「修惡」。

在這第二問答中，智者向來問者解釋所以造成佛與一闡提兩種生命品質、內涵截然不同的原因，追究根源，並不在就理論上說的、本具的可能性或內在潛能上出了問題，而是在就現實意義上說的、後天的修習途中出了差謬所致。這一回答分別了在理論可能上、與就現實事行上不同的二層問題領域，而來問則正暗含對這兩層領域的問題不同，似乎還不太能夠清楚辨析，

〔註44〕 引見《觀音玄義》卷上，T34.882c。牟宗三先生以爲這一問答是「表示『一闡提斷修善盡，但性善在；佛斷修惡盡，但惡在。』」（引見《佛性與般若（下）》，頁877。）張瑞良教授認爲這一番問答的大意爲：「以『性德善』、『性德惡』、『修德善』、『修德惡』，簡稱『性善』、『性惡』、『修善』、『修惡』四類來分辨『佛』（如來）與『闡提』各斷了什麼？又各留存了什麼？明確言之，即『佛』斷盡『修惡』，已達『究竟即佛』之最高境界，但『性惡』仍舊存在，而『闡提』（五逆極惡、斷佛種性之眾生）斷盡『修善』，但本具『性善』依然留存。」（引見〈天台知者大師的如來性惡說之探究〉，《臺大哲學論評》第九期，頁91。）

〔註45〕 一闡提，梵語 icchantika（或 ecchantika），或略稱「闡提」；梵語原意是「正有欲求的人」，所以一般說是斷絕善根、非佛陀種姓，不能無法成佛的人。然而，對於一闡提能否成佛，經論不同，主張也有別：或以爲永不能成佛，或以爲最終還是可以成佛；或就「一闡提」分別其間不同的義涵，而說一分具有佛性者可成佛，一分無佛性者則不能成佛。請參見《佛光大辭典》，頁85。

以致產生疑惑；智者大師在回答中，一來指出導致疑惑的問題癥結，同時也清楚分說了「性德」與「修德」兩者在佛法教說中的不同性質與意義。

然而，可以進一步提出的問題是：為什麼智者可以建立所謂「佛斷修惡盡，但性惡在」這一命題或觀點？所說「性惡」或「性善」，是指「惡」或「善」是內在生命體中一種定然不可改易的、或本質存在（Essence）意義的東西？或者說，那是表示「性德」的「惡」或「善」，不是被建構、施設的結果嗎？為要回答這一問題，便須從第三番問答的理解下手。

三、第三番問答

第三番問答說：

> 問：性德善、惡，何不可斷？

> 答：性之善、惡，但是善、惡之法門。性不可改；歷三世無誰能毀，復不可斷壞。譬如魔雖燒經，何能令性善法門盡？縱令佛燒惡譜，亦不能令惡法門盡。如秦焚典坑儒，豈能令善、惡斷盡耶！〔註46〕

問答中顯示，提問者似乎還並不了解智者答案所依的言說立場與角度，所以便又問「性德善、惡」為什麼「不可斷」呢？換言之，提問者還是不了解「性德善惡」是就為了說釋佛法修證的事實或現象，在理論層次如此建構或施設而有的言說意義，反而認為一說「性德善、惡不可斷」，似乎將使佛與一闡提都成為「定性」〔註47〕生命體，難免讓人懷疑「修善」、「修惡」的意

〔註46〕引見《觀音玄義》卷上，T34.882c。關於第三番問答，牟宗三先生以為：「第三重問答表示性德善惡法門不可改、不可斷壞。」（詳見《佛性與般若（下）》，頁877。）張瑞良教授認為：「點出『性』不可改的主張，而『性具之善惡』，任何力量都不能消毀改變它，誠如俗話說：『江山易改，本性難移』。」（詳見〈天台知者大師的如來性惡說之探究〉，《臺大哲學論評》第九期，頁91。）陳英善教授則以為：「第三組問題中，是以性之善惡，作為善惡法門之所依，所以強調性之不可改，不可壞。若是性是可改，可壞，那麼就不足以作為善惡法門之所依，即此是針對善惡法門，而提出性之善惡。也因為如此，而強調性之不可斷。依天台的教理，本無惡，所以性不可斷。此處則成了有性惡，所以是不可斷。這是在解說上出了問題。」（詳見《天台緣起中道實相論》，頁392～393。）

〔註47〕根據佛教的「緣起觀」立場，一切事物性質的成立，都在「此故彼」的緣起法則下方有實義：善、惡等價值性概念，亦不例外。所以《般若經》中說：「一切諸法中定性不可得，但從和合因緣起法，故有名字諸法。我當思惟諸法實性無所著。……」（詳見《摩訶般若波羅蜜經》卷第二十六，T8.407c。）

義為何。

智者大師為了消解提問者的困惑，針對同一問題，於是採取了不同的回應方式；具體而言，就是將後天修習便會導致善、惡結果不同的這樣一個說法，帶進「法門」這一概念，然後再回頭來就「性德」問題層面解釋「性德善惡不可斷壞」的意義。然而，這樣一種改變後的解釋，還是預設了提問者對於「法門」這一概念義涵的了解與掌握？那麼，到底「法門」是什麼意思？而說「性之善、惡，但是善、惡之法門」的意義又何在呢？由於對「法門」義涵的了解，關係掌握智者所說「性德善、惡」的意義甚鉅，所以以下將費些篇幅來釐析「法門」概念。

四、「法門」的意義

基於「法門」是問題轉折的關鍵點，也是進一步確定「性德善、惡」之意義的重點所在，所以獨立一個小節來處理。

（一）法

佛典中，「法」（梵語 dharma）的意思極為廣泛〔註48〕，不過，就範圍而言，一般可分二大類：（1）指宇宙一切的存在現象或理則；（2）指佛教所有的教說、義理與方法。對「法」的定義，一般說為：

> 任持自性，軌生物解，故名為法。〔註49〕

> 法寶，梵音達磨，華言法，以軌持為義；謂軌物生解，任持自性。
> 〔註50〕

「任持自性」，即是指任一存在現象，各有其不同於其他存在現象的特質；譬如「火」之炎燒性，有別於潤澤之為「水」；「水」、「火」，各自保任持有自己的特

〔註48〕詳見日本・望月信亨主編，《望月佛教大辭典》（台北：地平線出版社，1977年，增補版），第一冊，頁 4541～4542；藍吉富主編，《中華佛教百科全書》（台南：中華佛教百科文獻基金會，1994 年，初版），第五冊，頁 2900～2903。

〔註49〕引見良賁（西元 717～777 年）《仁王護國般若波羅蜜多經疏》卷第一上，T33.440c。此外，澄觀（西元 738～839 年）《大方廣佛華嚴經疏》卷第五十三也說：「法有二義：一持自性，二軌生物解。」（T35.903a）。

〔註50〕引見道誠《釋氏要覽》卷中，T54.284c。在這段引文下，又接著說：「故《般若燈論》云：何名法？若欲得人天善趣，及解脫樂，佛知眾生諸根性欲不顛倒，故說人天道及涅槃道，故名法。復次，自他相續，所有熏習，及無熏習，煩惱怨賊，悉能破散，故名法也。」（T54.284c）

質，而不相錯亂。「軌生物解」則指因為存在現象各具規律、軌範性，所以讓人可以據此認識、了解它們。對於佛教而言，由此便可引申以泛指一切教法，不論教理、教義，或操作的方法等〔註51〕。例如《雜阿含經》中說到「法」：

> 此甚深處，所謂緣起。倍復甚深、難見，所謂一切取離、愛盡、無欲、寂滅涅槃。如此二法，謂有為、無為。〔註52〕

又，唐代僧人圓暉（生卒年不詳）在《俱舍論頌疏論本》也說到：

> 法有二種：一、勝義法，謂是涅槃；二、法相法，通四聖諦。〔註53〕

這是對於「法」的分類；智者承慧思大師，也曾以分「法」為三類：「佛法」、「眾生法」與「心法」，並用以闡釋《法華經》中的「法」義〔註54〕。

而作為方法義的「法」，則譬如天台宗第九祖湛然（西元711～782年）說：

> ……法，謂方法，即是能通入理之法。〔註55〕

法，是指能夠通入真實道理的方法，也含有作為指導原則、或可實際操作的意思。

（二）門

門（梵語 dvara），基本義涵是指門戶，引申便有通道、路徑或方法的意思；譬如智者大師說：

> 門，名能通，如世門，通人有所至處。一、以息為禪門者，若因息攝心，則能通行心至四禪、四空、四無量心、十六特勝通明等禪，即是世間禪門，亦名出法攝心。此一往據凡夫禪門。二、以色為禪門者，如因不淨觀等攝心，則能……。三、以心為禪門者，若用智慧反觀心性，則能……〔註56〕

〔註51〕 宗密（西元780～841年）在《大方廣圓覺修多羅了義經略疏註》卷上之一則有進一步的引申：「方者，就法得名，軌持為義；軌生物解，任持自性。持自性者，一切眾生皆有本覺，雖流浪六道，受種種身，而此覺性，不曾失滅。生解者，眾生悟入知見，雖因善友開示，然其智解從覺性生。」（T39.527c）

〔註52〕 引見《雜阿含經》卷第十二，T2.83c。有為法、無為法的分別是：「有為者，若生、若住、若異、若滅。無為者，不生、不住、不異、不滅，是名比丘諸行苦寂滅、涅槃。」（T2.83c）

〔註53〕 引見《俱舍論頌疏論本》第一，T41.815c。

〔註54〕 《法華玄義》卷第二上說：「……南岳師舉三種，謂：眾生法、佛法、心法。」（T33.693a）

〔註55〕 引見《止觀輔行傳弘決》卷第六之四，T46.351b。

〔註56〕 引見《釋禪波羅蜜次第法門》卷第一之上，T46.479a。

房屋的門戶，具有能通的特性和作用，所以說「門，名能通」。而也正如這一段引文，以息、色、心等爲禪門所顯示的，「門」的另外一個意思是「品類」〔註57〕。所以智者大師判攝佛教有藏、通、別、圓四教，每一教又各配以四門，也就是：有門、空門、亦有亦空門與非有非空門，稱之爲四教四門；四四，便有十六教門〔註58〕。不同教門，便有差異不等的操作方法與原則，因而所能發揮的功用遂也有所分別。

（三）法　門

「門」爲「能通」，「法」也含「方法」義，因此「法門」（梵語 dharma-paryaya）意即作爲能夠通向某物的方法或憑藉者。而「法門」通向的地方，便是「理」；一如智者大師所說：

> 門名能通，理是所通。〔註59〕

又如《觀音玄義》中說：

> 法是法門，門名能通，通至涅槃安樂之處。〔註60〕

以「能」、「所」解釋「門」、「理」的意義；而「門」通向的，便是佛教所傳達的眞「理」，最終境界便是「涅槃」。

那麼，能夠憑藉之、透過之以獲得或了知眞理的「法門」，見諸佛教經論的，便是作爲眞理載體的文字、語句；所以智者說：

> 文是其門，於門得實相，故文是其門。〔註61〕

〔註57〕譬如《妙法蓮華經憂波提舍》卷下：「法力者，五門示現：一者證門，二者信門，三者供養門，四者聞法門，五者讀誦持說門。」（T26.9c）

〔註58〕天台宗有四四十六教門，觀門例此；教、觀二門，便有三十二。譬如《法華玄義》卷第八下：「若以佛教爲門者，教略爲四（云云）。若於一教，以四句詮理，即是四門，四四合爲十六門。若以行爲門者，稟教修觀，因思得入，即以行爲門。藉教發眞，則以教爲門。若初聞教，如快馬見鞭影，即入正路者，不須修觀。若初修觀，如夜見電光，即得見道者，不更須教，並是往昔善根習熟。今於教門得通，名爲信行；於觀門得通，名法行。若聞不即悟，應須修觀；於觀悟者，轉成法行。若修觀不悟，更須聽法：聽法得悟，轉名信行。教即爲觀門，觀即爲教門。聞教而觀，觀教而聞；教、觀相資，則通入成門。教、觀合論，則有三十二門，此語其大數耳。細尋於門，實有無量。」（T33.784ab）

〔註59〕引見《法華玄義》卷第九上，T33.790c。

〔註60〕引見《觀音玄義》卷上，T34.881c。

〔註61〕引見《摩訶止觀》卷第一上，T46.4a。這一段文句之前，提到：「眾生多顛倒，少不顛倒，以文示之，即於文達文、非文、非文非不文」；認爲眾生由於迷惑而不能了達實相，因此需要假借語文說明，以便讓眾生經由語文的傳達而證

透過語文宣說教理、講明法義，便可讓人對佛教眞理有所了解，所以就文字、語言能夠傳達佛教眞理與修行方法的功能、力用，喻說語文是一種「門」。

因此，靜態的說，「法門」是佛法門戶的意思，而動態地說，則佛教學人透過「法門」便可進探佛說教法的眞實義理〔註62〕。但是無論如何，「法門」的意義終究是落在功能性、作用性一層建立的，也因此在理解作爲「法門」的佛教語言、文字時，學人應該調整以面對它們的態度便是：不可將之視爲最終的、定實的理境，而要注意的是這些說法指向的目的所在。

掌握「法名可軌……門者能通」〔註63〕的「法門」意義與性質，據此考察智者大師所說「性之善、惡，但是善、惡之法門」的意蘊；這一經過轉折後的解答，指出作爲先天的、本具的、不變義的「性」（德），當說它是一種冥伏在內的潛能時，並不意含它自身具有或善、或惡的定性或本質，而是就它一旦落在現實上開展而會有或善、或惡的表現時，說它具善或具惡。換言之，「性德善惡」，是就通向實際事行表現上的可能差異，而在理論意義世界裡安立解說它們的可能性的一種說法；離開通向實際事行表現上的差異，便無法建立「性之善惡」說法的眞實意義，更不能據此而將「性德善惡」理解成表示決定生命體品質、內涵的是一種既存事實，是決定往善發展，或往惡開展的決定因素。因爲，「性德」觀念的提出，如前（第二節中）所說，只在爲實際事行的表現，提供一個說明它們基於內在生命體中某些條件的可能基礎的解說，至於這個說爲潛在能力或條件的因素、種子，要往哪一個方向開展，必待於後天許多條件會聚，而後共同決定。所以，生命內涵、品質不同

得實相。天台宗大師湛然對於這段文句，另有更進一步的發揮，說：「於文見理，文即實相，有何能、所？是故卻照，文之與門，無非三諦。文即俗諦，非文即眞，雙非即是第一義諦。……如是觀時，文、門豈別？俱是能通，並是所至。……」（詳見《止觀輔行傳弘決》卷第一之二，T46.159c。）湛然是分從能、所與空、假、中「三諦」來進行詮釋的；其中，由「門」見「理」而達到「門即理」、「理即門」的道理，智者在《維摩經玄疏》中也曾提到：「第一義悉檀起八萬四千法門，亦名八萬四千諸波羅蜜門。門名能通，通至第一義悉檀、諸波羅蜜，名究竟。第一義悉檀即是究竟也。……」詳見《維摩詰經玄疏》卷第一，T38.522b。

〔註62〕蔡耀明教授在〈《阿含經》和《說無垢稱經》的不二法門初探〉（刊載於《佛學研究中心學報》，台北：國立台灣大學佛學研究中心，2002年7月，頁1～26）一文中，針對「法門」一詞的意思，有如下的說明：「『法門』初步意指可藉以趣向或進入法的門戶；……」詳見《佛學研究中心學報》第七期，頁4。

〔註63〕引見知禮（西元960～1028年）《觀音玄義記》卷第二，T34.905b。

的眾生，終究是在後天歷程發展形成的；智者大師在這裡從「法門」義對「性」之「德善」、「性」之「德惡」的解說，不再做一「下定義」的工作，而在嘗試透過一個討論過程，打開理解「性德」之具「善」或「惡」，必須先從說「善」、說「惡」，恆是就實際事象上說，不是就「性」自身建立決定性的「善」、「惡」德相。進一層來說，這可謂正是扣緊「緣」、「了」作為「因」，必須相對於「智」、「斷」作為「果」而立說的言教精神所開出的解釋。

五、第四番問答

就「事」上的行相差別來說「理」上的性德善、惡：往善落實，是為「性善」；往惡一方，便成「性惡」。既然從「性德」上所建立的「善」、「惡」並非定性的、實然的，而只是取它們在通向善、惡行果上的「可能性」意義，於是在實際事行上造作惡業的人，進入「惡法門」固然不自知其為「惡」，通過「善法門」卻無論如何也是可能，而對於清楚「法門」善、惡向背的修行者，由於明了藉由「法門」通向真實的功能性意義，甚至還可運用「惡法門」施作教授眾生佛教真理的度生事業；「第四番問答」，就是針對這一可說是如何理解性德善惡、修德善惡之間關係的問答內容。

第四番答還可以分成兩個段落進行討論，首先是：

問：闡提不斷性善，還能令修善起？佛不斷性惡，還令修惡起耶？

答：闡提既不達性善；以不達故，還為善所染，修善得起，廣治諸惡。佛雖不斷性惡，而能達於惡；以達惡故，於惡自在，故不為惡所染，修惡不得起，故佛永無復惡。以自在故，廣用諸惡法門化度眾生。終日用之，終日不染。不染，故不起。那得以闡提為例耶！若闡提能達此善、惡，則不復名為一闡提也。〔註64〕

〔註64〕引見《觀音玄義》卷上，T34.882c。牟宗三先生以為第四番問答（包括第五番問答）是表示「一闡提不斷性善，還能令修善起，佛不斷性惡，卻不令修惡起。」此外，牟先生以為「闡提既不達性善，以不達故，還為善所染；修善得起，廣治諸惡」這一句話，「似不善順適……不甚順適，意不顯豁，至少『廣治諸惡』一語有問題。」（詳見《佛性與般若（下冊）》，頁877～878）。而張瑞良教授認為這一組問答，是「佛斷『修惡』，但『性德中之惡法』未斷，因此，要問到底還會不會『起惡』呢？」並且也以為：「這一段文字，粗看起來，頗多費解，可能是原作者解析未明之故，而後人也對此段深感迷惑，有難以說明之憾。不過，經仔細思索考究，認為『以不達故，還為善所染』這一句還需進一步分析說明，才能撥雲霧以見青天，而明白其本意。」（詳見〈天

　　作爲潛能的「性」表現爲「修」時，似乎怎樣的「性德」便可展開同於其類的「修德」，是個較容易認可的說法。譬如，某樹有開黃花的潛能，那麼說它將開黃花，不會有人懷疑；反之，某樹開了黃花，而說某樹有開黃花的潛能，也易可理解。如果這樣，那麼對於上引文句中，不論提問者問的是一個問題：「佛不斷性惡，還令修惡起？」還是同類的兩個問題：「闡提不斷性善，還能令修善起？」與「佛不斷性惡，還令修惡起？」智者大師的回答，「不斷性善」的「闡提」仍然可以生起「修善」，問題或可謂不大；不過，對「不斷性惡」的「佛」而說其「修惡不得起」，卻似乎難以理解，因爲「性」既有「惡」，按理當然應說在現實上會生起「惡」。然而，智者大師到底說「不斷性惡」的「佛」，「修惡不得起」而「永無復惡」。是智者大師所說，不甚合理？還是另有道理，智者如此說呢？事實上要體見智者大師所說的意義，或許還是必須回到對「性德善惡」這一說法的析論與了解上。

　　前面已經說過，「性德」之具「善」、具「惡」，是智者大師就通向現實事行或善、或惡發展的可能性意義而建立的說法。這一說法，並不意謂「性德」之分善、惡，乃是依據本質義或定實義的思維觀點所提出，而只是站在可能的層面爲現實事象問題提出理由解釋上的表述；「性」本身並非「善」、「惡」觀念所定義的對象，作爲德行通向意義的「法門」才是「善」、「惡」觀念附著的本體。

　　只有從「性」之「德善」、「德惡」是依於「法門」具可通向「修得」之「善」、「惡」的意義而建立，然後智者大師說「性德善惡」，不會成爲是一種定性的、實然的表示；一來不僅因爲定性的、實然的肯定，相反於佛教的緣起觀，而且由於「善」、「惡」必須是一種「法門」而不是一種「本質」，然後智者說佛「以達惡故，於惡自在」，同時也能「以自在故，廣用惡法門化度眾生」，方才合理可解，否則「善」、「惡」如果是種「本質」意義的存在，如何說得「於惡自在」，施用「惡法門」到底還是「修惡」了，又怎能「終日用之，終日不染」？然而，如果從「善」、「惡」取的是通轉義的、非本質義的觀念著眼，那麼說一闡提不明了通達善、惡分際，因而也可能「爲善所染」，還令「修善」事行生起，乃至由此最終通達善、惡而「不復名爲一闡提」，自然不會造作「修德之惡」，「永不復惡」而成佛。否則，「性德之善惡」不論「一闡提」抑或是「佛」莫不同具，既「性」不可改易，那還能說什麼「（了）達」、「不（了）達」，以及「不了達」故可起「修善」、「了達」便能「不復修惡」

台知者大師的如來性惡說之探究〉，《臺大哲學論評》第九期，頁 92～93。）

之類毫無實義的話語呢？

在第四番問答中，智者大師除了提出自家系統的解釋之外，在後半段也說到了佛教其他學派的說法：

> 若依他人，明闡提斷善盡，爲阿梨耶識所熏，更能起善。梨耶即是無記無明，善、惡依持爲一切種子。闡提不斷無明無記，故還生善。佛斷無記無明盡，無所可熏，故惡不復還生；若欲以惡化物，但作神通變現度眾生爾。〔註65〕

這裡所說「他人」，應該是指主張一切事象依存於阿梨耶識（或阿賴耶識）的攝論師和北道地論師〔註66〕。根據這類學說的解釋，佛因爲已經斷除了性屬「無記無明」的阿梨耶識，轉而成就「一切智地」（梵語 sarvajña-bhūmi），以此作爲所依〔註67〕，那麼，自然不再有惡業種子可以受熏，更甭論起惡行、得惡果了。相對地，由於一闡提尚未斷除阿梨耶識，而阿梨耶識內又有善業種子，所以便可能在不知何時，因緣聚會，善業種子因此受熏，以至生起善行、得獲善報。

根據北道地論師與攝論師這一唯識思想傳統的解說，俱存於阿梨耶識內的種子，不論說爲惡、善或是染、淨，都是定性、實然意義的某種存在，所以它們被斷盡或還留存，都是實在的。這正如在「修德」意義下的「善」、「惡」，皆爲經驗裡某種事實，要麼存在，不然便不存在；「存在」、「不存在」兩者，無可模棱共存的空間。然而，作爲「但是善、惡之法門」的「性之善、惡」，

〔註65〕引見《觀音玄義》卷下，T34.882c。
〔註66〕根據收錄在《卍續藏》中的《觀音玄義記會本》，引文這裡所說「他人」作「地人」（詳見《卍續藏》第五十五冊，頁83a）；「地人」當指地論師而言。又，就引文所說義理，認爲阿梨耶識是善、惡一切種子依持，而種子透過熏習生起善、惡行果，也是地論師的觀點。湛然在《法華文句記》卷第七（中）說到：「古弘《地論》，相州自分南、北二道，所計不同。南計法性生一切法，北計梨耶生一切法。」（T34.285a）又在《法華玄義釋籤》第十八也說：「陳、梁已前，弘《地論》師二處不同：相州北道計阿黎耶以爲依持，相州南道計於眞如以爲依持；此二論師俱稟天親（即世親），而所計各異，同於水火。加復《攝大乘（論）》興，亦計黎耶以助北道。」（T33.942c）所以在知禮的《觀音玄義記》卷第二中解此即說：「他，即陳、梁已前相州北道弘地論師也。」（T34.905c）接著說：「又有攝大乘師，亦同地人之解。」（T34.905c）北道地論師和攝論師因爲同以阿梨耶識爲萬法依持，日後兩派也就合流了。
〔註67〕這也就是在唯識學說中，意指捨離下劣法所依，而證得勝淨法所依的「轉依」（梵語：āśraya-parivṛtti）之義。關請參見《成唯識論》卷第九，T31.50c～51b。另請參見楊白衣，《唯識要義》（台北：文津出版社，1995年8月，三版一刷），頁149。

智者大師所說，卻不是取義於某種定實性存在的觀點，而是針對發展成爲某種現實事象的「可能性」而建立的解說，所以也就根本沒有斷滅、絕盡與否的問題，可以說爲「斷善」或「斷惡」的，只能就或者實現爲「惡」、或者展開成「善」的事行上成立；但據「性」上說的「善」或「惡」（法門），都是不可斷，也是不斷的〔註68〕。

智者大師在這一問答中，援引北道地論師和攝論師這一唯識學義的解說，動機或目的爲何或已難確知，也許只是順帶提出另有這麼一種說法，可以讓人理解一般都認爲事實上已經「斷善」的一闡提，爲什麼「修善得起」，同時也用以提供問者了解爲何佛「修惡不得起」的一種補充或另條路徑，不必意在批判或駁斥〔註69〕；不過，由此引出問者另一個疑惑是事實。

六、第五番問答

由第四番問答末了，另外引生出來的疑惑是：如果按照「他人」說法，斷盡「無記無明」，因此「無所可熏」，也就「惡不復還生」的佛，「廣用惡法門化度眾生」，乃是運施神通力、變現種種事行而展開的。然而，根據來問者的認識，運用神通變現惡事惡行化度眾生，是屬於有意志、非自然的造作活動，不是一種「任運」自在的表現，而外道行者也能如此，那麼，佛道內、外二者又有什麼差別呢？第五番問答的內容是：

> 問：若佛地斷惡盡，作神通以惡化物者，此作意方能起惡；如人畫諸色像，非是任運，如明鏡不動，色像自形。可是不可思議理能應惡？若作意者，與外道何異？
>
> （答：）今明闡提不斷性德之善，遇緣善發。佛亦不斷性惡，機緣所激，慈力所熏，入阿鼻，同一切惡事化眾生。

〔註68〕「不可斷」是實踐功夫層次的用語，意指不是學人修行用力的地方，而「不斷」則是理論境界領域的說法，意謂「可能性」無所謂「斷」、「不斷」（或「常」、「不常」），如果一定要用「斷」（或「常」）之類的概念表示，便就「可能」之爲「可能」本身的意義，只得說那是「不斷」（或「不常」）的。

〔註69〕陳英善教授以爲：是「強調性有善惡而駁斥他人（指攝論師）以無明阿黎耶識爲一切法依持，更是不合理，反而自己立基於性善惡這一邊，來抨擊他人。此不過是五十步笑百步，根本不合乎天台一貫之教理。自立一邊而用以抨擊他，這與天台教理是相背離的。天台慣用的方式，是『有因緣故，則可說』，從當緣上來論述問題。」（同註1，頁393）。

> 以有性惡，故名不斷；無復修惡，名不常。若修、性俱盡，則是斷，
> 不得爲不斷不常。

> 闡提亦爾。性善不斷，還生善根。如來性惡不斷，還能起惡。雖起於
> 惡，而是解心無染；通達惡際即是實際，能以五逆相而得解脫；亦不
> 縛不脫，行於非道通達佛道。闡提染而不達，與此爲異也。〔註70〕

提問者所問的是：如果說佛以種種一般視爲「惡」的事行來度化眾生，那麼，
到底那是「作意」而起？還是非作意的「任運」所生？如果那屬於「作意」，
則與外道神變有什麼不同？如果說不是「作意」，又爲什麼？

　　根據引文來看，似乎不能說智者大師針對來問做了完整的回答，不過，
智者大師扣緊的是深入到「任運」所以可能的理由問題中，藉由對這「理由」
的解釋而希望能讓來問者自解疑滯。

　　由上來引文，智者大師對於佛運用「惡法門」是「作意」、抑或是「任運」
的問題的答案爲「任運」，可謂躍然紙上；不過，智者嘗試解明的是「任運」
所以可能的道理，而這一解釋還是落在對於「性德」概念本質的認識上。具
體來說便是，由於「性」「不可改……歷三世無誰能毀」，是一種超越於經驗
事象界的概念表示，而其所具「法門」義的「善」（德）、「惡」（德），也是只
就可以通向現實事行的「修德之善、惡」的意義而成立，究實而言，乃不可
用那指稱實際事物存在或不存在的概念，譬如「常」、「斷」等，加諸於其上。
然而，正因「性德之善、惡」的施設，是用以理解「修德之善、惡」意義的
根源，所以，除非現實經驗世界裡沒有善、惡事行之別，否則「性」之分善、
惡的說法，便可永遠成立。既然「性之善、惡」永遠可說，那麼，不論現實
成就的是「佛」，還是十惡不赦的「一闡提」，不論「性德」則已，如果要就
「性德」說明事物道理，便不能不說二者在「性德」上皆「具善」，也都「具
惡」，因此「一闡提不斷性德之善」，而「佛亦不斷性惡」，兩者都將因「遇緣」，
或者「善發」而修善，或者由於「機緣所激，慈力所熏」，任運通過「惡法門」

〔註70〕引見《觀音玄義》卷上，T34.882c～883a。張瑞良教授認爲此問答在於「闡發
　　　　『佛不斷性惡』之特殊意義與精神所在。」此外，張教授也以爲佛陀善巧地
　　　　運用「惡法門」來度化眾生，而不被「惡法門」染著，乃是由於佛陀「功力
　　　　深厚」、「大悟徹底」、「絕不退轉」，所謂「解心無染」，所以能通達「惡際」
　　　　即是「實際」，行於「非道」，而通達「佛道」。這是「現實」與「理想」之冥
　　　　合一致，也是所謂「敵對相即論理」之實踐完成。詳見〈天台知者大師的如
　　　　來性惡說之探究〉，《臺大哲學論評》第九期，頁93～94。

而「入阿鼻同一切惡事化眾生」。

在回答中智者更提出了「性」、「修」分別立說的意義,而其所扣緊的是在佛教經論中所常說的、不落於二邊的「不常不斷」這一觀點〔註71〕。

由於在人們認識中的事物,要不是存在,就是不存在,兩邊是爲「有」、「無」二名言分別所指稱的現實狀態。於是,「有」恒爲「有」是「常」,「無」恒是「無」,爲「斷」;「不常不斷」的說法,就一般人基於其凡常的認識情況而言,到底是難以了解。然而,分別「性」、「修」二種觀念層面,據此說「有性惡,故名不斷」、說「無復修惡,名不常」,那麼,「不斷不常」對於已經了達諸法「實際」的佛,是緣起眞相的證知,而就還未了達諸法實際的凡夫或一闡提而言,「不斷不常」將可因「性」、「修」分立,成爲能夠被理智思維所認知的合說。這也是智者在《觀音玄義》中分別立說「性」、「修」問題所涵的意義之一。

在「性德之惡」不斷的認識上,來問者所提佛是「作意」起惡,還是「任運」廣用惡法門度眾的問題,便可自獲解答;因爲,佛不斷「性德之惡」,運用惡法門度眾便不必「作意」,而佛斷「修德之惡」,遂也「雖起於惡」,然而是「解心無染」,並非緣於心中染惡念頭「作意」所起的事業,自不同於外道所爲。

由於「性德之惡」本具、不必造作,因此對於諸佛廣用惡法門度化眾生這一事象,便有了是「任運」而非「作意」意義的認識基礎;而根據「性德之善」本具這一理由的提供,人們自然也可了解爲什麼會說「一闡提」能夠「爲善所染」、「還生善根」。不過,這裡卻也出現了一個更緊要的問題,那就是分由「性」、「修」二觀念層肩擔善、惡「不可斷」、「可斷」的說明任務,

〔註71〕 譬如《別譯雜阿含經》卷第十,說:「……如來說法,捨離二邊,會於中道。以此諸法壞,故不常;續,故不斷。不常不斷;因是,有是。因是生故,彼則得生;若因不生,則彼不生。是故因於無明,則有行生;因行故,有識;……因生故,有老死憂悲苦惱,眾苦聚集。因是故有果滅,無明滅,則行滅;行滅,則識滅;……生滅,則老死憂悲苦惱,眾苦聚集滅盡,則大苦聚滅。……」(T2.444c)《文殊師利問經》卷上說:「不滅不到,不斷不常,不障不礙,是說涅槃。」(T14.495a)又,《大智度論》卷第一,引偈說:「有業亦有果,無作業果者此第一甚深,是法佛能見。雖空亦不斷,相續亦不常,罪福亦不失,如是法佛能見。」(T25.64c)又如《中論·觀因緣品第一》說:「不生亦不滅,不常亦不斷,不一亦不異,不來亦不出。能說是因緣,善滅諸戲論;我稽首禮佛,諸說中第一。」(T30.1b)

事實上並未觸及諸佛任運廣用即使是「惡」的法門度化眾生時，諸佛和種種被度眾生間的關係，以及那些「惡法門」為什麼是必須的問題。這些問題雖然不是智者在「料簡緣了」中要處理的對象，不過卻是目的在於闡釋以觀音菩薩普門示現度眾為內容的〈普門品〉意蘊的《觀音玄義》，必須面對的問題。

小　結

　　《觀音玄義》是透過佛法修學實踐的動態理解進路 ——「修行證果」，或說「修行成佛」來論說「緣了」、「智斷」，「性德」、「修德」；而此一動態軸線，則由「因果」、「本末」，或說「始終」等概念來說明其中動態的修學與存在關係。「緣因」、「了因」是就作為條件、原因、根據的二種概念表示；「智德」、「斷德」則是相應於修學條件而修行圓滿的分別表說。若「緣了」與「智斷」相合來說，「智德」為「了因」的現成圓滿，「斷德」為「緣因」落實的圓滿。「性德」、「修德」便是在佛法實修活動的預設下，分別就原本所具的潛在能力或修證條件，以及經過相關修學程序與活動而使潛能獲得充分開展而立的二個概念或觀念。

　　「修德」有「善惡」，是就事象上的活動而說的，這是較易於理解的。而「性德」有「善惡」，則是就為了說釋佛法修證的事實或現象，在理論層次如此建構或施說而有的言說意義，並非指向內在本具於生命體中的「性德」有或「善」或「惡」的分別，也不是指生命體是「善」的，或是「惡」的「定性」生命體。換句話說，若就佛果的功德，亦即是就圓滿證悟者的功德證量而言，是具有運用「惡法門」方便度生的能力與實踐，而佛果又是成佛性德潛能的充分開顯，所以可以就此而言「性德」有「惡」。

第四章 「感應」與法門

　　智者大師說整個〈普門品〉的內容，乃「以靈智合法身爲體」而「以感應爲宗」〔註1〕。「靈智合法身」，所以觀音菩薩既已證得「實相理」，以爲「眞（法）身」，而且也能權化「應身」「普門示現」，救度陷於苦難之中的眾生。然而連繫諸佛菩薩與眾生兩者間的是一方「有感」、一方「有應」的事理，因此貫串〈普門品〉教說內容的主軸，便是「感應」。

　　「以感應爲宗」，所以智者說「十界（眾生）之機，扣（諸佛菩薩）寂照之知」，於是眾生便得植種善根、度脫苦難等或「冥」或「顯」的利益〔註2〕。正是因爲諸佛菩薩能夠接受「十界之機」的感召，所以一旦「機緣所激」，加上依本願修發的「慈力所熏」，便可甚至進「入阿鼻（地獄）同一切惡事化（度）眾生」，否則聖、凡兩途，即令諸佛菩薩能用種種法門度脫苦難，也將因爲無所可用，頂多發生「自行」的利益；然而〈普門品〉的重點，卻正在於展現菩薩的「利他」大力。由此，如果從《觀音玄義》所提示的「感應爲宗」這一觀點切入，或許便可看出凡聖縛脫之間，在佛道修行上的關係，並且說明「惡法門」所由成立及所以爲必須的緣故。

第一節　「感應」的關係網絡

　　《觀音玄義》以「感應爲宗」切入〈普門品〉的教說內容而提出這一核心主軸；一「感」、一「應」，作爲這一軸線兩端的主體，便是還處於苦難纏

〔註1〕詳見《觀音玄義》卷下，T34.889c。並參見本論文第二章第二節，頁33～34。
〔註2〕詳見《觀音玄義》卷下，T34.889c。

縛中的「眾生」，以及已得解脫苦難的「佛」。然而，什麼是「感應」呢？

一、「感」、「應」釋義

　　關於「感應」，按照智者大師在《法華玄義》中的解釋〔註3〕，「感」指的便是「眾生」：

　　　經中「機」語、「緣」語，並是「感」之異目，悉語眾生。且從「機」釋，義則易見；「緣」、「感」例可解。〔註4〕

「機」、「緣」、「感」等概念，都指的是「眾生」；而且由於從「機」字意義解釋下手，比較容易讓人了解所要表示的意思，所以智者大師進而對「機」字展開從「微」、「關」與「宜」等三面義涵的解說：

　　　「機」有三義：一者，機是「微」義。故《易》云：「機者，動之微，吉之先現。」又，《阿含》云：「眾生有善法之機，聖人來應也。」眾生有將生之善，此善微微將動，而得爲機。若將生善爲機，此結爲促；今明可生之善，此語則寬。如弩有可發之機，故射者發之：發之則箭動，不發則不前。眾生有可生之善，故聖應則善生，不應則不生，故言機者，微也。二者，《古注楞伽經》云：「機是關義。」何者？眾生有善、有惡，關聖慈悲，故機是關義也。三者，機是「宜」義。如欲拔無明之苦，正宜於悲；欲與法性之樂，正宜於慈，故機是宜義也。〔註5〕

根據引文，首先，對於「機」字所含「動之微」義，智者不僅是取事物某種微微將要發動狀態的意思，而且是從事物具有某種「可能」的意義層面界說「動之微」。這一解說，與智者大師從人有將之實現爲善、惡事行的「可能性」義涵，而謂善、惡二類法門乃人「性」本具之「德」的思路，無疑是一致且相呼應的；因爲，所謂「將生之善」，實已是一種落入經驗層面的說法，然而「可生之善」，則意味只指向善之被實現的「可能」意義的領域。譬如智者大師所舉「弩喻」一般，就弓弩具有可以發射弓箭的能力這一可能意義，而說

〔註3〕　《觀音玄義》卷下：「感應義有六：一、列名，二、釋相，三、釋同異，四、明相對，五、明普不普，六、辯觀心：具在大本。」（T34.890c～891a）。《法華玄義》卷第六上：「第六明感應妙者，……一、釋感應名，二、明相，三、明同異，四、明相對，五、明粗妙，六、明觀心。……」（T33.746c）
〔註4〕　引見《法華玄義》卷第六上，T33.746c。
〔註5〕　引見《法華玄義》卷第六上，T33.746c～747a。

弓弩有「可發之機」，也就是說弓弩內具有「發箭之性」，不過箭在弦上，是要發射、還是按住不動，畢竟歸屬現實層面的「事」，而非「理」。「將生之善」為「動之微」，到底還是就「事」的表層說法，只有「可生之善」才是純「理」的微密表示，所以「眾生有可生之善」成為一種具有普遍性意義的肯定，至於感聖「應則善生」、「不應則不生」，那便是事屬現實的差別了。

其次，以「關」義釋「機」字。雖然「關」字原義，依據《說文解字》的解釋謂：「以木橫持門戶也」〔註6〕，但是由「關」字從「門」而引申為指關市往來或關口通道，那麼便含有「交（往）」、「通（向）」的意思〔註7〕；智者所謂「眾生有善、有惡，關聖慈悲」，當是取義於凡、聖彼此關連之義而有的說法〔註8〕。至於從適應機「宜」的角度解說「機」義，則是落在眾生情況各有差別，需要施與「拔苦」或「與樂」等不同救濟法門的意義上說的。

「機」具三義，也就是說「感」含有三義；而相對地，對於「應」字的解義，智者同樣也由三方面來展開：

> 次，明「應」者，亦為三義：一者，應是「赴」義。既言機有可生之理，機微將動，聖人赴之，其善得生，故用赴而釋應。二者，應是「對」義。如人交關，更相主對。若一欲賣，一不欲買，則不相主對；若賣買兩和，則貿易交決，貴賤無悔。今以眾生譬買，如來譬賣，就「機」以論關，就「應」以論對，故以對釋應也。三者，應是「應」義。既言機是於宜，宜何等法？應以慈悲之法，是善惡所宜。悲則宜救苦，慈則宜與樂。隨以何法，應其所宜，故以應釋應也。〔註9〕

以「赴」、「對」、「應」等義釋「應」：「赴」義重在指出基於眾生具有向上提升的可能，一旦眾生微善將動，聖者往赴救教，即可令眾生善根增生；「對」義偏就世間凡眾與佛教聖賢者彼此之間的互動，而謂「應」指「應對」；「應」義則落在諸佛菩薩觀察眾生情況所宜，相應機宜也應該做不同施救法門的調

〔註6〕 詳見許慎，《說文解字》卷十二上（北京：中華書局，1963年11月第一版，1990年8月北京第11次印刷），頁249，上欄。

〔註7〕 請參見吳澤炎等編纂，《（大陸版）辭源》（台北：臺灣商務印書館，1989年10月，臺灣初版）頁3253。

〔註8〕 天台宗大師之一湛然在釋「感應」義時，也有「天性相關，義同感應」的說法。詳見《止觀輔行傳弘決》卷第一之三中，T46.163a。

〔註9〕 引見《法華玄義》卷第六上，T33.747a。

整，才能給予適合各類眾生的有效引導。

　　總括來說，「感應」是由世間凡眾與佛教聖賢爲兩端所串起的一條說教軸線，其所關注的焦點則擺在：（1）既然論「理」而言，作爲生命體的每個眾生都具有超凡入聖的可能，那麼經由作爲先覺者的佛教聖賢們的引導，就「事」而論，世間凡眾便可進入轉凡爲聖的實際歷程；（2）聖賢了知凡眾可以向上提升，但是緣於眾生各有不同本爲世界中的事實，那麼隨應各式因緣，心懷慈悲大願與擁有智慧大力的諸佛菩薩，自然而且也應該施予眾生最適合於他們各自情況的救度法，以有效地幫助每一生命體向上提升。

二、凡、聖感應與「惡法門」

　　智者大師在《法華玄義》論「跡門十妙」中第六妙的「感應妙」時〔註10〕，說：

　　　　果地圓極，非復因位……果智寂照，有感必彰，故明感應妙。〔註11〕

這是就修學佛法有成、福智業已成滿的得果聖賢，表示他們面對眾生時「有感必彰」，隨緣可以同十界中任何生命體產生互動，因此說爲「感應」之「妙」。然而，凡眾爲什麼可以感得聖賢施救的回應呢？智者大師在《觀音玄義》中答來問時說：

　　　　性善冥伏，如蓮華在泥；聖人若應，如日照則出。〔註12〕

原來問者的疑惑是：眾生如果已經得「善」，就沒有必要「感聖」回應；如果不是「善」的，那麼怎樣可說有「將生」之善呢？智者扣緊的還是就「性」、

〔註10〕《法華玄義》卷第二上：「別釋妙者爲三，若鹿苑三麤，鷲頭一妙，皆跡中之說。約跡開十重論妙，此妙有跡、有本。本據元初，元初本妙，十重論妙。跡、本俱是教，依教作觀，觀復有十重論妙。跡中有眾生法妙、佛法妙、心法妙，各十重，合三十重。此與眾經論妙，有同有異。本中三十妙，與眾經一向異。此六十重，一一復有待妙、絕妙，則有一百二十重。若破麤顯妙，即用上相待妙；若開麤顯妙，即用上絕待妙（云云）」（T33.697bc）。智者在《法華玄義》中釋「妙」，先開爲本、跡兩門，本、跡各有十妙，則成「跡門十妙」（境妙、智妙、行妙、位妙、三法妙、感應妙、神通妙、說法妙、眷屬妙、功德利益妙）、「本門十妙」（本因妙、本果妙、本國土妙、本感應妙、本神通妙、本說法妙、本眷屬妙、本涅槃妙、本壽命妙、本利益妙）；本、跡二十妙，又皆各有「三法妙」（心法妙、佛法妙、眾生法妙）；六十重妙又各有「相待妙」、「絕待妙」，所以共有一百二十重妙。

〔註11〕引見《法華玄義》卷第六上，T33.746c。

〔註12〕引見《觀音玄義》卷下，T34.891a。

「修」兩層論說某一觀點時，意義畢竟是有所不同的這一原則，而做如上的回答。不過問題並未到此解答爲止，而是在這裡又可以出現一個疑難，那就是若論「感應」，是不是應該像《易經》所說「雲從龍，風從虎」〔註13〕，必須是同一類型態或性質者才可能相互感應呢？事實上，在《觀音玄義》就出現了類似這樣的一種困惑：

> 問：「凡」名凡僻，善則招樂，惡則感苦。「聖」名爲正，正則非善非惡、非苦非樂。善、惡之僻，何能感非善非惡之正耶？

> 答：正聖慈悲，拔其善、惡之僻，令入非善非惡之正，故有感應。

〔註14〕

問者的疑惑是：凡眾要麼行善招樂、造惡罹苦，而佛教聖人道果，名爲「非善非惡」，那麼，落在善、惡任何一邊的凡眾，怎樣可以感得超越善惡、「非善非惡」的聖正道果的回應呢？

智者的回答落在指出聖賢具有「慈悲」大心願力，由此大慈大悲心力，便可拔出眾生或執於善、或陷於惡的處境，進而使其悟入「非善非惡」的佛法正道。因此，「感應」不僅成立在同類之間，譬如釋尊拈花、迦葉微笑〔註15〕，而且也可在凡、聖不等的關係上建立，不過，前提是聖者必須具有本所修得的慈悲願力，否則凡眾有感，遇著只求自我解脫的「自了漢」，不必一定可獲相對的回應。

正由凡眾「性善冥伏」、「遇緣善發」，感得諸佛菩薩應化現身，施教救濟，因此凡眾得以離苦得樂、向上提升，而諸佛菩薩也能夠藉此展開事業，圓滿度生本願。同時，不論凡眾善、惡，都可感聖來應〔註16〕，並且聖賢應化不由「作意」，但是「機緣所激」，「任運」往赴，所以即使「惡法門」也基於是一種眾生「機緣」的存在，而有它在運用層面上的必須性。因此，智者大師說：

> 聖人以平等無住法，不住感；以四悉檀，隨機應爾！〔註17〕

〔註13〕《周易》〈乾卦・九五〉爻辭曰：「……同聲相應，同氣相求；水流濕，火就燥，雲從龍，風從虎，聖人作而萬物睹。本乎天者親上，本乎地者親下，則各從其類也。」（引見重刊宋本《十三經注疏・周易》附清・阮元校勘記，台北：藝文印書館），頁15。

〔註14〕引見《觀音玄義》卷下，T34.891b。

〔註15〕請參見《佛祖統記》卷第五，T49.170c。

〔註16〕詳見《觀音玄義》卷下，T34.891a。

〔註17〕詳見《觀音玄義》卷下，T34.891b。

表示聖賢本無如同凡眾一般對善、惡事行有所住著，而是善、惡平等感應，無所住著地隨順四種適化眾生機宜的教法〔註18〕，往赴施救。善、惡種種差異相狀，是成立於眾生世界中的情境，而並非聖賢境界所起的分別，這是智者所以說諸佛菩薩「以自在故，廣用諸惡法門化度眾生」，而能「終日用之，終日不染」的理由所在。

透過「感應」觀念的說明，智者大師串起了在凡與在聖兩類內涵、品質不同的生命體間的關係。而這樣的說明，原是智者大師依據他對於〈普門品〉內容的理解，認爲〈普門品〉即是以觀世音菩薩度生事業作爲軸線而展開的說教，而觀世音菩薩所從事的利濟事業，則必須肯定觀世音菩薩與眾生之間的互動關係，才能建立起來。所以在《觀音玄義》以「五重玄義」爲闡論架構的「第三重明宗」中，智者揭示出了〈普門品〉「以感應爲宗」的這條內容主軸，藉此彰顯〈普門品〉教說觀世音菩薩化現種種身形度脫眾生苦難的故事，其中所要透顯的義理蘊涵〔註19〕。

既然「感應」是兩類生命體間的交通，而代表極善存在的「佛」與代表極惡存在的「一闡提」，便各是一種生命體，那麼「佛」（菩薩）一旦要救度類似「一闡提」的生命體時，是否僅僅基於諸佛菩薩的神通大力，而不必有來自「一闡提」本身所提供的條件，就可以成辦呢？答案顯然是否定的；卻正是因爲「一闡提」本身提供了某些條件，所以才有實際被諸佛菩薩救度而出離於苦難境地的情況。「一闡提」所提供的條件，就現實經驗的層面而言，乃是願求離苦得樂的「將生之善」，而就理論超越的層面來說，便是「可生之善」，那也就是在《觀音玄義》中「五番問答」討論「性」、「修」與「善」、「惡」的問題時，智者大師所肯定的，一闡提與佛菩薩莫不同具的「性德之善」。

然而，在「感應」說理的這個框架中，作爲被救度者的「一闡提」之類的眾生，究竟實際由於怎樣的因緣而有轉變、超升的契機？而作爲能度者的諸佛菩薩，能夠「無住」自在地因應眾生需要，順利地推展度生事業，則又到底是基於他們具有怎樣的德行內涵或功夫呢？這便是以下兩節所要討論的主題。

〔註18〕 「悉檀」（梵語 siddhānta），意譯「成就」、「宗」等；「四悉檀」，便是佛教化導眾生、成就果德的四類方法，分別是（1）世界、（2）各各爲人、（3）對治，與（4）第一義。有關「四悉檀」的解說，請參見《大智度論》卷第一，T25.59bc。
〔註19〕 詳參本論文第二章第一節，頁18～21。

第二節　十法界眾生機感

在以「性修善惡」為主題的「五番問答」中，已經可以得知，就佛教而言，對於即使一般認為已是罪大惡極的「一闡提」，或身處地獄中那樣的生命體，並不是將他們隔絕於解脫苦難、獲得上樂的佛道之外，而是認為其中還留有可以轉圓、變化的空間。這個轉變的肯定，除了表示為「性德之善」不可斷的理說之外，還有一大部分，事實上也可以訴諸於緣起無盡的時空歷程裡求得理解；這在「五番問答」中只初步地提供一條線索，卻並未深入加以說明上的發揮。

「性德之善」作為一種潛能，冥伏未發，對於此世此生的生命個體而言，已經可說是一種就「事」實而論的肯定，所以智者大師也如唯識學義般將之譬喻為「種子」〔註20〕，由此指出「性德種子」本身具有的可開展性，既然內在於生命體之中，那麼也就可以肯定表示眾生皆可成佛。然而，同樣是就「事」而論，眾生所有的這一成佛潛能，實際是否能夠開往圓滿佛果的一方，卻還有待於許多因緣的會聚之後，才得共同成辦；因為，在佛教通貫三世的「十二支緣起」觀下〔註21〕，現實中的眾生，正是由於長遠以來各式各樣因緣條件會聚，方才成就各個根器、內涵不同的生命體，而分別帶有不同業力，處在種種煩惱之中，所以要將「性德之善」顯發，還須加以「遇緣」的條件，由此才得讓本所具有的善根增長。

在「緣起」觀點之下，一闡提也是可改變，而至於究竟成佛的生命體，故並非是永遠定性的一闡提根器。因此，根據佛教緣起觀，對於被拋諸無窮無盡時空中的生命體，智者大師所指出的眾生本具「性德種子」，便可從中取得理解的基礎。以下且分別從「時空因緣」和「眾生根性」兩方面，來打開在緣起觀下解說「性具善德」義涵的內容。

〔註20〕 譬如智者說：「今原其性德種子，若觀智之人，悲心誓願，智慧莊嚴，顯出真身，皆是了因為種子。若是普門之法，慈心誓願，福德莊嚴，顯出應身者，皆是緣因為種子。……」詳見《觀音玄義》卷上，T34.877c～878a。

〔註21〕 「十二支緣起」，一般稱名「十二因緣」（梵語 dvādaśāṅgapratītya-samutpāda），它們是：（1）無明、（2）行、（3）識、（4）名色、（5）六處、（6）觸、（7）受、（8）愛、（9）取、（10）有、（11）生、（12）老死；這十二支都依「此有故彼有，此起故彼起」的「緣起」法則，前後相串、不可分割，所以名為「十二（支）緣起」。關有「十二因緣」的詳細解釋，請參見《雜阿含經》卷第三，T2.18a；《雜阿含經》卷第十二，T2.80b～81ab；《雜阿含經》卷第十二，T2.85ab；《佛說長阿含經》卷第十，T1.61ab。而有關「十二因緣」通貫三世的解說，請參見《大智度論》卷第五，T25.100bc。

一、時空因緣無盡

首先，就時空層面而言，《法華玄義》中，在智者大師論說「十界互具」問題，而說到地獄界亦具有其他九界時，曾謂：〔註22〕

> 阿鼻無樂間，則無事善。云何具十？然阿鼻有性善不斷故；又，近世雖無事善，遠劫或有。惡強善弱，冥伏未發；若遇因緣，發亦何定？是故阿鼻得具十機。〔註23〕

這是表示地獄界具有其他九界的說法可以成立，根據的理由是：在阿鼻地獄中的眾生，（1）一來論理而言，也是「性德之善」不斷的；而且，（2）就經驗事實層面而將時空拉長來考察時，近世或現在雖然沒有事行上善的表現，然而推及久遠劫之前、不知在什麼地方，又誰能保證他們未曾種下善根？近、現在不過由於惡行業力較強，善種業力便隱而不現，一旦等到因緣來會，善業種子難道不會被引發出來？而經過培養、增長，還是可以上躋佛界的，所以說地獄界也不例外地與各界一樣同具其他九界（因果）。

就長遠時空的可能因緣，論說眾生具有超升潛能的著名經典，如眾所周知的，當推《涅槃經》說得比較詳細。由於該經中的說法，可以幫助學者更加深入地了解眾生能起「修善」的原由，因此以下將試著引用幾段經文，作爲補充說明。

《涅槃經》說：

〔註22〕關於「十界互具」，《法華文句》卷第三下說到：「約十法界者，謂六道、四聖是爲十法界。法雖無量，數不出十。……一中具無量，無量中具一，所以名不可思議。」（T34.42c～43a）雖說「十界互具」，但在智者大師的思想體系中，「十界互具」也不外是所謂「一念三千」中的一環。「一念三千」的觀念，出於《摩訶止觀》卷第五上：「夫一心具十法界，一法界又具十法界，百法界。一界具三十種世間，百法界即具三千種世間。此三千在一念心；若無心而已，介爾有心，即具三千。」（T46.54a）《法華玄義》卷第二上：「一法界具十如是，十法界具百如是。又，一法界具九法界，則有百法界，千如是。」（T33.693c）「《華嚴》云：『遊心法界如虛空，則知諸佛之境界。』法界即中也，虛空即空也，心佛即假也；三種具，即佛境界。又，遊心法界者，觀根塵一念心起，於十法界中必屬一界；若屬一界，即具百界千法，於一念中悉皆備足。此心幻師於一日夜，常造種種眾生、種種五陰、種種國土。……」（T33.696a）簡單來說，「一念三千」實即智者依據「一念心」、「十界」、「十界互具」、「十如是」、「三世間」等觀念，所共構而成的理論體系。另請參見聖嚴，〈天台思想的一念三千〉，收錄於張曼濤主編「現代佛教學術叢刊57」《天台思想論集》（台北：大乘文化出版社，1979年5月初版，頁207～221），頁213～215。

〔註23〕引見《法華玄義》卷第六上，T33.749b。

> 一闡提輩，分別有二：一者得現在善根，二者得後世善根。如來善
> 知一闡提輩能於現在得善根者，則爲說法；後世得者，亦爲說法。
> 今雖無益，作後世因。〔註24〕

這是將「一闡提」分爲現在得種善根的與後世善根方才成熟的兩類，然而，不論其中任何一類，對於具有圓滿智慧與慈悲大願的諸佛如來而言，莫不平等地向他們說法，因爲諸佛如來深諳因緣法則，知道除非不幫他們種下善因，否則在長遠的時空中，一旦成就的因緣條件具足時，善因總會生成善根而發起一闡提的修道善行。

《涅槃經》中又說：

> 一切眾生過去世有斷煩惱，以是義故，我常宣說一切眾生悉有佛性，
> 乃至一闡提等亦有佛性。一闡提等無有善法，佛性亦善；以未來有
> 故，一闡提等悉有佛性。何以故？一闡提等定當得成阿耨多羅三藐
> 三菩提故。〔註25〕

這也指出如果從過去、現在與未來的三世時間觀，來看待一闡提這類的生命體，他們過去可能曾經斷惡修善，即使現在沒有善法，並非意謂未來絕不發生，所以一闡提、乃至一切眾生都是可以歸爲具有成佛種性的生命體〔註26〕。所以佛陀普爲眾生說法，一闡提也不例外，乃是《涅槃經》中屢屢說到的；例如：

〔註24〕 引見《（北本）涅槃經》卷第二十，T12.482b。
〔註25〕 引見《（北本）涅槃經》卷第二十七，T12.524bc。
〔註26〕 《涅槃經》中有關「一闡提」的討論，釋恆清教授在〈《大般涅槃經》的佛性論〉說到：「佛性思想是《涅槃經》的精髓，經中對佛性的意義有詳盡的闡釋，但是《涅槃經》佛性論最大的爭議點，在於是否一切眾生悉有佛性（悉皆成佛），而此爭議主要是涉及一闡提是否成佛的問題。」（詳見《佛性思想》，台北：東大圖書股份有限公司，1997 年 2 月初版，頁 19〜20）。釋恆清教授在該文中針對「一闡提」的意義也做了相關討論，同時從《涅槃經》對於「一闡提」的定義，整理出「一闡提」的特徵，並且論及了《涅槃經》「前分」排除「一闡提」成佛可能性的問題。詳見該書，頁 20〜29。茲據釋恆清教授的研究，試整理《涅槃經》對於一闡提能夠成佛的問題，除了肯定一切眾生悉有佛性之外，還提供了怎樣解答的理由：（1）佛陀平等地爲他們種下後世善因；（2）生悔改心，菩薩即會爲之說法，令其生起善根；（3）一闡提如果跟從諸佛菩薩聽聞佛法，即能發起菩提心；（4）由於諸法無定性，一闡提根性亦未曾決定，因此有改變的可能；（5）將眾生「悉有」佛性的「有」，分成未來有、現在有、過去有，訴諸時空因緣來解釋。請參見《佛性思想》，頁 29〜39。

不可治者喻一闡提，現在世中雖無善果，以憐愍故，爲種後世諸善
種子故。〔註27〕

是一闡提受苦時，或生一改悔的心，我即當爲說種種法，令彼得生
一念善根，是故此地復名一子。〔註28〕

世有三人，其病難治：一謗大乘，二五逆罪，三一闡提。……從佛、
菩薩得聞法已，即能發於阿耨多羅三藐三菩提心。〔註29〕

諸佛菩薩懷著慈悲心願，不捨過去已造、現在正造或未來會造惡業惡行的任
何一個生命體，即使他們罪業深重，無法馬上轉變修善，也要爲他們說法，
以期能夠種下往後成就的一個向善因緣。

二、衆生根性不定

從此長遠時空的角度來看衆生，那麼即使一闡提也可成就佛果，但看有
否種下善因善緣，以及能否保任、增長乃至圓滿修得而已。因此，在佛教這
一諸法因緣所生的立場下，對於衆生種性的觀點，乃是認爲並不存在有恆定
不變種性的生命體；如《涅槃經》中說到的：

一闡提者，亦不決定；若決定者，是一闡提終不能得阿耨多羅三藐
三菩提。以不決定，是故能得。〔註30〕

這是說，如果一闡提這樣生命體，先天就是決定不能改變作爲一闡提的存在
宿命，那麼一闡提便可謂毫無成佛的可能 —— 事實上更可說是根本沒有成
佛、不成佛的問題。而正因爲一闡提的種性並未決定，所以盡可改變一闡提
這樣的生命內涵和品質，修學成諸佛、菩薩。

衆生種性既未決定，所以不論現實是善、是惡，並是諸佛菩薩應化施教
的對象。所以智者大師在《觀音玄義》中答來問時說，善、惡皆爲感聖之「機」：

問：若言機者，是微善之將生。惡微將生，亦是機不？

〔註27〕引見《(北本) 涅槃經》卷第三十三，T12.560c。
〔註28〕引見《(北本) 涅槃經》卷第十六，T12.459a。
〔註29〕引見《(北本) 涅槃經》卷第十一，T12.431bc。此外，例如《佛說首楞嚴三
昧經》，其中也提到即使犯五逆重罪的衆生，可以因著聽聞到首楞三昧名義，
而發起阿耨多羅三藐三菩提心，種下成佛因緣；經中說：「……五逆罪人聞是
首楞嚴三昧，發阿耨多羅三藐三菩提心已，雖本罪緣墮在地獄，聞是三昧善
根因緣，還得作佛。……」詳見《佛說首楞嚴三昧經》卷下，T15.643a。
〔註30〕引見《(北本) 涅槃經》卷第二十二，T12.493c。

答：然！〔註31〕

問：妄執之善，能感不？

答：妄執是惡，亦得感。〔註32〕

「善」、「惡」都是感聖救度的「機」——眾生，這也就是說諸佛菩薩，不會因為面對的是一個極惡之人，便不加理會、不予救度，不過為使「性善冥伏」的生命體可以如應得救，諸佛菩薩必須施設合宜的法門來引導度化他們。

茲將以上的論述重點劃表呈現，或許可更清楚地掌握其中的主要觀念：

理		性　　德　　不　　斷
事	時 空	過去、現在、未來：隨時遇有機緣可以轉化。 諸佛菩薩恒以度化眾生為念。
	根 性	眾生種性不決定。 善、惡皆是諸佛菩薩應化之「機」。

第三節　諸佛菩薩度生的方便

經由上一節討論可知，在佛教的三世、十界，最終則是綿綿不斷的時間觀、重重無盡的空間觀下，眾生現在、此地不見善德、不得善果，並不表示過去沒有善行、未下善種，乃至於過去無善，現在也乏善行，就「性德」不斷的意義，未來也仍可種下善根、增長善行；前者就「事」上說，而後者則按「理」而論。由此，佛教推原因果關係至於無盡時空的解說方式，可使身處任何一界之內的眾生，都保有了向上轉機的可能，而在面對莫不具有向上轉機可能的眾生，諸佛菩薩便能提供相應有效的方法，幫助眾生得獲解脫與向上提升。

然而，在不論善、惡皆是佛菩薩對應度化之「機」（眾生）的情況下，已行善道或易於行善的眾生，使用「善法門」度化，應是相當合理無疑的事。但是，對於那些陷入惡道、傾向造惡的一類，既然即使一闡提、地獄眾生，乃至連一向障礙佛道實現的「魔」，皆被肯定為最終可以成佛〔註33〕，那麼運

〔註31〕引見《觀音玄義》卷下，T34.891a。
〔註32〕引見《觀音玄義》卷下，T34.891b。
〔註33〕譬如《佛說首楞嚴三昧經》卷下說：「若使惡魔今得聞說首楞嚴三昧名字，以此因緣，當得出過一切魔事。」（T15.637c）又說：「惡魔以是三昧福德因緣，及發心因緣故，於未來世得捨一切魔事、魔行、魔諂曲心、魔衰惱事，從今已後，漸漸當得首楞嚴三昧力，成就佛道。」（T15.638c）可見佛教對於生命

用「善法門」想度化他們卻失效時，諸佛菩薩爲什麼需要「惡法門」才得施予救濟呢？通過「惡法門」施救而能不致於陷入惡道中，卻仍保有向上提升的力量，諸佛菩薩又究竟修得的是什麼呢？這是本節所要討論的主題。

一、菩提道的特色

大乘佛教菩提（薩）道修學的內容，總括的來說，不外「自行」與「利（化）他」二類；行走在菩提道上的修學者，不僅自身要勇猛精進地直往成佛的目標前去，而念茲在念地一心想助其他有情眾生，隨順而引導他們走向修學佛道的路上，更圓滿成就菩提的重要資糧，乃至是一切事行作爲發動的最先考量因素〔註 34〕。

智者大師在《觀音玄義》中，有關大乘「自行」與「化他」修學內容的論說，主要表現在「十雙釋義」的解釋架構中〔註 35〕，此外，在闡論「十普門」要義時，也有所展開。

《觀音玄義》中討論「普門」義涵，分別有六項普門「通說」，以及作爲「別說」的「十普門」論〔註 36〕。六項普門「通說」，與「十普門」，兩者之

內涵、品質如此惡劣的「魔」，也仍舊抱持皆可成佛的看法。

〔註 34〕 有關菩提道內容爲「自行」與「化他」，而且「化他爲先」的特色，在大乘經典中莫不多見表述，無須縷舉。茲以《大般若經》爲據，列文作證：「佛告善現：如是！如是！如汝所說。諸菩薩摩訶薩能爲難事，於一切法自性空中，希求無上正等菩提、欲證無上正等菩提。善現！諸菩薩摩訶薩……爲世間得義利故，發趣無上正等菩提；爲令世間得饒益故，發趣無上正等菩提；爲令世間得安樂故，發趣無上正等菩提；爲欲濟拔諸世間故，發趣無上正等菩提；爲與世間作歸依故，發趣無上正等菩提；爲與世間作舍宅故，發趣無上正等菩提；欲示世間究竟道故，發趣無上正等菩提；爲與世間作洲渚故，發趣無上正等菩提；爲與世間作日月故，發趣無上正等菩提；爲與世間作燈燭故，發趣無上正等菩提；爲與世間作導師故，發趣無上正等菩提；爲與世間作將帥故，發趣無上正等菩提；爲與世間作所趣故，發趣無上正等菩提；哀愍世間生死苦故，發趣無上正等菩提。」（詳見《大般若經》卷第四百四十五，T7.245c。）大乘菩提道修學的二大內容：「自行」與「化他」，蔡耀明教授稱之爲「菩薩摩訶薩走自己要走的道路」、「菩薩摩訶薩隨順帶領有情走適合有情走的道路」。請參見蔡耀明，〈因材施教與教學上的人我分際──以《論語》、《阿含經》和《大般若經》爲根據〉（收錄於《般若波羅蜜多教學與嚴淨佛土──內在建構之道的佛教進路論文集》，南投：正觀出版社，2001 年 2 月初版，頁 202～225）。

〔註 35〕 有關「十雙釋義」的討論，請參見本論文第二章第二節，頁 26～29。

〔註 36〕 請參見本論文第二章第二節，頁 31～32。

間有什麼不同呢？

> 過（按：當爲「通」）途普門，已約法竟；此十普門，皆約修行福德
> 嚴。〔註37〕

意指「通說」乃是就各方面的義理來闡釋「普門」義涵〔註38〕，而「十普門」則爲專就「修行福德莊嚴」一面論說。「修行福德莊嚴」，不但是「化他」的，而且包括菩提道的「自行」部分。所以智者大師說：

> 前五章是自行，次三章是化他，後二章結前兩意。自行中，前四是
> 修因，後一是明果。修因又二：初二是願，後二是行。〔註39〕

「前五章」乃指「十普門」中的前五項：「慈悲普」、「弘誓普」、「修行普」、「斷惑普」、「入法門普」，屬於「自行」部分；而第六到第八：「神通普」、「方便普」、「說法普」，則是「化他」部分；至於第九「供養諸佛普」、第十「成就衆生普」，分別總結「自行」與「化他」兩義。其中，又依「因」、「果」與「願」、「行」等觀念，而對「十普門」進行開合不同的說明；茲以表格方式呈現如下：

			願	慈悲普、弘誓普	
十普門	自 行	因	行	修行普、斷惑普	供養諸佛普
		果		入法門普	
	化 他			神通普、方便普、說法普	成就衆生普

「十普門」如同「十雙釋義」解釋「觀世音普門」一般，乃是分「自行」、「化他」兩方面來闡釋「普門」義涵的做法。雖然，「十普門」並不見於〈普門品〉經文，而以此解釋「普門」義涵，乃是智者見及〈普門品〉經文大意，而「自在說」〔註40〕的結果；但是誠如天台宗大師灌頂引經所指出的，依「十普門」義來看〈普門品〉經文，其實隨處可以援爲證據。灌頂大師說：

> 私就〈普門品〉搜十普之義，證成此者。若如「觀音愍諸四衆生，受
> 其瓔珞」者，諸是不一之名，愍是悲傷之義，此即慈悲普。有慈悲任
> 運，有弘誓普義也。「以種種形遊諸國土，度脫衆生」即是淨佛國土，
> 豈非修行普？……「多所饒益」即成就衆生普。分作二分奉二如來，

〔註37〕引見《觀音玄義》卷下，T34.888a。

〔註38〕詳見《觀音玄義》卷下，T34.887b～888a

〔註39〕引見《觀音玄義》卷下，T34.888ab。

〔註40〕一如智者大師所說：「普門之義，何量何邊，豈可窮盡？……若見其意，則自
在說也。」引見《觀音玄義》卷下，T34.890c。

即供養諸佛普。如是義意，悉在經文，故引以爲證也。〔註41〕

智者大師隨〈普門品〉經文所含大意，而以十組法目收攝爲「十普門」，正所以開顯〈普門品〉經文暗寓菩提道「自行」與「化他」的大乘教意。

二、化他度生的方便

在「利他爲先」的大乘菩提道上，諸佛菩薩面對的眾生是無數無量的，也因此利生事行也是無盡多樣的。諸佛菩薩口業說法、身形變化，乃至意業所作，並是度生媒介，也都是爲「化他」而行。甚至，爲了度化某類眾生，也還需特殊事業才能成辦，而使用「惡法門」，便是其中一大類型。

在大乘經典中，譬如《大方廣佛華嚴經》（以下簡稱《華嚴經》）〔註42〕中著名的「善財童子五十三參」故事，便載有以「惡法門」爲度化眾生方便的例子；例如：

> 今此聖者（按：指「勝熱婆羅門」），得金剛焰三昧光明，發大精進，勇猛不退，誓入生死，度諸眾生。……此婆羅門五熱炙身時，其火光明照我宮殿，我即開悟。……以神通力，即爲我等，現大苦行，令我滅除一切邪見。……〔註43〕

這是「善財童子五十三參」的第九參，參學的對象是「勝熱婆羅門」〔註44〕。勝熱婆羅門是修各種外道苦行的；外道「苦行」，就佛法而言，或說爲「邪」〔註45〕，也是一種「惡法門」。所以當勝熱婆羅門要求善財童子投身於大火山

〔註41〕引見《觀音玄義》卷下，T34.890c。

〔註42〕現存漢譯《大方廣佛華嚴經》有三種，而一般根據卷數，將它們分名爲（1）《六十華嚴》，凡六十卷，東晉·佛馱跋陀羅譯，收入《大正藏》第九冊；（2）《八十華嚴》，凡八十卷，唐·實叉難陀譯，收入《大正藏》第十冊；（3）《四十華嚴》，凡四十卷，唐·般若譯，全稱《大方廣佛華嚴經入不思議解脫境界普賢行願品》，收入《大正藏》第十冊，爲前兩譯《華嚴經·入法界品》的別譯。

〔註43〕引見《四十華嚴》卷第八，T10.699ab。

〔註44〕《八十華嚴》與《四十華嚴》皆譯爲「勝熱婆羅門」（T10.346a，698b）；《六十華嚴》則譯爲「方便命婆羅門」（T9.700b）。

〔註45〕譬如《佛說長阿含經》卷第十九：「……持此啞法、摩尼婆陀法、火法、日月法、水法、供養火法、諸苦行法，我持此功德，欲以生天，此是邪見。佛言：我說此邪見人，必趣二處，若生地獄，有墮四生。……」（T1.128a）又如《阿毘達磨大毘婆沙論》卷第二十五，說：「……爲解脫故，受持種種非理苦行，執爲清淨能證解脫，如如依止苦行邪道，如是如是聖道轉遠；遠聖道故，不證解脫。」（T27.128a）

中時，善財心生猶豫，還一度以爲是魔來惱亂他的心智，直到經過諸位天眾勸請，善財才對勝熱婆羅門這一教法生起信心，終究因此獲證殊勝的清淨三昧、神通三昧。其中，天眾有一位天子說到他過去處在地獄中，也因間接受到勝熱婆羅門常修苦行的利益，而得暫免受苦，用以證明苦行這一惡法門的「化他」作用〔註46〕。

又如：

> ……我（按：指「甘露火王」）國土所有眾生，多行惡業，如旃陀羅，我於如是不受善教諸惡眾生，作餘無量種種方便，不能令其捨離惡業迴向善道。……我爲調伏彼諸眾生令成熟故，大悲先導，化作惡人，於惡人前，示造諸惡，及變化作忍害之人，逼惱責罰，種種苦治，令其國內作惡眾生，見是事已，心生惶懼，心生恐怖，於諸欲樂，心生厭離，心生怯弱，便能永斷一切惡業。發菩提心，得不退轉。……汝向所見造惡眾生受諸苦者，及彼能治暴惡眾生，皆是變化。善男子！我以如是種種方便，令諸眾生斷其所作十不善業，具足修習住十善道，究竟利樂，究竟安隱，究竟圓滿，永斷諸苦，住於如來一切智地。……我身語意憶想，未曾於一眾生而行惱害……終不發起一念瞋心於一蚊一蝱微細眾生，起惱害想，何況造作如是惡業？……〔註47〕

這是第十七參；善財童子向「甘露火王」〔註48〕請益，而甘露火王卻是以各式各樣令人怖畏的嚴刑峻法攝持眾生的菩薩行者。善財面對這樣的菩薩行，起初也是生起疑惱，後經普眼長者和甘露火王的開示，方才心生敬信，知道甘露火王乃是以種種嚴刑作爲善巧方便，施作「惡法門」令眾生得起改悔心，趣向佛道；而甘露火王實際已解脫瞋心惡念，一如《觀音玄義》所說「解心無染」〔註49〕。

又如：

> 我（按：指「伐蘇蜜多女」）能隨順一切眾生諸所樂欲，而爲現身。若天見我，我爲天女，形貌光明，殊勝無比。如是，乃至人、非人等而見我者，我即爲現人、非人女，隨其形相，各各殊勝，隨其樂欲，

〔註46〕詳見《四十華嚴》卷第八～卷第九，T10.698c～701a。
〔註47〕引見《四十華嚴》卷第十二，T10.712b～719a。
〔註48〕《四十華嚴》譯爲「甘露火王」（T10.712b），《六十華嚴》譯爲「滿足王」（T9.708b），《八十華嚴》譯爲「無厭足王」（T10.355b）。
〔註49〕詳見《四十華嚴》卷第十一～卷第十二，T10.712b～719b。

皆令得見。……若有眾生欲意所纏，來詣我所，而於我身生極愛染，心如昏醉，我爲說法；彼聞法已，則離貪欲，得菩薩無著境界三昧。若有眾生暫見於我，則離貪欲……暫與我語，則離貪欲……暫執我手，則離貪欲……暫昇我座，則離貪欲……暫觀於我，則離貪欲……見我頻申，則離貪欲……見我目瞬，則離貪欲，……抱持於我，則離貪欲……咂我脣吻，則離貪欲……如是一切所有眾生來詣我所，親近於我，一切皆得住離貪際，入於菩薩一切智地最勝解脫。……〔註50〕

這是善財參學過程中的第二十五參，請教的對象是賣笑倚門的「伐蘇蜜多女」〔註51〕。伐蘇蜜多女種種樣態誘引眾生而進行度化的工作，這對於佛法來說真是「不可思議」了；但是，這一「惡法門」所以被允許，首先須以「化他」利生爲前提，並且也還須是由「不復造惡」、「解心無染」的菩薩大行者「示現」所作，才能眞正發揮效果，而無落入邪道之慮〔註52〕。

以上分別代表的是示現癡、瞋、貪三毒「惡法門」，以之作爲度化眾生所用「方便」（梵語 upāya）〔註53〕的三個例子；而這三例，智者在《觀音義疏》裡便援以作爲說明運用「惡法門」化度眾生的經教〔註54〕。

貪、瞋、癡或淫、怒、癡三毒，乃世間事行，而佛教宣揚出世間道行，三毒無疑是須斷盡的「煩惱」，而且爲煩惱的根本〔註55〕。然而，爲了度化眾生，諸佛菩薩將煩惱「惡法門」當作一種「方便」時，是經由該一惡法門，而不是住著該一法門；法門不論善、惡，其所要通向的，仍舊不外佛教的最高目的，所謂「無上正等正覺」〔註56〕。因此，如同上節中提到，諸佛菩薩

〔註50〕引見《四十華嚴》卷第十五，T10.731bc。

〔註51〕《四十華嚴》譯爲「伐蘇蜜多女」（T10.731a）；而《六十華嚴》與《八十華嚴》則皆譯爲「婆須蜜多女」（T9.716c，T10.365b）。

〔註52〕詳見《四十華嚴》卷第十五，T10.731a～732a。

〔註53〕「方便」，意爲巧妙地接近、施設或安排等，乃是指一種依以向上進展的方法。在佛教諸經論中使用此名詞，意義或有不同，歸納可分爲下列四種，即：（1）對於眞實法而言，是爲誘引眾生進入眞實法而權設的法門；（2）對於般若實智而言，方便是通權的智慧；（3）權、實二智，皆係諸佛菩薩爲一切眾生所示化的法門；（4）作爲證悟眞理而修的加行。詳見《佛光大辭典》，頁1453。

〔註54〕詳見《觀音義疏》卷上，T34.924b；《觀音義疏》卷下，T34.930a。

〔註55〕譬如《諸法集要經》卷第八說：「謂彼三毒因，能招三種報，此三爲根本，隨趣於三有。」（T17.498b）又如《大智度論》卷第三十一說：「……三毒爲一切煩惱之根本，亦由吾我。」（T25.286c）

〔註56〕「無上正等正覺」或「無上正等覺」乃（梵語 anuttara-samyak-saṃbodhi），音

爲了因應客觀存在的各種眾生機緣,讓利他度生事業獲致最佳的落實,相應需有多樣法門的施設。

佛教諸多救度方法的設置,必有一個基礎的肯定;這個基礎在於佛與眾生間彼此「感應」:一方有所陷、有所求,而另一方有所願、有所能,然後才得成立種種法門,用以指導出離所陷的苦難境地。佛教觀見眾生陷於苦難,而試圖給予最適合於該一生命體的提升之道,不能「隨順」進入該一生命體所處在的境地,正如常言「不入虎穴,焉得虎子」,怎樣救得該一生命體?基於這一道理,在《觀音玄義》中討論「斷德」時,智者大師曾經提到大乘行者的度生事業,乃是「但取隨所調伏眾生之處」而展開的〔註57〕。於是爲了廣行弘法利生的菩提道業,「隨順」眾生根性、願欲,成了大乘佛教經典中所常強調的一項德行。譬如《大般若經》中說:

> ……轉妙法輪,化無量眾,隨本所願,方便安立,令於三乘修學究
> 竟,乃至證得無餘涅槃。〔註58〕

> ……諸菩薩摩訶薩行深般若波羅蜜多,成就殊勝方便善巧,行菩薩
> 行,成熟有情。諸有情類既成熟已,隨其所應漸次安立,或令住預
> 流果……或令住無上正等菩提。〔註59〕

「隨本所願」、「隨其所應」爲《大般若經》教說菩薩幫助眾生成道時所提供的指導原則〔註60〕,不過,《大般若經》重點乃是擺在就聲聞、緣覺與菩薩(佛)這「三乘」道果的架構來闡論的〔註61〕。落在「十法界」眾生來說,最終目標雖一,但依「隨順」原則落實時,考慮其餘九法界眾生的根性、願欲,廣

譯「阿耨多羅三藐三菩提」的意譯,即是佛陀所覺悟的智慧;大乘菩薩道行的全部內容,就在於成就這種佛陀的覺悟。請參見《佛光大辭典》,頁3674。

〔註57〕詳見《觀音玄義》卷上,T34.880c。

〔註58〕詳見《大般若經》卷第四百二十七,T7.148a。

〔註59〕引見《大般若經》卷第四百七十三,T7.396b。

〔註60〕在《大般若經》中關於「隨順」的教說,蔡耀明教授在〈因材施教與教學上的人我分際——以《論語》、《阿含經》、和《大般若經》爲根據〉一文中有過詳細的討論,可以參考;詳見蔡耀明,《般若羅蜜多教學與嚴淨佛土——內在建構之道的佛教進路論文集》(南投:正觀出版社,2001年2月初版),頁219～225。

〔註61〕對《大般若經》「三乘」道果的討論,亦可參見蔡耀明教授所撰〈《大般若經》的車乘構成與三乘施設〉一文(收錄於《般若羅蜜多教學與嚴淨佛土——內在建構之道的佛教進路論文集》,南投:正觀出版社,2001年2月初版,頁145～184)。

度顯然更見遠大！所以譬如《華嚴經》中表述普賢菩薩「十大願」〔註62〕，其中第九大願「恆順眾生」，氣魄遂益見雄偉了；經說：

> ……言恒順眾生者，謂盡法界、虛空界，十方刹海所有眾生，種種差別，……如是等類，我皆於彼，隨順而轉。種種承事，種種供養，如敬父母，如奉師長、及阿羅漢，乃至如來，等無有異。於諸病苦，爲作良醫；於失道者，示其正路；於闇夜中，爲作光明；於貧窮者，令得伏藏。菩薩如是平等，饒益一切眾生。何以故？菩薩若能隨順眾生，則爲隨順供養諸佛。若於眾生，尊重承事，則爲尊重承事如來。若令眾生生歡喜者，則令一切如來歡喜。何以故？諸佛如來，以大悲心而爲體故。因於眾生而起大悲，因於大悲生菩提心，因菩提心成等正覺。……若諸菩薩以大悲水饒益眾生，則能成就阿耨多羅三藐三菩提故。是故，菩提屬於眾生；若無眾生，一切菩薩終不能成無上正覺。善男子！汝於此義，應如是解：以於眾生心平等故，則能成就圓滿大悲；以大悲心，隨眾生故，則能成就供養如來。菩薩如是隨順眾生，虛空界盡，眾生界盡，眾生業盡，眾生煩惱盡；我此隨順無有窮盡，念念相續，無有間斷，身語意業，無有疲厭。
> 〔註63〕

十方法界眾生，不論如何千差萬別〔註64〕，莫不平等隨順而施作佛事；這是因爲諸佛如來即是以「大（慈）悲心」爲體而如實成爲如來佛。甚且，十方法界眾生的存在，竟是任一生命體個人修行成就無上正等正覺（菩提）的必

〔註62〕譬如《四十華嚴》卷第四十：「爾時！普賢菩薩摩訶薩，稱歎如來勝功德已，告諸菩薩及善財言：善男子！如來功德，假使十方一切諸佛，經不可說不可說佛刹極微塵數劫，相續演說不可窮盡。若欲成就此功德門，應修十種廣大行願。何等爲十：一者，禮敬諸佛；二者，稱讚如來；三者，廣修供養；四者，懺悔業障；五者，隨喜功德；六者，請轉法輪；七者，請佛住世；八者，常隨佛學；九者，恒順眾生；十者，普皆迴向。」（T10.844b）

〔註63〕引見《四十華嚴》卷第四十，T10.845c～846a。

〔註64〕關於眾生種種差別，經中有如下說明：「所謂卵生、胎生、濕生、化生；或有依於地、水、火、風而生住者；或有依空，及諸卉木而生住者；種種生類、種種色身、種種形狀、種種相貌、種種壽量、種種族類、種種名號、種種心性、種種知見、種種欲樂、種種意行、種種威儀、種種衣服、種種飲食；處於種種村、營、聚落、城邑、宮殿，乃至一切天、龍八部，人、非人等；無足、二足、四足、多足；有色、無色；有想、無想；非有想、非無想。」詳見《四十華嚴》，T10.845c～846a。

要條件，如果沒有種種眾生，要能成就無上佛果，無寧如構屋無地一般。因此，「恆順眾生」成為在菩提道上修學的一項德行。

在《法華經・普門品》中，觀世音菩薩觀見任一有情應以何身得度，便化現該類身形為其說法令之得度〔註65〕，當然是隨順眾生機宜的表現。〈普門品〉之外，在《法華經》其他品中也讚歎「隨順」，如〈五百弟子受記品〉說：

> ……世尊甚奇特，所為希有，隨順世間若干種性，以方便知見而為
> 說法，拔出眾生處處貪著，我等於佛功德言不能宣。唯佛世尊。能
> 知我等深心本願。〔註66〕

然而，「隨順」畢竟只是一種「方便」，僅具「法門」的意義，並非「真實」，所以《法華經・方便品》中說：

> ……諸佛所得法，無量方便力，而為眾生說。眾生心所念，種種所
> 行道，若干諸欲性，先世善惡業，佛悉知是已，以諸緣譬喻，言辭
> 方便力，令一切歡喜：或說修多羅，伽陀及本事，本生、未曾有，
> 亦說於因緣，譬喻并祇夜，優波提舍經……我此九部法，隨順眾生
> 說，入大乘為本，以故說是經。〔註67〕

隨順眾生根器、願欲所說的「九部（經）法」，只是「方便」而非「真實」的佛義所在，因此也含有勸誡學人切莫把「方便」當「究竟」，以致自他貽誤。

「隨順」之於被度者，就消極面意義來說，似乎是不去強迫任一生命體，在他自己不主動想改變現狀前，而獨斷地施用讓他改易；但就積極一面而言，應該在於強調順應任一有情自己去走適合於自身根性的修學道路，也是佛道教學上的一項重要原則。而「隨順」之於施救者，要能洞察眾生的根性、願欲，並且在「隨順」中行菩提道利益眾生，無疑更須具有一番功力不可。

諸佛菩薩「隨順」眾生而度化之的功力，除了如《觀音玄義》中論說「性修善惡」問題時所已經表明的：是以諸佛菩薩本身的慈悲願力為基礎，而在「機緣所激」下，順著本所修得的「即寂而照」、能夠洞察眾生根性、願欲的般若智慧，以及任運所起的神通大力，因此可以直入阿鼻地獄攝化地獄眾生之外〔註68〕；最根要的本領，當在諸佛菩薩具有不住著任何一法一境上的「無

〔註65〕詳見《法華經・普門品》卷第七，T9.57ab。並請參見本論文第二章第一節，
　　　　頁19～20。

〔註66〕引見《法華經》卷第四，T9.27a。

〔註67〕引見《法華經》卷第一，T9.7c～8a。

〔註68〕詳見《觀音玄義》卷上，T34.882c～883a。

住」功夫，而這是諸佛菩薩斷煩惱而不斷煩惱法〔註69〕，「通達惡際即是實際」所證得的超脫本事。以此而在聖、凡「感應道交」〔註70〕的背景或條件下，諸佛菩薩「行於非道通達佛道」、「雖起於惡而是解心無染」，可以廣用即使被認爲是「惡」的法門來度化十方眾生。

小　結

　　根據上來三節討論可知，智者大師通過「感應」這一觀念，提點出佛教聖者與凡常眾生一體相關的實存連繫；「感應」所說，指向了生命個體之間一種雙向交流或彼此互動的實況，同時作爲救世的宗教，那並且也是一項應該被佛教行者加以實現的價值所繫。但就佛教而言，「感應」所在的參考框架，乃是生命體在佛法道路上的修學活動，而其所指向的終極目標則爲內在生命體種種能力的充盡開展：初步是煩惱的解脫，進而是慈悲與智慧的圓滿成就；而在凡、聖兩端之間，便是由先覺啟示、開悟後知這一「感應道交」所搭起的關係網絡，亦即是已具「無住」解脫能力的聖賢，本著慈悲與智慧而給予未得解脫的修學者以最適切的幫助。而從另一個角度來說，在《觀音玄義》中，藉由「感應爲宗」的提出，智者大師於是使得「惡法門」之所以存在、或何以必須被運用的問題，有了可被打開和加以說明的觀念基礎。

〔註69〕引見《觀音玄義》卷上，T34.882c～883a。張瑞良教授認爲此番問答是「闡發『佛不斷性惡』之特殊意義與精神所在。」此外，張教授也以爲佛陀善巧地運用惡法門來度化眾生，而不爲惡法門所染著，乃是因爲佛陀「功力深厚」、「大悟徹底」、「絕不退轉」，所謂「解心無染」，因此能夠通達「惡際」即是「實際」，行於「非道」而通達「佛道」。這是「現實」與「理想」之冥合一致，也是所謂「敵對相即論理」之實踐完成。詳見張瑞良，〈天台知者大師的如來性惡說之探究〉（刊載於《臺大哲學論評》第九期，台北：國立臺灣大學哲學系印行，1986年1月），頁93～94。

〔註70〕引見《觀音玄義》卷下，T33.891a

第五章 《觀音玄義》的修行論

　　《觀音玄義》以「十法」解釋《法華經・普門品》「觀世音普門」名義；其中有關「性德種子」：「緣因」與「了因」的論說，是爲智者所謂「卻討根本」、「卻討因源」的闡解工作〔註1〕，而「順論究竟」，則是揭示自「了因」起修而終於「菩提大智」、從「緣因」的修集而達到「涅槃斷德」的過程及結果〔註2〕。

　　修「因」剋「果」，乃爲實踐型宗教的通則，而就大乘佛教來說，「三德」成滿的大般涅槃，無寧是個人修行所要求安住的終極境界。然而，「通」中有「別」、「共」內有「異」，〈普門品〉宣說觀音普門示現救度陷於生死苦海中各類有情的事跡，其內容重點，誠如智者所說，在於顯示觀音菩薩「慈悲利物」之用〔註3〕。因此，「慈悲」可說成了智者大師在《觀音玄義》中，用以開闡〈普門品〉經義的一個核心觀念。而〈普門品〉「以感應爲宗」，如果菩薩缺乏「慈悲」心願，那麼聖、凡隔絕，凡愚又何能解脫苦難，聖智哪得成辦道業？「慈悲」作爲修學的內容，於是在《觀音玄義》中便被智者大師鄭重地提出了。

　　作爲修學內容，「慈悲」固然是重心所在，不過，「慈悲」終究不能離受救度者得具實義，卻反而必須在度生利他事行內，方得如實成滿意義；因此，如何修習而能使「慈悲」實義具體地顯現，成爲必須正視的修行論課題。《觀音玄義》中智者所說「福慧相須」〔註4〕的「智慧莊嚴」與「福德莊嚴」；修習「定」、「慧」二種莊嚴，正爲成具「慈悲」事行，而歸本於「心」的「觀

〔註1〕 詳見《觀音玄義》卷上，T34.877c～878a。
〔註2〕 詳見《觀音玄義》卷上，T34.878a。
〔註3〕 詳見《觀音玄義》卷下，T34.891b。
〔註4〕 引見《觀音玄義》卷下，T34.881c。

心」法門,則可發起「慈悲」心願念。對於這些觀念,智者的說法爲何?又有什麼深義?便是本章探討《觀音玄義》修行論所面對的問題。

第一節　「慈悲」心願的發起

　　佛教是慈悲的宗教;「慈」(梵語 maitrya 或 maitri)與「悲」(梵語 karuna)二種內容與精神的宣說,在大乘初始發揚的時期以至於今日固然愈加盛廣,但是,作爲一種解脫苦患的方法而被提出,譬如「慈」、「悲」、「喜」、「捨」四無量「心解脫」所顯示的,在小乘經論中早已是相當重要的道行之一〔註5〕。

　　《大智度論》中說:「慈名愛念眾生,常求安隱樂事以饒益之;悲名愍念眾生,受五道中種種身苦心苦。」〔註6〕一般關於「慈」與「悲」義涵的解釋,大致也都以「與樂」爲「慈」,而以「拔苦」爲「悲」。當然如果追溯「慈悲」的語源,乃至佛教經論中有關「慈悲」的闡釋,可以對「慈悲」內容有更爲豐富且深入的了解〔註7〕;不過,力所能及而在此所要探討的,並非是這一深大的課題,而只是智者大師在《觀音玄義》中對「慈悲」所發表的相關觀點。

一、慈悲心行的範圍

　　在《觀音玄義》中,智者大師說:

　　「悲」,名愍傷;「慈」,名愛念。愍,故拔苦;念,故與樂。〔註8〕

以「愛念」爲「慈」,「愍傷」爲「悲」,正同《大智度論》所說;然而,這並

〔註5〕例如《中阿含經》卷第二十一中,佛說:「阿難!我本爲汝說四無量。比丘者,心與『慈』俱,遍滿一方成就遊;如是二三四方,四維上下,普周一切。心與『慈』俱,無結、無怨、無恚、無諍,極廣甚大,無量善修,遍滿一切世間成就遊。如是『悲』、『喜』心與『捨』俱,無結、無怨、無恚、無諍,極廣甚大,無量善修,遍滿一切世間成就遊。阿難!此四無量,汝當爲諸年少比丘說以教彼,若爲諸年少比丘說教此四無量者,彼便得安隱,得力得樂,身心不煩熱,終身行梵行。」(T1.563b)相關討論,另請參見張曼濤,《涅槃思想研究》(台北:大乘文化出版社,1981年8月,初版),頁52~54。

〔註6〕詳見《大智度論》卷第二十,T25.208c。

〔註7〕日本學者中村元著有《慈悲》一書,對於「慈悲」有較深入的討論;該書第二章「慈悲之語義」,分別從巴利語、梵語,以及大、小乘經論說解了「慈悲」的意思。詳見中村元著,江支地譯,《慈悲》(台北:東大圖書股份有限公司,1997.9 初版),頁13~19。

〔註8〕引見《觀音玄義》卷上,T34.879a。

不是純粹心理意義的愛念、愍傷，必須由著愛念、愍傷，終於對眾生生起「拔苦」、「與樂」的願心，並將之付諸實際行動〔註9〕。因為，「慈悲」必是及於他人的一種德行；同如沒有對人恭敬，我們不會認為某人懂得尊重他人一般。

　　慈悲是及他的德行，所說「他」的範圍有多廣，慈悲（心量）也就隨之擴大到同一的領域。因此智者大師以「十義」明「普門」，而有「見一切苦惱眾生起大慈悲」的「慈悲普」之說〔註10〕，同時認為「本成（於）慈悲」〔註11〕的佛教「四弘誓願」〔註12〕，具有助成、堅定「慈悲」心行的作用。

　　智者大師說：

　　　　若修眾生緣慈者，觀一法界眾生假名，可不名普。〔註13〕

　　　　若緣一法界法起慈者，可不名普。今緣十法界法，豈非普耶？〔註14〕

　　　　此十法界收一切眾生罄無不盡，緣此眾生假名修慈，豈非眾生慈普耶？〔註15〕

「普」為「普遍」義〔註16〕；然而，怎麼樣的慈悲才稱得上最為普遍呢？智者以為須是「緣十法界眾生」而起的慈悲心量，才真是大慈悲。換言之，佛教行者必須要有願以「十法界」為救度對象的心量，以此廣行慈悲事業，方構上大慈大悲；而這同時也反映了智者大師「藏」、「通」、「別」、「圓」四教判下，「圓教」義的普遍觀〔註17〕。

〔註9〕關於以「拔苦」、「與樂」來解說「慈」、「悲」，《大智度論》卷第二十七說到：「大慈與一切眾生樂，大悲拔一切眾生苦；大慈以喜樂因緣與眾生，大悲以離苦因緣與眾生。」（T25.256b）而在《十地經論‧初歡喜地》卷之二也說：「慈者，同與喜樂因果故；悲者，同拔憂苦因果故。」（T26.134a）。

〔註10〕詳見《觀音玄義》卷下，T34.888ab。

〔註11〕引見《觀音玄義》卷下，T34.889c。

〔註12〕佛教所說「四弘誓願」，經論中所說或有不同；而一般的說法如智者大師所言，作：「煩惱無邊誓願斷」、「法門無邊誓願學」、「眾生無邊誓願度」、「佛道無上誓願成」（詳見《金剛經纂要刊定記》卷第二，T33.179a）。智者大師針對「弘誓願」名義有如次的解說：「『弘』名為廣，『誓』名為制，『願』名要求。是故制御其心，廣求勝法，故名弘誓也。」詳見《觀音玄義》卷下，T34.889bc。

〔註13〕引見《觀音玄義》卷下，T34.888c。

〔註14〕引見《觀音玄義》卷下，T34.889b。

〔註15〕引見《觀音玄義》卷下，T34.889bc。

〔註16〕《觀音玄義》卷上說：「普是遍義」（T34.877a）。

〔註17〕以「十法界」為「普」，因此《觀音玄義》論說「十普門」義時，「慈悲」之外，其他九義說「普門」，同以「十法界」為指涉的對象範圍。詳見《觀音玄義》卷下，T34.888a〜890c。

　　佛教行者既以「十法界」眾生爲慈悲緣念的對象，由此顯得雖然崇高，但也讓人有行道甚難之感。而爲免行者望道退墮，有時還需其他助行的方法；「四弘誓願」，便是其中一種。智者大師說：

> 菩薩若但起慈悲心不牢固，故須發弘誓加持使堅。……悲心愍傷，拔於世間苦集因果，興兩誓願，所謂「眾生無邊誓願度」、「煩惱無量誓願斷」；此兩誓願，從大悲心起。以慈愛故，欲與道滅出世因果之樂，興兩誓願，所謂「法門無邊誓願知」、「無上佛道誓願成」；此兩誓願，從大慈心起。〔註18〕

> 若但慈悲，喜（恐）多退墮，……以不定故，須起誓願，要期制持此心，即菩提堅固。〔註19〕

「眾生無邊誓願度」的大慈悲，固不同於小乘三藏行人，而就「圓教」慈悲也有殊勝大於「通」、「別」二教之處，所以智者說「慈悲大小亦異」〔註20〕。

　　然而，首先要問的是：菩薩因何會生起慈悲心呢？智者大師認爲：

> 良由觀音之人，觀於實相普門之法，達於非人非法實相之理；一切眾生亦復如是。故《華嚴》云：「心、佛及眾生，是三無差別。」此理圓足，無有缺減；云何眾生理具情迷，顛倒苦惱？既觀是己，即起慈悲，誓拔苦與樂。〔註21〕

在第三章討論「性德」、「修德」問題時說到，凡眾與佛菩薩同樣具有「了因」性德種子、「緣因」性德種子，並且經由修學便可將此性德種子開展成滿爲「菩提果」與「涅槃果果」。然而，由於現實生活中眾生因著煩惱迷惑心智，不了

〔註18〕詳見《觀音玄義》卷上，T34.879a。此外，智者大師在《摩訶止觀》中對於「慈悲」與「四弘誓願」的關係也有所論說；曰：「既深識不思議境，知一苦一切苦，自悲昔苦起惑，耽湎麤弊色聲，縱身口意作不善業，輪環惡趣，縈諸熱惱。身苦、心苦而自毀傷，而今還以愛繭自纏，癡燈所害。百千萬劫，一何痛哉！……自性若此，悲他亦然。……思惟彼我，鯁痛自他，即起大悲興兩誓願：眾生無邊誓願度、煩惱無數誓願斷。……又識不可思議心，一樂心一切樂心，我及眾生，昔雖求樂，不知樂因。……今方始解，故起大慈興兩誓願，謂：法門無量誓願知，無上佛道誓願成。……如此慈悲誓願與不可思議境智，非前非後，同時俱起，慈悲即智慧，智慧即慈悲。無緣無念，普覆一切，任運拔苦，自然與樂。不同毒害，不同但空，不同愛見……自悲己，悲眾生義，皆如上說。」詳見《摩訶止觀》卷第五上，T46.55c～56b。

〔註19〕引見《觀音玄義》卷下，T34.888b。

〔註20〕詳見《觀音玄義》卷上，T34.879ab。

〔註21〕引見《觀音玄義》卷上，T34.877b。

「實際」，以致陷處於生死苦難的輪迴之道中。諸佛菩薩觀見眾生不明本來自有解脫寶藏，甚覺可憐，緣此便生起了救拔眾生出離苦離的慈悲心力。

　　這樣看似自然而然發生的大心願力，其實首先必須通過凡聖「感應」的基本肯定，而且前提如引文所已指出，乃是佛菩薩「觀智」見得「實相（之理）」後才開發出來的；換言之，慈悲心力，還是觀修所得的結果。因此，接著的問題便是：如何修起「慈悲」心呢？

二、慈悲的修起

　　對於慈悲心力的修集，智者在《觀音玄義》中，主要就「眾生緣」、「法緣」、「無緣」三面向的解說來展開。而此「三種緣慈悲」於大乘經論中的《涅槃經》、和《大智度論》中已提及和論及，故先討論《涅槃經》和《大智度論》中的「三種緣慈悲」。

（一）《涅槃經》與《大智度論》的「三種緣」慈悲

　　智者大師所說「三種緣」慈悲，在大乘佛教代表性經典《涅槃經》中已經提出；經中說：

> 迦葉菩薩白佛言：……世尊！慈有三緣：一緣眾生，二緣於法，三則無緣。……眾生緣者，緣於五陰，願與其樂，是名眾生緣。法緣者，緣諸眾生所須之物而施與之，是名法緣。無緣者，緣於如來，是名無緣。慈者，多緣貧窮眾生；如來大師永離貧窮、受第一樂，若緣眾生，則不緣佛。法亦如是。以是義故，緣如來者，名曰無緣。
>
> 世尊！慈之所緣一切眾生，如緣父母、妻子、親屬；以是義故，名曰眾生緣。法緣者，不見父母、妻子、親屬，見一切法皆從緣生，是名法緣。無緣者，不住法相及眾生相，是名無緣。悲、喜、捨心，亦復如是。〔註22〕

這是說「緣眾生」所修的「慈（悲）」，是從觀見五陰（蘊）和合的生命個體本身、以及他的親友，而願意提供能讓他們解脫苦患的樂法著手；「緣於法」而修的「慈（悲）」，則是說從知道眾生需要什麼東西，便盡求供給，同時也知道生命體和其所有事物，一切都是因緣生法；至於「無緣」而起的「慈（悲）」，

〔註22〕引見《（北本）涅槃經》卷第十五，T12.452c；《（南本）涅槃經》卷第十四，T12.694c。

則「緣於如來」,亦即是從「不住法相及眾生相」、一切「無住」中修得。

《涅槃經》以外,譬如解釋《摩訶般若經》的重要論典《大智度論》,也對這三種慈悲有所論說:

> 慈悲心有三種:眾生緣、法緣、無緣。凡夫人,眾生緣;聲聞、辟支佛及菩薩,初眾生緣、後法緣;諸佛,善修行畢竟空故,名為無緣。〔註23〕

又,

> 十方五道眾生中,以一慈心視之;如父、如母、如兄弟姊妹、子姪、知識,常求好事,欲令得利益安隱。如是心遍滿十方眾生中,如是慈心,名眾生緣;多在凡夫人行處,或有學人未漏盡者。
>
> 行法緣者,諸漏盡阿羅漢、辟支佛、諸佛,是諸聖人破吾我相,滅一異相故,但觀從因緣相續生諸欲。以慈念眾生時,從和合因緣相續生,但空五眾即是眾生。念是五眾,以慈念眾生不知是法空,而常一心欲得樂;聖人愍之,令隨意得樂,為世俗法故,名為法緣。
>
> 無緣者,是慈但諸佛有;何以故?諸佛心不住有為、無為性中,不依止過去世、未來世、現在世,知諸緣不實、顛倒、虛誑故,心無所緣。佛以眾生不知是諸法實相,往來五道,心著諸法、分別取捨;以是諸法實相智慧,令眾生得之,是名無緣。譬如給賜貧人,或與財物,或與金銀寶物,或與如意真珠;眾生緣、法緣、無緣,亦復如是。是為略說慈心義,悲心義亦如是。以憐愍心,遍觀十方眾生苦,作是念:眾生可愍,莫令受是種種苦,無瞋、無恨、無怨、無惱心,乃至十方亦如是。〔註24〕

這是就一般凡夫、佛教三乘賢者與佛聖人這三類內涵、品質不等的生命體,與所緣修的三種慈悲相互配合,用以解說他們之間的差別。論文所說,與《涅槃經》並無大異;不過《涅槃經》通就修法內容做說明,而《大智度論》更詳細且重說「空」義罷了。其中,佛所修的「畢竟空」,相較於《涅槃經》說為「不住法相及眾生相」的「無緣」修法,實質內容並無不同。同時,諸佛修「畢竟空」,證入諸法實相,由此起悲、慈念眾生,所以恒以施予眾生樂具為其願行;如《大智度論》中說:

〔註23〕引見《大智度論》卷第四十,T25.350b。
〔註24〕引見《大智度論》卷第三十二,T25.209bc。

> ……此中說無緣大悲名具足，所謂法性空，乃至實相亦空，是名無
> 緣大悲。菩薩深入實相，然後悲念眾生；譬如人有一子，得好寶物，
> 則深心愛念，欲以與之。〔註25〕

又，

> 菩薩常不應離大悲及畢竟空。念畢竟空，破世間諸煩惱，示涅槃；
> 而大悲引之，令還入善法中，以利益眾生。〔註26〕

諸佛菩薩立基於修習畢竟空而證入諸法實相的「智慧」，生發「慈悲」度眾的
願行，此即是「無緣慈悲」。

（二）《觀音玄義》的「三種緣」慈悲

　　上來已對《涅槃經》、《大智度論》中的「三種緣」慈悲做了簡要的論述，
往下，便針對《觀音玄義》的「三種緣」慈悲來討論慈悲的修集。

1. 眾生緣慈悲

　　《觀音玄義》針對「眾生緣」、「法緣」與「無緣」等三種慈悲的說法，
首先是修「眾生緣」慈悲：

> 若修眾生緣慈者，……今觀十法界眾生假名，一一界各有十種性、相、
> 本末究竟等；十法界交互，即有百法界、千種性相，冥伏在心，雖不
> 現前，宛然具足。譬如人面備休否相，庸人不知，相師善識。今眾生
> 性相，一心具足，亦復如是。凡人多顛倒，少不顛倒，理具情迷；聖
> 人知覺即識，如彼相師，知此千種性相，皆是因緣生法。若是惡因緣
> 生法，即有苦性相，乃至苦本末；既未解脫，觀此苦而起大悲。若觀
> 善因緣生法，即有樂性相，乃至樂本末；觀此而起大慈。〔註27〕

這是依「十界互具」為「百法界」，而每一界又各有「十如是」即成「千種（如
是）性相（等）」的見地，來觀修「百界千如」莫不是因緣所生法，而知見「十
法界」一切「假名」為眾生的生命體，隨順善、惡因緣造作諸行，便有苦、
樂性相不同的果報；然後，由此觀智發起大慈、大悲心行。

2. 法緣慈悲

　　其次是「法緣」慈悲；智者大師說：

〔註25〕詳見《大智度論》卷第五十，T25.417b。
〔註26〕詳見《大智度論》卷第五十三，T25.441c。
〔註27〕引見《觀音玄義》卷下，T34.888c。

> 法緣慈者，觀十法界性、相，一切善、惡，悉皆虛空。十法界假名，
> 假名皆空。十法界色、受、想、行、識，（色、受、想）行、識皆空。
> 十法界處所，處所皆空。無我、無我所，皆不可得。如幻如化，無
> 有眞實，常寂滅相，終歸於空；衆生云何彊計爲實？良以衆生不覺、
> 不知，爲苦、爲惱，不得無爲寂滅之樂。拔其此苦，而起大悲；欲
> 與其此樂，故起大慈。《淨名》云：能爲衆生說如此法，即眞實慈也。
> 〔註28〕

「衆生緣慈（悲）」的觀修對象落在五蘊和合的「假名」衆生，而這裡主要觀
修的對境乃是「百界千如」、或「善」或「惡」等一切諸法；由對這一切諸法
都是緣起性相（等）皆空、如幻化，不具任何恆定不變體性的了了知見，而
愍念衆生卻執著以爲一切諸法實在，以致顚倒受苦、不知常樂，所以爲讓衆
生轉惑爲明、離苦得樂，由此生起慈悲心行。

3. 無緣慈悲

最後，則是「無緣」慈悲：

> 無緣慈者，若緣十法界性、相等差別假名，此假則非假；十法界如幻
> 如化，空則非空。非假，故不緣十法界性、相；非空，故不緣十法界
> 之眞。既遮此二邊，無住無著，名爲中道；亦無中可緣，畢竟清淨。
> 如是觀時，雖不緣於空、假，任運雙照二邊，起無緣慈悲拔二死之苦，
> 與中道之樂，如磁石吸鐵，無有教者，自然相應。無緣慈悲吸三諦機，
> 更無差忒；不須作念，故言無緣慈悲也。……乃至等覺鄰極，慈悲熏
> 衆生。不動明鏡，無念如磁石，任運吸鐵，故名無緣慈悲。〔註29〕

「無緣慈悲」的觀修方法，結合了智者所說天台宗「三諦」：空、假、中的思
想〔註30〕，從觀思種種差別名相的「百界千如」，到底只有「假名」的作用而
無實體，所以見其「非假」的意義；而「十法界」衆生既然是一如幻如化的
存在而非虛無，因此也就知其「非空」的意義。「非假」、「非空」，因此不落

〔註28〕引見《觀音玄義》卷下，T34.889b。

〔註29〕引見《觀音玄義》卷下，T34.889b。而《觀音玄義》在別處也說到：「若無緣
慈者，不緣二十五有假名，不緣二乘涅槃之法；不緣此二邊。雖無所緣，而
能雙照空、假。約此起慈，名無緣慈。」（T34.888c）。

〔註30〕關於智顗所說「三諦」思想，以及其所依佛教經論的研究，請參見楊惠南，〈智
顗的「三諦」思想及其所依經論〉，收錄於《台大佛學研究中心學報》第六期
（台北：國立台灣大學佛學研究中心，2001年7月），頁67～109。

於差別相的執著中，也不陷於虛無相的斷見裡，便能夠任運雙照「空」、「假」而行於「中道」；從此「中道」正見正行中，可以「不須作念」，自然生發慈悲心力以拔濟眾生爲願行。

　　從以上討論可見《觀音玄義》所說「眾生緣」、「法緣」與「無緣」等三種慈悲觀修法，大抵有兩大要點：（1）作爲觀修所緣念的眾生範圍，《大智度論》雖也說十方世界一切眾生，但重在指救度「五道」（或「六道」）眾生；《觀音玄義》則是超出「五道」（或「六道」），以「十法界」眾生爲對象；（2）說明行者觀修的最終方法，也不只如《涅槃經》所說落在「不住法相及眾生相」、或是像《大智度論》之偏說「畢竟空」的證見，而是重點擺在藉由空、假、中「三諦圓融」〔註31〕這一觀法的運作，來達到發起得以「任運」度眾的「無緣慈悲」心力的最終目標〔註32〕。

　　以「十法界」眾生爲對象範圍，而以「三諦圓融」觀修法爲運作模式，便是智者大師在《觀音玄義》所呈現予世人的慈悲觀。而這一以空、假、中「三諦」作爲修起大慈悲心力的方法運用，其所具的意義，便是「普門」一詞所含；如智者大師說：

〔註31〕「三諦圓融」或「圓融三諦」，係指諸法實相本身具足「空」、「假」、「中」三種所謂眞實的意義，乃與「空」、「假」、「中」三諦彼此隔歷不融、前後互成次第，而稱爲「隔歷三諦」相對的天台宗重要觀念。請參見黃懺華，〈天台宗大意〉，收錄於張曼濤主編「現代佛教學術叢刊55」《天台學概論》（台北：大乘文化出版社，1979年1月初版，頁1～43），頁17～19。

〔註32〕如智者大師在《摩訶止觀》卷第六下說：「無緣慈者，即如來慈悲也。此慈悲與實相同體，不取眾生相，故非愛見；不取涅槃相，故非空寂。非空寂，故非法緣慈悲；非愛見，故非眾生緣。無二邊相，故名無緣。《大經》云：『緣如來者，名曰無緣。』普覆法界，拔除苦本，與究竟樂。上兩觀慈，慈有邊表；如來慈者，即無齊限。上兩觀慈，與菩薩共；無緣慈者，獨在如來。上兩慈，無所包含；如來慈者，具一切佛法十力無畏，是如來藏諸法都海。故《大經》云：『慈若有若無，非有非無，如是之慈，乃是諸佛如來境界。』當知慈具三諦也。迦葉讚云：『今我欲以一法讚，所謂慈心遊世間，是慈即是大法聚，是慈即是眞解脫，解脫即是大涅槃。』上慈，作意乃成；此慈，任運無請。爲依手出師子，令彼調伏，如慈石吸鐵，無心而取。夫鐵在障外，石不能吸。眾生心性即無緣慈，無明障隔，不能任運吸取一切。今欲破無明障，顯佛慈石，任運吸取無量佛法、無量眾生。欲修此慈，非中道觀，誰能開闢？兩觀所不能除，唯中道觀乃能破耳。爲是因緣，修第三觀也。」（T46.81a）能夠修起「無緣慈悲」心力，乃是諸佛如來的境界，因此此爲佛教行者修習慈悲的終極目標。而達到這一境界，可以任運「吸取無量佛法」、「無量眾生」，進而施法度化眾生，其所通過的方法，正是「三諦圓融」的「中道觀」。

　　　三諦具足,名之爲普;通至中道,故稱爲門也。〔註33〕

「三諦」具足修習能夠通至中道（實相）,所以空、假、中圓融觀修是《觀音玄義》特重的慈悲行門;而緣「十法界」眾生起修,更是最爲普遍廣大的慈悲修法。所以智者說:

　　　唯圓教教觀實相法門,能遍十法界、千性相,三諦一時圓通。圓通

　　　中道,雙照二諦,獨稱爲普門也。〔註34〕

　　同時,「圓教中道即是實相」〔註35〕,因此《觀音玄義》的慈悲觀,即是中道實相的慈悲觀,也就是周遍廣大的慈悲觀。

　　綜上所說,則能夠稱得上「周遍廣大」的慈悲,必須滿足兩個條件:(1)就教理、觀法來說,稟持「三諦圓融」的圓教教理觀修慈悲;(2)須以「十法界」一切有情眾生爲慈悲心量所顧念的對象,進行「拔苦」、「與樂」的實際救度。茲將以上討論表示如下:

慈　　悲	三　　諦	觀看角度〔註36〕
眾生緣慈悲	空	由十法界眾生相來看
法緣慈悲	假	由法性的層面看
無緣慈悲	中	由中道實相看

周遍廣大的慈悲觀——中道實相的慈悲觀	對象範圍	十法界眾生法
	方法運用	空、假、中三諦圓融

第二節　照見實相的「觀心」法門

　　智者大師所說緣觀「十法界」眾生、千種性相起修所特重的慈悲觀行法門,所謂「空」、「假」、「中」具足修習而得證見諸法實相的「圓融三諦」中道觀,在《觀音玄義》裡,智者大師也是如同在《法華玄義》一般,將其收攝在「觀心」、就「心」法的觀修上來展開論說的。因此,「觀心」在《觀音玄義》中,實可說是智者大師所提示的一種修行論或功夫論觀念。

〔註33〕引見《觀音玄義》卷下,T34.889b。

〔註34〕引見《觀音玄義》卷下,T34.888a。

〔註35〕引見《觀音玄義》卷下,T34.890a。

〔註36〕感謝本論文的口試委員之一:涂豔秋教授,在口試會場上,施予本論文研撰者應可加入此一項目的指導。

一、論說「觀心」法的因由

　　本段將探討《觀音玄義》將觀法收攝在「觀心」的因由，以期試圖打開「觀心」做爲觀法的用力處，其所據的理由何在？

（一）「心」爲輪迴和超昇的樞紐

　　《華嚴經》說：

> ……心如工畫師，畫種種五陰；一切世界中，無法而不造。如心，佛亦爾；如佛，眾生然。心、佛、及眾生，是三無差別。諸佛悉了知，一切從心轉；……〔註37〕

引文中指出了「心」不僅在解釋世界形成問題、或是在生命轉變問題上的關鍵地位。由此，《華嚴經》又有：「三界唯心，三世唯心」〔註38〕的說法。

　　根據《華嚴經》所揭這種道理，智者大師在《摩訶止觀》中也說到：

> 《正法念》云：「如畫師手，畫出五彩，黑、青、赤、黃、白、白白。」畫手譬心，黑色譬地獄陰，青色譬鬼，赤譬畜，黃譬脩羅，白譬人，白白譬天；此六種陰，止齊界內。若依《華嚴》云：「心如工畫師，畫種種五陰。」界內、界外，一切世間中，莫不從心造。然界內、外一切陰、入，皆由心起。佛告比丘：「一法攝一切法，所謂心是。」《論》云：「一切世間中，但有名與色；若欲如實觀，但當觀名、色。」心是惑本，其義如是。若欲觀察，須伐其根，……但觀識陰。識陰者，心是也。〔註39〕

引文據《華嚴經》以畫師作畫來喻指「心」在生命體流轉中的主導作用；所謂「心是惑本」，因心意識而迷惑於世界眞相〔註40〕，是爲「無明」，由此使

〔註37〕引見《（六十）華嚴經》卷第十，T9465c～466a。
〔註38〕引見《（八十）華嚴經》卷第五十四，T10.288c。
〔註39〕引見《摩訶止觀》卷第五上，T46.52ab。引文中提及有關《正法念處經》的一段文句，大致內容爲：「又彼比丘如是觀察，云何眾生有種種色……心業畫師，亦復如是；緣白取白，於天人中則成白色……心業畫師取黃彩色，於畜生道能作黃色……心業畫師取鴿彩色，攀緣觀察於餓鬼道作垢鴿色……心業畫師取黑彩色，於地獄中畫作黑色。」（詳見《正法念處經》卷第五，T17.23bc）。《論》指《大智度論》；《大智度論》卷第二十七說：「復有一切法，所謂名、色；如《佛說利眾經》中偈：『若欲求眞觀，但有名與色。……』」（T25.259b）。
〔註40〕關於「心意識」，智者大師針對「心」、「意」、「識」的分別，曾有如次的說法：「窮諸法源，皆由意造。……對境覺知，異乎木石，名爲心；次，心籌量，名爲意；了了別知，名爲識。」詳見《摩訶止觀》卷第二上，T46.14c。

得生命體陷入生死煩惱輪迴不已的情況裡。然而，俗語說「解鈴還須繫鈴人」；如果想要終止生命體所處在的生死輪迴情境，便也要從心意識的觀照入手。這也就是說，心意識既是生命體輪迴流轉的關鍵，那麼，三界中任何一類眾生，爲了提昇自己生命的品質和內涵，或者說是從生死輪迴中出離，對於心意識或「識陰」的觀照，這一種修行活動便是箇中重要的環節處。

因此，《法華玄義》說到：

> 《華嚴》云：「遊心法界如虛空，則知諸佛之境界。」……又，遊心法界者，觀根、塵相對，一念心起，於十界中必屬一界。若屬一界，即具百界千法；於一念中，悉皆備足。此心幻師，於一日夜，常造種種眾生、種種五陰、種種國土，所謂地獄假實國土，乃至佛界假實國土。行人當自選擇，何道可從？〔註41〕

作爲生命體感覺器官的「根」，與作爲生命體外一切事物的「塵」，兩者相對則「心」識作用現起，所謂「一念心起」，由此便落在「十法界」中任何一界之內，造作種種業行因緣，於是便將生命體帶往同業行因緣相應的果報境界裡。所以《法華玄義》中引《大智度論》說：

> 《釋論》云：「三界無別法，唯是一心作。」心能地獄，心能天堂，心能凡夫，心能賢聖。〔註42〕

更加指明了「心」作爲生命體或是生死流轉、或者超脫輪迴的一個主要能動因素。如果這樣，那麼，超凡入聖不從「心」著手，又當從何處做起呢？智者大師說：

> 以心觀心，由能觀心，有所觀境；以觀契境故，從心得解脫故。若一心得解脫，能令一切數皆得解脫故。〔註43〕

從觀察自身心念開始修起，因爲「心」是生命體是在輪迴中、抑或是解脫之的關鍵。所以智者大師對於「心」之於生命體的這種重要性，常有更具體詳細的說明；譬如：

> 若其心念專貪、瞋、癡，攝之不還、拔之不出，日增月甚，起上品十惡，如五扇提羅者，此發地獄心，行火途道。……若其心念念知

〔註41〕引見《法華玄義》卷第二上，T33.696a。

〔註42〕引見《法華玄義》卷第一上，T33.685c。引文中所說「《釋論》」，指的是《大智度論》，因爲《大智度論》是解釋《摩訶般若波羅蜜經》的論典。《大智度論》卷第二十九中說：「三界所有，皆心所作。」（T25.276b）

〔註43〕引見《法華玄義》，T33.685c。

　　善、惡輪環，凡夫耽湎，賢聖所呵；破惡由淨慧，淨慧由淨禪，淨

　　禪由淨戒，尚此三法，如飢如渴，此發無漏心，行二乘道。〔註44〕

「心」念的品質是貪、瞋或癡，便造作了通往地獄界的因緣；反之，不願落
在惡道中受苦，念念在佛教三學戒、定與慧上努力用功，這樣也就修集了解
脫因緣，走上了成佛之道。這是經論中，也是智者大師所以重視從「觀心」
下手修行的理由之一。

（二）「觀心」是修行的入手處

　　不過，佛法的修習，卻不必一定要從「心」念的觀察入手，譬如也有從
觀色身、觀呼吸、乃至觀四大入手的修法。然而，依照智者大師就大乘佛教
義理所提出的看法，「觀心」卻是一個較親切而且容易的修學入手處；譬如說：

　　……前所明法（案：指「眾生法」、「佛法」），豈得異心？但眾生法

　　太廣、佛法太高，於初學為難；然「心、佛及眾生，是三無差別」

　　者，但自觀己心，則為易。〔註45〕

《法華玄義》中，智者大師以「心法」、「佛法」與「眾生法」三分來闡釋「法」
義〔註46〕；而在這裡，智者指出「眾生法太廣」，「佛法太高」，對於修行者來

〔註44〕引見《摩訶止觀》，T46.4ab。引文中提到「五扇提羅」，出自《佛說未曾有因
　　　　緣經》卷下：「其五比丘專行巧偽，邪濁心故，福盡命終生地獄中，不千億劫
　　　　受大苦報……時五比丘，即今皇后隨從擔輿扇提羅等五人是也。」（T17.583c）
〔註45〕引見《法華玄義》卷第二上，T33.696a。
〔註46〕智者大師在《法華玄義》中，以「心」、「佛」、「眾生」三類概括所謂「諸法」；
　　　　也就是將一切存在事物分為「心法」、「佛法」、「眾生法」三大範疇。不過，
　　　　這只是對於「諸法」或「一切法」做區分的一個方便，而不是唯一的分法。
　　　　依於分類標準的不同，劃分「諸法」為不同範疇，目的在便於認識、以及進
　　　　行討論等。《法華玄義》卷第二上說：「眾生法為二：先列法數，次解法相。
　　　　數者，經論或明一法攝一切法，……或明二法攝一切法，……或明三法攝一
　　　　切法，謂：命、識、煖：如是等增數，乃至百千。今經用十法攝一切法，所
　　　　謂：諸法如是相、如是性、如是體、如是力、如是作、如是因、如是緣、如
　　　　是果、如是報、如是本末究竟等。」（T33.693b）。而將「諸法」分為「心法」、
　　　　「佛法」、「眾生法」三類，據智者大師所說，應當是承於慧思大師的做法，
　　　　如說：「南岳師舉三種，謂眾生法、佛法、心法。」（詳見《法華玄義》卷第
　　　　二上，T33.693a。）郭朝順教授在〈智顗「五重玄義」的佛教詮釋學〉（收錄
　　　　於《華梵大學第四次儒佛會通學術研論會論文集》，台北：華梵大學哲學系，
　　　　2000 年 5 月，頁 267～283）一文中，說到：「由「法」字之釋名，我們須注
　　　　意到智顗（按：當為「顗」；下同）是以「心、佛、眾生」三法代表一切法。」
　　　　（頁 274）又：「智顗先行界定其為心、佛、眾生三法，所謂『法』，可說是『軌
　　　　範』或者『原理』、『原則』，廣義來說則泛指一切『存在物』。智顗標舉這三

說，如果觀修從這兩者入手，相較於從「心法」切進，無寧顯得過於艱難，所以「心」既於生命體較爲貼近，而且在「心、佛、眾生，是三無差別」的實相義理上，「觀心」即是「觀佛」、「觀眾生」，也就當從容易處下手了！

綜合以上討論所得，是「心」讓生命體在凡而爲眾生、在聖則成就圓滿的佛陀，所以「心」爲有情眾生超凡入聖的一個機制或樞紐所在。而一論修行，由淺入深、由易及難，總屬於學習方法的一個常道，因此從「心法」的觀修入手既較容易，智者大師針對修行論問題的開示，便不得不落在「觀心」之上了〔註47〕。

二、「觀心」在智者教說裡的定位

智者大師在《法華玄義》中提出所謂「七番共解」，也就是使用七大概念來詮釋「五重玄義」的意義〔註48〕；這七大概念分別是「標章」、「引證」、「生起」、「開合」、「料簡」、「觀心」、「會異」〔註49〕，而「觀心」在「七番」之中便歸屬於「修行」範疇。智者說：

> 觀心，即聞即行，起精進心故。〔註50〕

意即要把使用「五重玄義」所詮解的經教義理，連同修學活動結合在一起，由實際事行來落實對佛法的知解：這是「修行」的強調〔註51〕。

法，顯示智顗認爲，佛教教義的重點，乃在能修與能解脫之主體上。『眾生』與『佛』的對立，代表凡夫與聖者的對立，代表輪迴與解脫的對立，可是這對立本質上只有『心』的迷悟之不同，所以對立只是表面的狀態，就其本質上並沒有眞實的對立。」（頁 272）

〔註47〕 以此，智者另述有《觀心論》一卷，而其弟子灌頂則有《觀心論疏》五卷之作：兩者皆收入《大正藏》第四十六冊。

〔註48〕 《法華玄義》卷第一上：「釋此五章，有通、有別；通則七番共解，別則五重各說。」（T33.682a）

〔註49〕 《法華玄義》卷第一上：「就通，作七番共解：一標章，二引證，三生起，四開合，五料簡，六觀心，七會異。」（T33.682a）

〔註50〕 引見《法華玄義》卷第一上，T33.682a。而其餘六番，分別是「標章令憶持，起念心故。引證據佛語，起信心故。生起使不雜亂，起定心故。開合、簡料、會異等，起慧心故。」（T33.682a）

〔註51〕 郭朝順教授在〈智顗「五重玄義」的佛教詮釋學〉一文中說：「觀心，將五章所解經典玄義的每一段，都轉化爲實際的修行體証，毋使止於見聞知解而已。……由於這些原則不以知識建構爲其最終目的，是故必須加入『觀心』一項，使得一切知識的成就，必須由自己的心靈來加以印證實行，而且是即聞即行。」（詳見《華梵大學第四次儒佛會通學術研論會論文集》，頁 270）。

此外，智者詮釋佛教經典的方法架構，除了運用「五重玄義」之外，也另有「四意消文」（或稱「天台四釋」）的做法；「四意消文」，分別是：「因緣」、「約教」、「本跡」、「觀心」〔註52〕。「五重玄義」乃是對於經典所含具義理做深入的討論，而「四意消文」則重在針對經論文句表層的意思，從事解釋的工作〔註53〕。「天台四釋」中，智者大師最重視「觀心釋」〔註54〕，並說：

> 若尋跡，跡廣，徒自疲勞；若尋本，本高，高不可極。日夜數他寶，自無半錢分；但觀己心之高廣，扣無窮之聖應，機成致感，逮得己利。故用觀心釋也。〔註55〕

安藤俊雄教授在《天台學——根本思想及其開展》一書中也說到：「所謂的『觀心釋』，即經文中一字一句皆是觀心的對境，以求自心的昇華與實證者是也。」「嗣以上述文句或義理作爲觀心的標的，專就實踐的觀點說明者，謂之『觀心』。」詳見該書（蘇榮焜譯，台北：慧炬出版社，1998 年 10 月初版），頁 53、頁 56。

〔註52〕《法華文句》卷第一上說：「今帖文爲四：一、列數，二、所以，三、引證，四、示相。列數者，一、因緣，二、約教，三、本跡，四、觀心。始從『如是』，終于『而退』，皆以四意消文。而今略書，或三、二、一，貴在得意，不煩筆墨。」（T34.2a）又云：「因緣，亦名感應。眾生無機，雖近不見；慈善根力，遠而自通。感應道交，故用因緣釋也。夫眾生求脫，此機眾矣！聖人起應，應亦眾矣！此義更廣，處中在何？然《大經》云：慈善根力，有無量門：略則神通。若十方機感，曠若虛空；今論娑婆國土，音聲佛事，則甘露門開。依教釋者，中說明矣！若應機設教，教有權實，淺深不同，須置指存月，亡跡尋本。故肇師云：非本無以垂跡，非跡無以顯本。故用本跡釋也。」（T34.2ab）。「因緣釋」就佛與眾生的關係或因緣而做解釋，方式主要是依「四悉檀」來論說；「約教釋」則依藏、通、別、圓四教之義，來解釋經文；至於「本跡釋」，是從本地與垂跡二門分別來闡釋法義。

〔註53〕郭朝順教授說：「天台智顗解釋佛教經典所採用的方法有兩類，一爲五重玄義，一爲四意消文。五重玄義之『釋名、顯體、明宗、論用、判教相』，則以揭露經典本身意在言外的深義（玄義）（尤其重視經典的根本本質）爲目的。所謂消文四意，則就『因緣、約教、本跡、觀心』等四個角度，分別解釋經文詞句的含義，或可視爲解釋經文之實際操作方法。以前一方式釋經的著作，多稱爲『玄義』或『玄疏』，其中《法華玄義》是爲代表；以後一方式釋經的著作則名爲『文句』，在智顗的作品中唯有《法華文句》，（《金光明經文句》並無本跡一門）。」（詳見〈智顗「四意消文」的解經方法論〉一文，收錄於《第四屆天台宗學會論文發表會》）。

〔註54〕依據《法華文句》所說，「觀心釋」出自《法華·譬喻品》：「〈譬喻品〉云：『若人信汝所說，即爲見我，亦見汝及比丘僧，并諸菩薩。』當知隨有所聞，諦心觀察，於信心中得見三寶。聞說是法寶，見我是佛寶，見汝等是僧寶云云。」詳見《法華文句》卷第一上，T34.2b。

〔註55〕引見《法華文句》卷第一上，T34.2b。

這是說明使用「觀心」詮釋經句的用意，在於顯示從觀修自身心念下手，是讓自己成爲一個佛教聖賢或獲得佛法義利的關鍵處〔註56〕；或「本」、或「跡」的果德表現，必須會歸於「觀心」實踐之上，否則便將如「數食不飽」一般。智者之以「觀心」來收攝「本」、「跡」，也可見得「觀心」在智者的教說體系裡中的重要地位〔註57〕。

　　然而，對於「觀心」法門的內容，在《觀音玄義》中，具體而言有怎樣的說法呢？以下即針對此一問題展開討論。

三、「次第」與「不次第」觀心法門

　　在《觀音玄義》的「釋名・別釋」中，智者大師曾經用「智」、「境」二概念來闡釋「觀世音」的名義，說爲「觀」即是「智」，而「世音」則爲「境」〔註58〕。作爲「智」的「觀」，也就是以般若智慧爲內涵的「能觀」功能，當它在「心法」上發起作用而成就「觀心」的活動時，智者大師有如下的說明：

───────────

〔註56〕郭朝順教授說到：「觀心釋更是把天台學的架構，由四悉檀、四教、本跡等智解的方式擴大到以天台一心三觀的實踐法門，來觀照一切經文字句」、「智顯之觀心釋，實是在任一經文字句之間，磨練砥礪自己圓觀眾緣生法的能力，體會一色一香一字一句無非中道的境界」、「觀心釋若作爲一種客觀義理的說明，很容易便被說爲主觀的獨斷論，但是觀心釋顯然是一種在實踐中觀照己心的解釋方法，它把廣大的、屬於對象性的、智解的其它三法之解釋，化繁爲簡地收攝在一心當下去把握，由實踐的過程之中去證得解脫，因此，與其他三法合成完整的天台學式的解經方式。」（詳見〈智顯「四意消文」的解經方法論〉，收錄於《第四屆天台宗學會論文發表會》）。

〔註57〕此外，天台宗大師湛然更以「十不二門」來詮釋「本門十妙」、「跡門十妙」；據此，「十不二門」也即是以「觀心」作爲收攝點。韓子峰教授在《天臺法華三昧之研究》（台北：國立臺灣師範大學國文研究所博士論文，1999年6月）中，便說到：「『跡、本』所會，實在『觀心』，故湛然有『十不二門』之說，以彰示之。」（詳見該論文，頁140）日本學者安藤俊雄博士在《天台學——根本思想及其開展》（台北：慧炬出版社，1998年10月初版）中，也說：「以上四解釋法中，最可注意者爲『觀心釋』」、「智顯於四釋中，最推重『觀心釋』。」（頁53）安藤俊雄主要是由（1）批判南北朝時代崇尚玄談而忽視禪定的風氣，來肯定智顯提出「觀心」的用心；以及（2）由智者承受其師南岳慧思的教學，而論說智顯對於「觀心釋」的重視。詳見《天台學——根本思想及其開展》，頁54。

〔註58〕詳見《觀音玄義》卷上，T34.883a～884a。另請參見本論文第二章第二節，頁29～31。

夫心源本淨，無爲無數，非一非二；無色無相，非偏非圓。雖復覺
知，亦無覺知。若念、未念，四運檢心，畢竟叵得，豈可次第、不
次第，偏、圓觀耶？猶如虛空，等無有異；此之心性，畢竟無心，
有因緣時，亦得明心。既有論心，即有方便、正觀之義。譬如虛空，
亦有陰、陽兩時。心亦如是，雖無偏、圓，亦論漸、頓。

若作次第觀心者，即是方便漸次意也。若觀心具有性德三諦、性德
三觀及一切法，無前、無後、無有次第，一念具足十法界法、千種
性相因緣生法，即空即假即中，千種三諦，無量無邊法，一心悉具
足，此即不次第觀也。〔註59〕

引文中表示，根據「心法」性相本空的般若見地，既然「畢竟無心」，又怎樣成
立評判誰「偏」、誰「圓」的意義呢？然而，如果要就「心法」有所論說，「觀
心」法門還是可以分成，就「方便」意義而說的「次第觀」，與「頓」而非「漸」
的「不次第觀」兩類方法。引文中「有因緣時，亦得明心」，所謂「有因緣時」，
指的是有世間眾生之對境，及諸佛由此生起大悲心爲眾生說法之因緣。

　　所謂「次第觀」，就是具有一定順序，按照先某一階段、後某一階段操作的
觀修方法；不過，對於這一作爲「方便」的「次第」觀法，在《觀音玄義》中
智者大師並未多作解說〔註60〕，而是對於「不次第觀」的內涵，除了如上引文
所說之外，卻有較多的說明。那麼，什麼是「不次觀」呢？又怎樣操作呢？

《華嚴》云：「一切世間中，無不從心造，心如工畫師，造種種五陰。」
若觀心空，從心所造一切皆空；若觀心有，從心所生一切皆有。心
若定有，不可令空；心若定空，不可令有。以不定空，空則非空；
以不定有，有則非有。非空非有，雙遮二邊，名爲中道。若觀心非

〔註59〕引見《觀音玄義》卷下，T34.887ab。引文中所說「四運檢心」，出自《摩訶
止觀》；智者大師說：「……初明四運者，夫心識無形，不可見，約四相分別，
謂未念、欲念、念、念已。未念名心未起，欲念名心欲起，念名正緣境住，
念已名緣境謝。」這是從心意識活動的「未念」、「欲念」、「念」、「念已」來
觀察心意識本身的流動與轉變，進而依此洞見心意識的無常相續、沒有實體
性的特質。詳細討論，請參見《摩訶止觀》卷第二上，T46.15b～16a。引文
中所說「因緣」，乃是指「四悉檀因緣」；如《摩訶止觀》卷第五上：「有因緣
故，亦可得說，謂四悉檀因緣。」（T46.54c）
〔註60〕智者另有《釋禪般若蜜次第法門》之作，其內容正是針對「次第」觀修方法
的開示：《釋禪般若蜜次第法門》，共十卷，收入《大正藏》第四十六冊，頁
475a～548c。

空非有，則一切從心生法，亦非空非有。如是等一切諸法，在一心中。若能如是觀心，名上上觀，得諸佛菩提。《淨名》云：「觀身實相，觀佛亦然。」觀身相既等於佛，觀心相亦等於佛。《華嚴》云：「心、佛及眾生，是三無差別。」當知觀此心源與如來等，若作餘觀觀心，皆是方便，名為邪觀；若作如此圓觀，名為真實正觀，即開佛知見、坐如來座。如此慈悲，即是入如來室；安忍此法，即是著如來衣；修此觀慧，即是如來莊嚴。其人行住坐臥，皆應起塔，生如來想。如此觀心，名觀佛心也。〔註61〕

這是透過空、假與中道，所謂「三諦」，觀照從「一念心」所造「三千」一切法相莫不是「因緣所生」的意義；而一切「因緣所生法」，乃是即空即假即中、「三諦圓融」，都在「一心中」的觀照下便得洞見其實相。如《觀音玄義》中智者大師以空、假、中「三諦」展開「緣起」的內涵時，說：

是諸因緣法，即是三諦。因緣所生法，我說即是空，亦名為假名，亦名中道義。〔註62〕

十法界皆是因緣所生法，此因緣即空、即假、即中。即空是真諦，即假是俗諦，即中是中道第一義諦。〔註63〕

意謂：就諸法作為「緣起」而有（存在）的一面，說其為「有」；就諸法既是「緣起」而有，也就沒有實自性，所以說為「空」；而就諸法「緣起」有、「自性」空，乃是如幻如化、說為非「有」非「無」，亦即「中道」。所以，「空」、「假」、「中」，同是為了對於「緣起」相依相續的存在與流變，予以不同面向的說解時所施設的言辭，而「緣起」乃是十法界一切存在事物的實相。譬如，智者在依三世間、十法界義闡釋「觀世音」的「世」字時〔註64〕，說到：

今就一法界復有十法，所謂如是相、性、究竟等；十界即有百法，

〔註61〕引見《觀音玄義》卷下，T34.887b。

〔註62〕引見《觀音玄義》卷上，T34.884a。引文中所說，便是《中論》中著名的「三是偈」，語出〈觀四諦品〉第二十四：「眾因緣生法，我說即是無，亦為是假名，亦是中道義。」詳見《中論》卷第四，T30.33b。

〔註63〕引見《觀音玄義》卷下，T34.885a。

〔註64〕《觀音玄義》卷上：「世者，為三：一五陰世間，二眾生世間，三國土世間。既有實法，即有假人；假、實正成，即有依報，故名三種世間也。世是隔別，即十法界之世，亦是十種五陰、十種假名、十種依報。隔別不同，故名為世也。間是間差，三十種世間差別，不相謬亂，故名為間。各各有因，各各有果，故名為法。各各有界畔分齊，故名為界。」（T34.884a）

十界相互則有千法。如是等法，皆是因緣生法；六道是惑因緣法，

四聖是解因緣法。〔註65〕

在「緣起」觀點下，「百界千如」、三千世間法相皆是因緣所生；只就「十法界」來說，世間「六凡」是依於「惑」業因緣所生，而佛教「四聖」則爲基於「解」行因緣所生。從「惑」、「解」解釋「十法界」有情生命體或流轉、或超昇，便自此抉示出了生命體的一分自主性、能動性，由此，也說明了修學之於生命體的重要性。

「十法界」中的存在，是因緣所生法，而「百界千如」、三千世間一切法相莫不由乎因緣而起現、消逝。而承上所說，「空」、「假」、「中」，乃是「（因）緣起」在不同意義面向上的展示，並可稱爲「諦」；三千世間一切諸法實相都可依由行者從「一念心」的「三諦圓融」觀照之中證見，所以智者的「不次第」觀心法門，固然就其所展開的內容乃在觀照「心具」三千世間一切法〔註66〕，不過，就方法原則來說，則是如天台宗「一心三觀」所示〔註67〕，在於經由能觀的「（一念）心」修起「空」、「假」、「中」圓融無礙的智慧運作，來面對一切法相而能無所住著上〔註68〕。由此，相對於沒有階漸的「一心三觀」〔註69〕，也

〔註65〕引見《觀音玄義》卷上，T34.884a。

〔註66〕「心」與「三千」一切法的關係，如智者所說：「……若從一心生一切法者，此則是縱；若心一時含一切法者，此即是橫。縱亦不可，橫亦不可；祇心是一切法、一切法是心故。非縱非橫、非一非異，玄妙深絕，非識所識、非言所言，所以稱爲不可思議境，意在於此……」詳見《摩訶止觀》卷第五上，T46.54ab。

〔註67〕智顗宣揚的「一心三觀」，自南岳慧思以下，即成爲了天台宗所傳承的重要禪修實踐法門；又稱「圓融三觀」、「不可思議三觀」或「不次第三觀」。「一心」指「能觀之心」，而「三觀」，即是「空」、「假」、「中」三諦所觀義；自「一念心」中圓修「空」、「假」、「中」三諦，證知「一念心」非一非三，不可得、不可說，是爲「一心三觀」。請參見慧嶽，〈天台大師的三諦三觀思想〉，收錄於張曼濤主編「現代佛教學術叢刊57」《天台思想論集》（台北：大乘文化出版社，1979年5月初版，頁57～68），頁62～67。

〔註68〕關於「一心三觀」，在《摩訶止觀》中載有智者大師更爲詳細的說明：「若一法一切法，即是因緣所生法，是爲假名假觀；若一切法即一法，此法即是空，是爲空觀；若非一非一切者，即是中道觀。一空一切空，無假、中而不空，是爲總空觀；一假一切假，無空、中而不假，是爲總假觀；一中一切中，無空、假而不中，是爲總中觀。此即《中論》所說不可思議之一心三觀。」詳見《摩訶止觀》卷第五上，T46.55bc.。

〔註69〕智者大師在《維摩經玄疏》中也依「所觀（境）」的「一念無明心因緣所生十法界」，開示「能觀（智）」的「一心三觀」法，說：「觀此一念無明之心，非

就是按循次序、一步一步操作的「次第三觀」〔註70〕。

四、「觀心」作爲修行方法的意義

智者大師曾在論釋「心法妙」的義涵時，表示：

> 心法妙者，如〈安樂行〉中，修攝其心，觀一切法不動不退。又，一念隨喜者等，《普賢觀》云：我心自空，罪福無主。觀心無心，法不住法。又，心純是法，《淨名》云：「觀身實相，觀佛亦然」、「諸佛解脫，當於眾生心行中求。」《華嚴》云：「心、佛及眾生，是三無差別」。破心微塵，出大千經卷，是名心法妙也。〔註71〕

又說：

> 又，如虛空者，觀心自生，心不須藉緣；藉緣有心，心無生力。心無生力，緣亦無生；心、緣各無，合云何有？合尚叵得，離則不生；尚無一生，況有百界千法耶？以心空故，從心所生，一切皆空；此空亦空。若空非空，點空設假；假亦非假。無假、無空，畢竟清淨。
> 〔註72〕

「心純是法」指出了「心」與「法」的關係是同在的，而「觀心無心」、「法不住法」則直指不論就主觀義說的「心」、或依客觀義說的「法」，兩者都沒有定實的體性可得；而這是經由運作自生、他生、共生與無因生：佛教著名的「四句」思惟來察檢「心法」所見到「畢竟清淨」的實相。「觀心」，便是要洞見作爲諸法之一的「心法」本身，也「緣起有」、「自性空」；而在「緣起自空」的意義下，成立「（一念）心具」三千世間法相，以及從「一心三觀」、「三諦圓融」對緣起法相，做「空」、「假」、「中」等三個意義面向的展示性說明。所以譬如在《觀音玄義》中，智者大師說：

> 十種法界，三十種世間，即是所觀之境也。此境復爲二：所謂自、

空非假，一切諸法亦非空非假，而能知心空假，即照一切法空假，是則一心三觀圓照三諦三理，不斷癡愛，起諸明脫。」詳見《維摩經玄疏》卷第二，T38.529a。

〔註70〕 譬如智者大師所說：「……一、次第三觀，二、一心三觀。次第者，如《瓔珞》云：『從假入空名二諦觀，從空入假名平等觀；二觀爲方便，得入中道第一義諦觀。』此之三觀，即是《大品》所明三智，……」（詳見《觀音玄義》卷下，T34.885ab）。

〔註71〕 引見《法華玄義》卷第二上，T33.693ab。

〔註72〕 引見《法華玄義》卷第二下，T33.696ab。

> 他。他者，謂眾生、佛；自者，即心而具。如《華嚴》云：「心如工
> 畫師，造種種五陰：一切世間中，莫不由心造。」〔註73〕

這是以「心法」、「佛法」、「眾生法」三類總攝所謂的三千世間一切法。「自」
指「心」，「他」指「佛」、「眾生」，而佛法、眾生法「即心而具」，不是說一
切法皆由「心」所創造、生起，只是說「緣起性空」的（十）法界實相義，
可以就「心法」入手去了解、通透，因爲「觀心」實相，也就是觀見三千世
間一切法實相。譬如智者大師說：

> 千種三諦，無量無邊法，一心悉具足。……《華嚴》云：「一切世間
> 中，無不從心造；心如工畫師造，種種五陰。」〔註74〕

> ……觀身實相，觀佛亦然。《華嚴》云：「心然，佛亦然：心、佛及
> 眾生，是三無差別。」豈不各各具三諦境耶？〔註75〕

身實相、佛實相、眾生實相，與「心」實相，並是空、假、中「三諦圓融」
的緣起法性，所謂「若得空慧，能具一切法」〔註76〕；「觀心」所論，不過以
切近行者自身的「心」來作爲一總攝性的說明〔註77〕，並且用以指導易於下
手的修行法門而已。

第三節　定慧等學的修行觀

　　智者自「心」指出了生命體在「十法界」中輾轉升降、或凡或聖的主導
因素所在，而「觀心」的修學功夫論意義便被帶出來，因爲它是切近佛法行

〔註73〕引見《觀音玄義》卷上，T34.884ab。引文中所據《華嚴》文句，乃《（六十）
　　　　華嚴經》經文，原作：「心如工畫師，畫種種五陰：一切世間中，無法而不造。
　　　　如心，佛亦爾；如佛，眾生然。心、佛及眾生，是三無差別。」（T9.465c）
〔註74〕引見《觀音玄義》卷下，T34.887b。
〔註75〕引見《觀音玄義》卷上，T34.884b。引文中「觀身實相，觀佛亦然」，語出《維
　　　　摩詰所說經》卷下：「爾時！世尊問維摩詰：汝欲見如來，爲以何等觀如來乎？
　　　　維摩詰言：如自觀身實相，觀佛亦然。」（T14.554c～555a）
〔註76〕引見《觀音玄義》卷下，T34.886a。
〔註77〕這樣的論說方式，在《法華玄義》中智者也有論及：「……眾生法爲二：先列
　　　　法數，次解法相。數者，經論或明一法攝一切法，謂：心是三界，無別法；
　　　　唯是一心作。或明二法攝一切法，所謂：名、色；一切世間中，但有名與色。
　　　　或明三法攝一切法，謂：命、識、煖。如是等增數，乃至百千。今經用十法
　　　　攝一切法，所謂：諸法如是相、如是性、如是體、如是力、如是作、如是因、
　　　　如是緣、如是果、如是報、如是本末究竟等。」（詳見《法華玄義》卷第二上，
　　　　T33.693b）。

者自身的修學入手處。

　　然而，「心」雖是生命體流轉、超昇的主導因素，卻不是「成佛」，尤其是指大乘佛教意義的「成佛」的唯一條件。因爲，不僅是說「心具」三千世間一切法，或是說三千世間一切法無不由「心」造，都只是對於一切緣起相關的存在界的總攝性言說而已，並且「心（意識）法」也是根、塵相對所生起的〔註78〕，因而「心」也是緣起的，不是一個「實體」〔註79〕。所以，「觀心」不僅是行者自身靜坐默想的功夫，而且必須在與他互動的生活事行中展開、落實，這便是在菩提道上莊嚴成佛果報的實踐活動，智者總說之爲「福德」與「智慧」二種莊嚴。

一、福德莊嚴

　　在成就大乘佛果的菩提道上，所謂菩薩行者「利他爲先」的修學活動，恒常是比自求解脫的行爲來得重要且受尊崇；觀世音菩薩普門示現救度眾生苦厄的行動，便是一種典型的範例。

　　在本章第一節中說到「慈悲」心願的發起，然而如智者大師所說：

　　　菩薩見一切苦惱眾生起大慈悲，此心雖不即是菩提心，能發生菩提
　　　心；譬如地、水，雖非種子，能令芽生。今因大悲起菩提心，亦復

〔註78〕譬如《雜阿含經》卷第九載有佛說：「……眼因緣色，眼識生。所以者何？若眼識生，一切眼、色因緣故。……意、法因緣，意識生。所以者何？諸所有意識，彼一切皆意、法因緣生故。是名比丘眼識因緣生，乃至意識因緣生。」（T2.57c）而智者大師也說：「夫心不孤生，必託緣起。意根是因，法塵是緣，所起之心是所生法。此根、塵，能、所，三相遷動，竊起竊謝，新新生滅，念念不住……」引見《摩訶止觀》卷第一下，T46.8a。

〔註79〕學者或將「心」理解爲「實體」，乃至有智者所說是一種「唯心論」的看法；請參見郭朝順教授〈智顗「五重玄義」的佛教詮釋學〉，頁278。然而，誠如郭朝順教授以《法華玄義》爲例所已指出的：「本經（案：指《華嚴經》）首要概念是『心』。……『心佛眾生三無差別』則是對應三智、三諦的三，三法無差別即意謂心之迷悟乃成爲佛或爲眾生的重要關鍵，故《玄義》一再於各個章節中說明『觀心』，然而這是就修行上談，而非指『心』爲諸法的存在根據而言。」（詳見〈從《法華玄義》所引重要經論看智顗的思想結構〉，收錄於《世界中國哲學學報》第三期）又，在〈智顗「五重玄義」的佛教詮釋學〉一文中，郭教授也說：「……這三法（案：指佛法、眾生法、心法）當然是出《華嚴經》而來，但智顗的解釋重點，不在於『唯心』思想的闡發，雖然『心』的確是個重要的關鍵，但『心』是凡夫由輪迴中解脫成佛的關鍵，是眾生成就佛道的原因，而非作爲支持緣起成立的唯一原因。」（頁272）。

如是。〔註80〕

據此，「慈悲心」在菩薩修行道上的位置與功能，是爲發起「菩提心」的初階
或基礎〔註81〕；而所謂「菩提心」，不外就是「上求佛道」、「下化眾生」的眞
實行願〔註82〕。因此，智者大師說：

　　……慈悲與（樂）拔（苦），明其願。欲滿此願，必須修行。修行不
　　出福、慧。慧即般若，福即五度；互相資導，以行順願，事理圓足。……
　〔註83〕

　　佛法修行在於「上求（佛法）下化（眾生）」，其所要成就的便是「智慧」
與「福德」的圓滿；而「智慧」與「福德」的實踐，智者也說其爲「定」、「慧」
的修習〔註84〕。所以智者大師說：

　　……圓教以實相觀爲慧，實相寂定爲福，共顯非定非慧之理，名實
　　相法身。〔註85〕

修習「三諦圓融」教理所通過的「一心三觀」觀法，乃是成滿「智慧」的主
要方法，然而，「智慧」成滿的實踐過程，還須有「福德」行門的資助，正如
六度中「般若」需要其餘「五度」助成一般〔註86〕，也如所謂「由定發慧」，

〔註80〕引見《觀音玄義》卷下，T46.888b。

〔註81〕大乘要典《華嚴經》也說：「……諸佛如來，以大慈心而爲體故。因於眾生，
而起大悲；因於大悲，生菩提心；因菩提心，成等正覺。譬如曠野沙磧之中，
有大樹王，若根得水，枝葉華果，悉皆繁茂；生死曠野，菩提樹王，亦復如
是。一切眾生而爲樹根，諸佛菩薩而爲華果；以大悲水，饒益眾生，則能成
就諸佛菩薩智慧華果。何以故？若諸菩薩，以大悲水，饒益眾生，則能成就
阿耨多羅三藐三菩提故。是故，菩提屬於眾生；若無眾生，一切菩薩終不能
成無上正覺。……」經文末了，更點出慈悲同智慧的關係：詳見《華嚴經》
卷第四十，T10.846a。

〔註82〕請參見印順導師，〈樹緊那羅王所問經偈頌講記〉，收編於《華雨集第一冊》（台
北：正聞出版社，1993 年 4 月初版），頁 4。另請參見《如來藏之研究》（台
北：正聞出版社，1992 年 5 月修訂一版），頁 104。

〔註83〕引見《觀音玄義》卷上，T34.877bc

〔註84〕如智者大師說：「……福慧者，亦名定慧。」引見《觀音玄義》卷上，T34.879b。

〔註85〕引見《觀音玄義》卷上，T34.879c。

〔註86〕譬如《（六十）華嚴經》卷第四十三，喻說：「……直心爲種子，慈悲爲根芽，
智慧方便莖，五度爲枝條，禪葉諸明華，一切智爲果。」（T9.670a）又，《大
智度論》卷第五十，則說：「……此中佛自說六波羅蜜具足，五度則福德具足，
般若則智慧具足。」（T25.418c）《攝大乘論釋》卷第八，釋曰：「菩薩如自身
應般涅槃，欲般涅槃一切眾生。由此平等心故，不捨加行功德、善根。餘度
爲功德，般若爲善根。又，五度爲功德，精進爲善根。又，般若、精進爲善

然後普門示現救度眾生的聖賢性格內涵、生命品質，方得具體滿足。

對於「福德」或「定」的修習，智者大師直扣〈普門品〉經義而在《觀音玄義》中提出的是「首楞嚴三昧」的成就；譬如說：

> 後問答（按：指〈普門品〉第二問答），住首楞嚴，普現色身，不起滅定，現此威儀，安禪千偈，讚諸法王，故知普門示現從福德受名。
>
> 〔註87〕

這裡指出觀世音菩薩由於成就「首楞嚴三昧」，所以能夠在十方世界「普門示現」，自在地展現神通、變現各種身形利益眾生。不過，《觀音玄義》中雖然屢屢提到「首楞嚴三昧」名稱〔註88〕，卻並未就其內容而有另一番的詳細說明。基於「首楞嚴三昧」在修行菩提道上，起著具有大力而可實際利益眾生的重要地位，因此以下想根據《佛說首楞嚴三昧經》〔註89〕（以下簡稱《首楞嚴三昧經》），對「首楞嚴三昧」略做論釋。

《首楞嚴三昧經》經中以一百條法目宣說「首楞嚴三昧」名義〔註90〕；其中，第一百條：「入大滅度而不永滅」，表示獲得「首楞嚴三昧」的菩薩，雖然具有進入大般涅槃的能力，卻是不住著、安住於其中，而由此現起利濟眾生的廣大力用〔註91〕。關於這一「首楞嚴三昧」的大用，經中有如下的記載：

根，餘度為功德。……」（T31.210b）凡此，都揭示了「五度」資助「般若」成就佛道的意義。

〔註87〕引見《觀音玄義》卷上，T34.879c。

〔註88〕《觀音玄義》提及「首楞嚴三昧」的地方，除這段引文外，譬如：T34.882a、886c 中也提及；而有時也以「王三昧」一名來稱呼「首楞嚴三昧」，例如：T34.890a、890b、891b。

〔註89〕鳩摩羅什譯，《佛說首楞嚴三昧經》，上、下共兩卷，收入《大正藏》第十五冊，頁 629b～645b。

〔註90〕詳見《首楞嚴三昧經》卷上，T15.631ac。除以一百條法目來宣說「首楞嚴三昧」外，經中還提到「首楞嚴三昧」具有收攝其他功德的作用，譬如說：「堅意！首楞嚴三昧，不以一事、一緣、一義可知：一切禪定解脫三昧、神通如意無礙智慧，皆攝在首楞嚴中。譬如陂泉江河諸流，皆入大海；如是，菩薩所有禪定，皆在首楞嚴三昧。譬如轉輪聖王有大勇將，諸四種兵皆悉隨從。堅意！如是所有三昧門、禪定門、辯才門、解脫門、陀羅尼門、神通門、明解脫門，是諸法門悉皆攝在首楞嚴三昧。隨有菩薩行首楞嚴三昧，一切三昧皆悉隨從。堅意！譬如轉輪聖王行時，七寶皆從。如是！堅意！首楞嚴三昧，一切助菩提法皆悉隨從。是故此三昧，名為首楞嚴。」詳見《首楞嚴三昧經》卷上，T15.631c～632a。

〔註91〕《首楞嚴三昧經》卷上說：「首楞嚴三昧如是，無量悉能示佛一切神力，無量眾生皆得饒益。」（T15.631c）

佛告堅意：有三昧，名首楞嚴。若有菩薩得是三昧，如汝所問，皆
能示現於般涅槃而不永滅；示諸形色而不壞色相；遍遊一切諸佛國
土，而於國土無所分別；悉能得值一切諸佛，而不分別平等法性；
示現遍行一切諸行，而能善知諸行清淨；……現行一切魔自在力，
而不依猗魔所行事；遍行一切三界之中，而於法相無所動轉；示現
遍生諸趣道中，而不分別有諸道相；……常在禪定，而現化眾生……
〔註92〕

經中說問答的因緣是：堅意菩薩向佛陀請示，有否一種「三昧」能夠讓菩薩
快速獲得「阿耨多羅三藐三菩提」，而且又可以自在無礙地隨順眾生需求而示
現〔註93〕？佛陀於是做了如上的回答。

　　由引文可知，獲得「首楞嚴三昧」便能在一切佛國或十方世界中普門示
現，乃至於能入魔界惡道施教佛法，卻不會受到污染；如經中說：

今此菩薩住是三昧，能以神力，隨意自在示現一切行魔界行，而能
不爲魔行所污；與諸天女現相娛樂，而實不受婬欲惡法。是善男子
住首楞嚴三昧，現入魔宮，而身不離於佛會；現行魔界遊戲娛樂，
而以佛法教化眾生。〔註94〕

「十地菩薩」因爲得有「首楞嚴三昧」的神通大力〔註95〕，所以能夠隨意自
在入一切境界中，教化利益眾生。經中進而就成熟有情眾生的菩提道事業，
結合「六度」來展開論說〔註96〕，並且表示：

得首楞嚴三昧已，能爲眾生施作佛事，而亦不捨菩薩行法。〔註97〕

菩提道行者誓願利益一切有情，而「首楞嚴三昧」可以使菩薩此一誓願得獲
落實，因此經中勸教菩薩必要修學「首楞嚴三昧」〔註98〕。然而，怎樣修得

〔註92〕 引見《首楞嚴三昧經》卷上，T15.630bc。
〔註93〕 詳見《首楞嚴三昧經》卷上，T15.629c～630a。
〔註94〕 引見《首楞嚴三昧經》卷下，T15.640a。
〔註95〕 　 《首楞嚴三昧經》卷上說：「佛告堅意菩薩：首楞嚴三昧，非初地、二地、
　　　　三地、四地、五地、六地、七地、八地、九地菩薩之所能得，唯有住在十地
　　　　菩薩，乃能得是首楞嚴三昧。」（T15.631a）
〔註96〕 詳見《首楞嚴三昧經》卷上，T15.633bc。
〔註97〕 引見《首楞嚴三昧經》卷上，T15.634a。
〔註98〕 譬如說：「……世尊！若諸菩薩欲行佛行，當學是首楞嚴三昧。何以故？世尊！
　　　　是菩薩現行一切諸凡夫行，而於其心無貪、恚、癡。於時，眾中有大梵王，
　　　　名曰成慈，白佛言：世尊！若菩薩欲行一切諸凡夫行，當學首楞嚴三昧。何
　　　　以故？是菩薩現行一切諸凡夫行，而心無有貪、恚、癡行。佛言：善哉！善

「首楞嚴三昧」這一大力呢？經中有如下的提示：

> 菩薩欲學首楞嚴三昧，先當學愛樂心，學愛樂心已，當學深心；學
> 深心已，當學大慈；學大慈已，當學大悲；學大悲已；當學四聖梵
> 行，所謂慈、悲、喜、捨；學四聖梵行已，當學報得最上五通，常
> 自隨身；學是通已，爾時便能成就六波羅蜜；成就六波羅蜜已，便
> 能通達方便；通達方便已，得住第三柔順忍；住第三柔順忍已，得
> 無生法忍；得無生法忍已，諸佛授記；諸佛授記已，能入第八菩薩
> 地；入第八菩薩地已，得諸佛現前三昧；得諸佛現前三昧已，常不
> 離見諸佛；常不離見諸佛已，能具足一切佛法因緣；具足一切佛法
> 因緣已，能起莊嚴佛土功德；能起莊嚴佛土功德已，能具生家種姓；
> 能具生家種姓已，入胎、出生；入胎、出生已，能具十地；具十地
> 已，爾時便得受佛職號；受佛職號已，便得一切菩薩三昧；得一切
> 菩薩三昧已，然後乃得首楞嚴三昧。〔註99〕

由此可知，如果想要證得「首楞嚴三昧」，必須經過一連串有次第地的修學步
驟〔註100〕：從愛樂心、深心開始，一路修學「六度」乃至萬行，才能成辦。
而當菩薩成辦「首楞嚴三昧」之後，便可面對「一切法自然能觀，不用功力，
又亦能知一切眾生心、心所行」〔註101〕；既能了知一切眾生心行，因此菩薩
便可以給予眾生最適合他個人的教學指導，讓眾生走向修行佛法的大道。

修學「首楞嚴三昧」的菩薩行者，在可以提供眾生適當方法向上提升的
利他大行中，事實上產生對於自身而言的佛法義利；而經中便藉由文殊菩薩
解說「十法」成就「福田」來表示：

> ……能現住空、無相、無願解脫門，而不入法位；見知四諦，而不
> 證道果；行八解脫，而不捨菩薩行；能起三明，而行於三界；能現
> 聲聞形色威儀，而不隨音教從他求法；現辟支佛形色威儀，而以無
> 礙辯才說法；常在禪定，而能現行一切諸行；不離正道，而現入邪
> 道；深貪染愛，而離諸欲一切煩惱；入於涅槃，而於生死不壞不捨。

哉！成慈！如汝所說，若菩薩欲行一切諸凡夫行，當學首楞嚴三昧，不念一
切諸所學故。……」引見《首楞嚴三昧經》卷上，T15.633c。

〔註99〕引見《首楞嚴三昧經》卷上，T15.633c～634a。

〔註100〕關於修學「首楞嚴三昧」之前，還要先次第修學其他功德、增長善根，經中
曾以學射為喻解釋。詳見《首楞嚴三昧經》卷上，T15.633c。

〔註101〕引見《首楞嚴三昧經》卷上，T15.634a。

有是十法，當知是人眞實福田。〔註102〕

可見菩薩修行之處，即是產生「福田」的所在。菩薩因著「首楞嚴三昧」，消極地保證菩薩在利益眾生事業上，不會產生過患，而積極地則是可以給予眾生最佳的幫助。所以，對於菩薩來說，「首楞嚴三昧」乃是菩薩行走在世間道上，卻能不被凡夫行業所染污、所拘執的保證。

二、智慧莊嚴

《觀音玄義》以「定」爲主的「福德」修集，並不是離開「般若（智慧）」的佛果「莊嚴之道」；如智者說：

> 今此普門名福慧者，福即是慧，慧即是福；福慧不二。故《大論》云：「如是尊妙人則能見般若。」此慧，那得無定？得首楞嚴定，何曾無慧？《論》云：「健相三昧能破彊敵。」《大經》云：「佛性者，有五種名，亦名般若，亦名師子吼，亦名首楞嚴，亦名金剛佛性等。」即是定、慧具足之名也。非禪不慧，非慧不禪；禪慧不二。不二而二，分門別說，作定、慧二解。故《釋論》解「般若」，明十八空：解「禪定」，明百八三昧。此是二說，二即不二。〔註103〕

雖然智者大師分別「般若智慧」與「五度福德」的本、末關係時，也說：「般若爲本，五度爲末果」〔註104〕；但是，如上引文所說，不僅就最終的結果而言，「摩訶般若」與「首楞嚴定」是合一的，而且就修行的過程來說，「般若」與「五度」，也必是「定」、「慧」等學、「不二」並修的。所以智者大師說：

> 今圓教菩薩，從初發心，修此不二定慧，歷於六即。〔註105〕

並說：

> 觀音所以用智光照苦者，苦是顛倒迷惑所致，智慧是破惑之法，故智慧能拔苦。《華嚴》云：「又放光明名智慧；又放光明名無惱。」《思益》亦然。《請觀音》云：「普放淨光明滅除癡闇瞑。」故知前問答，應機拔苦，是從慧莊嚴以得名；後問答，住首楞嚴，普現色身，不起滅定，現此威儀，安禪千偈讚諸法王，故知普門示現從福

〔註102〕引見《首楞嚴三昧經》卷下，T15.641b。
〔註103〕引見《觀音玄義》卷上，T46.882b。
〔註104〕詳見《法華玄義》卷第八上，T33.779b。
〔註105〕引見《觀音玄義》卷上，T46.879c。

德受名。良以福、慧因緣故名觀世音普門也。〔註106〕
觀音菩薩爲代表的諸佛菩薩，修行正是「定」、「慧」不二，從此歷位完成的；
即使在世間法中行，「五度」修福也必須貫徹「般若」一味，如《首楞嚴三昧
經》中說：

> 菩薩若欲得是三昧，當修凡夫法。若見凡夫法、佛法不合不散，是
> 名修集首楞嚴三昧。……凡夫法中尚無合散，何況佛法？……若能
> 通達諸凡夫法、佛法無二，是名修集；而實此法無合無散。〔註107〕

以「凡夫（眾生）法」與「佛法」不合不散、無二中道的智慧正見來貫攝「首
楞嚴三昧」的修習，由此得以發生普門示現的神通大力〔註108〕，所以智者說：

> 普門示現神通力，即應身也。〔註109〕

並且認爲：

> 若觀智之人，悲心誓願，智慧莊嚴顯出眞身……若是普門之法，慈
> 心誓願，福德莊嚴顯出應身……〔註110〕

智慧莊嚴與福德莊嚴，圓滿了「慈」、「悲」心願，也就成就了智者所說、天
台本宗的「圓教觀世音義」：

> 約無作四諦，起無緣慈悲，修不二定、慧，成眞、應二身。眞遍法
> 界藥，珠普應一切；橫豎逗機，冥顯兩益。以無缺寶藏金剛般若，
> 拔根本究竟解脫；以首楞嚴法界健相，與三點涅槃大自在樂。是名
> 中道第一義諦觀一切種智，是名圓教觀世音義也。〔註111〕

諸佛菩薩之所以能夠進入生死大海中度化眾生、在纏不染，在其生命中所具
有的內涵，「首楞嚴三昧」爲其一，「摩訶般若」則是另一重要的構成要素。
以此可感能應的生命品質，自可在「感應道交」的十法界中隨緣示現〔註112〕，

〔註106〕引見《觀音玄義》卷上，T46.879c。

〔註107〕引見《首楞嚴三昧經》卷上，T15.636a。

〔註108〕修「定」可以發生「神通」大力，如《大寶積經》中說：「云何菩薩摩訶薩靜
慮作業？所謂菩薩成就神通智業圓滿。……」（詳見《大寶積經》卷第四十九
T11.286c～291c。）又如《大般若經》也說：「……既入如是四靜慮已，依第
四靜慮引發五神通，降伏魔軍，成無上覺。」（詳見《大般若經》卷第五百九
十一，T7.1056a。）

〔註109〕引見《觀音玄義》卷上，T34.881a。

〔註110〕引見《觀音玄義》卷上，T34.877c～878a。

〔註111〕引見《觀音玄義》卷下，T34.866c。

〔註112〕以此，天台宗大師四明知禮疏解《觀音玄義》時，有此如次的說法：「此之法
界無不圓融，即百界千如、百如千界也。……觀音證此以爲本體，全此妙體

施作佛事，濟度眾生一切苦厄。所以智者大師說

　　……若契實相不偏不動之理，即能稱機而應，譬如攬鏡，像對即形；
　　此之真、應，不得相離。……得實相真，譬得明鏡，不須作意，法
　　界色像即對即應，如鏡寫像，與真不殊，是時乃名真寂身應。……

　　〔註113〕

以緣起中道，「觀眾生非空非有」而能「行慈悲」利濟的菩薩事業〔註114〕，正
是「福慧相資，二輪平等」，因此乃「堪能運載」自他〔註115〕，到於涅槃彼岸。

小　結

　　《觀音玄義》對「慈悲」的討論，是由緣念的對象、運作模式來撐出所
謂的「周遍廣大」的慈悲，以及「中道實相」的慈悲。「觀心」則是一收攝性
的修行法門，亦即是將「空」、「假」、「中」圓融三諦的慈悲觀，收攝在「觀
心」上來運作。而之所以能夠如是縮連「慈悲」與「觀心」，主是依於中道實
相的觀照，以及「心」之於生命體的轉昇，是一關鍵處。為了將佛道的修學
具體落實，則由「定慧」來展開事行上的實踐活動。

　　　　而起應像。以法界應赴法界機，亦是以法界機感法界應。」（引見《觀音玄義
　　　　疏》卷第一，T34.892b。）「十法界」全體都在機感聖應的關係網絡之中。
〔註113〕引見《觀音玄義》卷上，T34.879c。
〔註114〕以上引見《觀音玄義》卷下，T34.886c。「觀眾生非空非有」而「行慈悲」，
　　　　譬如《維摩詰所說經》宣教菩薩「不盡有為」、「不住無為」的「盡無盡解脫
　　　　法門」時所說；詳見《維摩詰所說經》卷下，T14.554bc。
〔註115〕以上引見《觀音玄義》卷上，T34.881c。

第六章　結　論

　　「結論」是在問題的探討中，逐步歸結形成的；因此，「問題」的提出，便具有應予以優先說明的必要。所以，以下，茲先概述本論文所處理的「問題」；然後，再分別表述本論文的結論。

　　自《觀音玄義》在闡論解釋的過程中提出了「性德」具「善」，也具「惡」後，「性具善惡」此一論題的形成與探討，便是歷來討論天台思想的焦點之一。「性具善惡」，或有名爲「性惡」、「佛（如來）不斷性惡」、「如來性惡」、「佛性有惡」等；而此一論題的討論，自智者大師於《觀音玄義》開始，至於歷經荊然湛然、四明知禮等大師的紹述，此一問題與天台諸多教義相結合，漸漸形成了所謂的「性具」思想。然而，「性具」思想的全貌，在時間歷程中，已更爲豐富多元。再加以，後世學人的研究成果，關於此一問題的探討，舉凡大抵集中在天台「性具」思想這一大論題下來討論，反而較少縮連於《觀音玄義》之整體脈絡來探問；縱使企圖或嘗試將此段文句置於《觀音玄義》的全文脈絡來考察的，關注的重點，多半還是在「性具」。因此，歷來對《觀音玄義》的討論，大都集中於「性惡」說這個問題上，而且，並不是針對《觀音玄義》的全文脈絡來作全盤的討論，常是以「性具」思想作爲討論「性惡」說的重心，對「性德」、「修德」，卻較少作一較爲深入的探論；而且，對於《觀音玄義》在「修」行方面上的問題，幾乎鮮少論及。然而，以解說〈普門品〉的方式，智者大師提出關於「性德」與「修德」的善惡問題及其種種觀念，其實更爲一具有豐富理論內涵的說法，而值得深入加以探討和闡論。

　　緣此，本論文試圖（1）由釐析《觀音玄義》全文脈絡作爲本論文討論工作的開始，逐步地（2）探論「性德」、「修德」，「性德善惡」、「修德善惡」等問題的義理蘊義，以及《觀音玄義》是採用怎樣的思考方式來論述，以及（3）

依由「性德善惡」所引生出的「惡法門」此一問題,其所關涉的相關問題面向,諸如解脫的聖者與在纏的凡眾間的互動關係──「感應」;依於「感應」關係,作爲引度者的諸佛菩薩、被化者的凡夫眾生,各是因於怎樣的生命內涵而一者可以用「惡」度他,一者可以轉化超昇。(4)《觀音玄義》在修行論方面,藉著闡釋〈普門品〉觀世音菩薩的神通大力,進而綰連天台「空」、「假」、「中」三諦圓融之「中道實相」來論述具有天台教義特色的「慈悲觀」、「觀心」等修行方面的問題。

　　以下將對本論文在第三、四、五章的討論內容,依序做一總結式的說明。

一、「性修」、「性修善惡」所含帶的論思方式

　　「性德」、「修德」在佛法教說中,是具有不同的性質與意義的。「性德」觀念的提出,是一種推原式的討論──針對實際修行活動的種種表現,探討其背後的原因、理由,於是提出「性德」這樣一個概念。而此一實際的修行活動,就佛法而言,《觀音玄義》是以「自行化他」來展開。因此,「性德」是討論佛法實修者,之所以能自行化他,其所據以如此展現及成就的背後因由爲何的解答及說明。換句話說,「性德」即是推究爲什麼佛教學人能夠修行與證果這個問題,而在探察到內在於佛教學人生命中,存有作爲根據的先天條件或因子時,所提出的觀念。其次,「性德」之所以分爲「了因」、「緣因」,則是爲對應於修行活動有不同開展面向的說法。也就是說,「緣了」二因概念,不過爲進一步剖析這種內在、先天的條件內容時,所做的分別表示。再者,如果說「性德」是一逆向的思惟方式,「修德」便是一順向的思考模式,以便爲修學所獲成果提出一種說明。而「修德」分爲「智」、「斷」,一如「性德」分爲「了」、「緣」一般,是爲相應修行條件及活動歷程而對修行成果予以不同面向的表說。

　　以下表列「性德」、「修德」的內涵:

性 德 （性）	修 德 （修）
內在於生命體的、不改動的質素,相較於「修」而言,便是本來具有或非由後天所得。	修學、修習、轉易的活動。
潛存的能力或狀態,寓含有可以開展的性質。	修行的內容與成果。
尚未實現爲「修德」的潛在因子。	作爲潛能的「性德」的充分實現,乃至圓滿。
用以指說佛教行者所據以修學成就的那些條件或內在潛能。	後天修學有得。

關於「性德」與「修德」間的關係，《觀音玄義》是透過「因果」、「本末」這兩組概念來討論的。

透過「因」、「果」這組概念，可以知道「性德」與「修德」的義涵，以及存在於兩者之間的關係：「性德」就「因」言，而「修德」依「果」論。換言之，「緣」、「了」爲「因」，是就「性德」的意義說的；而「智」、「斷」爲「果」，則是據「修德」意義說的。

藉由「本」、「末」這組觀念，「性德」爲「本」，「修德」是「末」，而「性德」（本）與「修德」（末），是「本末究竟等」。所謂「性德」與「修德」是「究竟等」，其意是指「性德」、「修德」一隱一顯，因果不可割離的存在或言說關係——「修德」由「性德」發展而來，而「性德」則有可開展成「修德」的可能性。

「修德」有「善」、有「惡」，是較爲容易理解的，「性德」有「善」，亦復如是；至於「性德」有「惡」，則不易了解，也較不爲人所接受。然而，《觀音玄義》卻提出且肯定「性德有惡」此一命題。因此，「性惡」說，即成了歷來討論佛性，或天台「性具」思想所關注的重點。然而，對於「性德有惡」所據、或所含帶的論思方式，卻較少論及。

經由本論文的探討，《觀音玄義》並不在於對「性德善惡」下定義，而是藉由討論的過程來鋪陳論述展開「性德善惡」的言說意義與模式。也就是說，一個命題的肯定，是有待於進一層地去挖掘探求其所在的言說參考框架、內在理路，方能確定所欲論陳的義理蘊義。以下，可以略爲分成幾個小項來做總結式的說明：

（一）就生命體來說

造成生命體品質、內涵不同的原因，並不在於就理論上說的、本具的可能性或內在潛能——「性德」出了問題，而是就現實意義上說的、後天的修習途中出了差謬所致。這是兩個不同層次的問題領域，一是就理論可能上來說，一是就現實事象上而言。

「性德」觀念的提出，只在爲實際事行的表現，提供一個說明它們基於內在生命體中某些條件的可能基礎的解說，至於這個說爲潛在能力或條件的因素、種子，要往哪一個方向開，必待於後天許多條件會聚，而後共同決定。所以，生命內涵、品質不同的眾生，終究是在後天歷程發展形成的。再者，「善」、「惡」取的是通轉義的、非本質義的觀念；由此，闡提便不是一定實

不可改易的惡質生命體,而是可以轉化超昇,而終至成佛。

(二) 就「法門」而言

關於「法門」的意思,可以分由靜態、動態來說明——靜態地來說,「法門」是佛法門戶;動態而言,佛教學人透過「法門」便可進探佛法法教的眞實義理。然而,「法門」的意義,終究是落在功能性、作用性一層建立的。因此,面對或理解作爲「法門」的佛教語言文字時,所抱持的態度爲:不可將之視爲最終的、定實的理境,而要注意的是這些說法指向的目的所在。

由「法門」之意義——功能性、工具義的確立,而導出面對或理解問題時所應抱持的態度:不達實地、定性地看待法門,也非最終目的,而是藉以通過、理解、運用的過度性意義,最終仍在於所欲達致的目的。

《觀音玄義》便是透過「法門」此一事行、現象上的概念來說釋「性德善惡」的意義,大抵呈現出:「性」本身並非「善」、「惡」觀念所定義的對象,作爲德行通向意義的「法門」才是「善」、「惡」觀念附著的本體。

「性德」作爲本具冥伏內在於生命體的潛能時,並不意含「性德」自身有善、惡的定性本質,而是就落在現實上開展而會有或善、或惡的表現時,說「性德」有善、有惡。換言之,「性德善惡」是就通向實際事行表現上的可能差異,而在理論意義世界裡安立解說他們的可能性的一種說法;離開通向實際事行表現上的差異,便無法建立「性之善惡」說法的眞實意義,更不能據此而將「性德善惡」理解成表示決定生命體品質、內涵的是一種既存事實,是決定往善發展,或往惡開展的決定因素。再者,「善」、「惡」並非是種本質意義的存在,由此「於惡自在地施用惡法門而又不染於惡」,方才合理可解。因此,只有從「性」之「德善」、「德惡」是依於「法門」具可通向「修德」之「善」、「惡」的意義而建立,然後「性德善惡」才不會成爲是一種定性的、實然的表示。一來,不僅因爲定性的、實然的肯定相反於佛教的緣起觀;而且,由於「善」、「惡」必須是一種「法門」,而不是一種「本質」。

(三) 依理、事來論說

「性德」之具「善」、具「惡」,是就通向現實事行或善或惡發展的可能性意義而建立的說法。也就是說,從「性德」上所建立的「善」、「惡」並非定性的、實然的,而只是取它們在通向善、惡行果上的「可能性」意義。就「事」上的行相差別來說「理」上的「性德善惡」,往善落實,是爲「性善」;

往「惡」一方，便成「性惡」。必須先從說善、說惡恒是就實際事象上說，而不是就「性」自身建立決定性、定實性的「善惡」德相。因此，此一說法並不意謂「性德」之分善、惡，乃是依據本質義或定實性的思維觀點所提出，而只是站在可能的層面爲現實事象問題提出理由解釋上的表述。

最後，總括地來說，「性」是一種超越於經驗事象界的概念表示，而「性」所具「法門」義的「善」、「惡」也是只就可以通向現實行的「修德善惡」的意義而成立。作爲「但是善、惡法門」的「性之善、惡」，並非取義於某種定實性存在的觀點，而是針對發展成爲某種現實事象的「可能性」而建立的解說。因此，也就沒有斷滅、絕盡與否的問題。可以說爲「斷善」或「斷惡」的，只能就或者實現爲「惡」，或者展開成「善」的事行上成立。究實言之，乃不可用那指稱實際事物存在與否的概念，如「常」、「斷」等加諸於其上。

「性德善惡」的施設，是用以理解「修德善惡」意義的根源，所以，除非現實經驗世界裡沒有善、惡事行之別，否則「性」之分善、惡的說法，便可永遠成立。而，「性」、「修」分別立說，其意義，約有兩點可說——1. 理、事。2. 不落二邊之「不常不斷」的中道思想。（1）聖：「不斷不常」對於已了達諸法「實際」的佛，是緣起眞相的證智。（2）凡：就未了達諸法實際的凡夫或一闡提而言，「不斷不常」將可因「性」、「修」分立，成爲能夠被理智思維所認識的合說。

二、感應之蘊義、關係的抉顯

簡要地來說，「感應」指的是生命體間的互動關係；就〈普門品〉，或《觀音玄義》而言，便是指觀世音菩薩與眾生間，一者能「應」（聖者能應），一者能「感」（眾生能感）的往來交通。然而，《觀音玄義》的關注點，不是擺在「感」、「應」的解釋上，而是藉著「感應」的闡說，抉顯聖者與凡眾的生命內涵；並且，「感應」正可以作爲探討「惡法門」存在的理論依據。

以「感應」作爲討論的參考框架，可以知道「感應」是做爲凡、聖不同品質、內涵的生命體間往來溝通的關係網絡。凡、聖「感應」關係的確立，以及眾生可超凡入聖、佛菩薩具攝生本事之雙項條件的成立，由此便帶出了「惡法門」可以且必須成立的理由。換句話說，要使「感應」落實爲最佳的互動，是必須滿足一些條件的；就未悟的眾生而言，各有不同的根器、機緣，然在緣起觀的基礎上，眾生的根性不定、而相續的時空無盡，所以在事上有

可以超凡入聖的因緣；而作為引度眾生的諸佛菩薩，本身則當具有大慈悲的初心本願，以及「無住」的智慧證量。因著這些個條件，「惡法門」的運用，便可從中得出存在的基礎。

若以「事」、「理」來論說「感應」，約可得出以下的結論，茲以表格來呈現：

	凡	聖
理	性德（善）不斷	性德（惡）不斷
事	「緣遇」：各式因緣會聚； 「根性」：並非定性的生命體。	具有通透了知眾生根性的智慧，以及隨順眾生且自在地廣用各式法門的能力。

以「惡法門」之所以能成立的理由來做為論說的重心，若分由凡、聖兩種生命體來說明，便可以得出以下的結論：

凡	1. 眾生根性不定、三世緣起，故可以轉化。 2. 既是根性各個不同，所須的接應方法亦不同。 3. 當善的方法不足以相應、化導時，須得以惡法門為方便。
聖	1. 菩提道上願度無邊眾生的初心本願，而無有為惡的造作之意，亦即是解心無染。 2. 具有能度無邊眾生的能力：即所修得的生命證量，是足以用惡而不為惡所執礙，並且是超越善惡相對待的事象界的。再者，聖者明了藉由「法門」可通向真實的功能性意義。 3. 隨順眾生之根性願欲而施以應化，必要時得藉以使用惡法門為行化的方便，以施作教授眾生佛教真理。

若以「隨順」作為論說的軸線，仍以凡、聖為打開的綱目，則可以有以下的結論：

凡（被度者）	由於眾生的根器機緣不同，所以，消極的，不受強迫；積極的，可有順應提點，使之受用。
聖（施救者）	為達有效落實度生的利濟事業，確實具有洞觀眾生根性的能力，以及隨順應化的本事。

由「感應」扣合〈普門品〉，可以知道觀世音菩薩慈悲利生事業的完成，在理論上，是必須肯定菩薩與眾生間的互動關係——「感應」方能搭起且落實的。而這也是《觀音玄義》以「感應為宗」的教說來抉顯〈普門品〉觀世音菩薩隨所應化普門示現之事業的義蘊。換句話說，〈普門品〉展示了觀世音

菩薩「普門圓應」的神通大力與自在無畏，主要是透過或藉由菩薩與眾生兩類生命體間的往來互動、交流——「感應」來完成的。因此，《觀音玄義》可以說〈普門品〉是含帶了「感應」這樣一種生命體間的互動關係。

　　總的來說，約可簡要的做個總結：「感應」為聖、凡交通的理論基礎；「隨順」為聖、凡感應關係網絡有效落實的機制；「惡法門」則為隨順機制下的可行方法。

三、具天台特色的工夫論

　　本論文透過「慈悲」、「觀心」、「定慧」三組法目來打開《觀音玄義》在修行方面的相關提示。茲將討論結果，作如下的總結：

　　《觀音玄義》的「慈悲」觀，是「普遍周廣的慈悲觀」，也是「中道實相的慈悲觀」。所謂「普遍周廣」的慈悲，是指慈悲觀修之所緣念的對象：盡虛空的十法界眾生；「中道實相」的慈悲，則是指以「空」、「假」、「中」三諦圓融作為慈悲觀修法的運作模式。此二者，共成「十普門」之一的「慈悲普」。

　　「空」、「假」、「中」圓融三諦之慈悲觀修行持，可以收攝在「觀心」去落實。而「觀心」作為一種修行法門來論說時，首先探問：何以要由「心」（或「心意識」）作為觀修的著力處？（1）生死相續，輪迴不已；但也可度越生死長流，轉凡為聖。處在生命長河的生命體，「心」是生命體流留苦海的主因，也是輾轉超昇的樞紐。因此，「心」是生命體在凡為眾生、或解脫為聖者的機制。（2）在實相的觀照下，心、佛、眾生是三無差別的。然，對生命體而言，「心」法較之於高廣的佛法、眾生法，實更為切近。因此，基於「心」是生命體流轉的主導因素，以及是一平易可近的修習處，所以，將修行收攝在「觀心」，從觀照己之心念開始，可收修行之緊要與輕易的功用。

　　「觀心」在智者大師教說體系的位置，是藉由「七番共解」與「四意消文」來呈現。不論是「七解」或「四消」，都堆顯出教義的說解，誠然有其單獨存在，可以被討論的意義，但其所在究極意義，並不外於修行這個宗教目的。

　　《觀音玄義》對「觀心」的討論，主要是落在「不次第觀心」，也就是圓融「一心三觀」。以「空」、「假」、「中」三諦圓融之中道實相觀見三千世間一切法；亦即經由能觀的「一念心」修起「空」、「假」、「中」圓融無礙的智慧運作，洞見一切法「因緣生」、「自性空」之中道實相。

「空」、「假」、「中」是對於諸法「緣起」相續之流的展現，予以不同面向的說解時所施設的言辭；而「緣起」是諸法的實相，所以，「空」、「假」、「中」亦是實相。在「緣起」的觀點下，十法界有情生命體是隨世間載浮載沉、或是掙脫世間纏縛、或進而成滿佛果；收攝地來說，是由心念為「惑」、為「解」之因緣的會聚而成。因之，究竟是位居十法界的哪一界，生命體是有其自主性的，由此便抉示出修學之於生命體的重要性。

「觀心」作為修行方法的意義，約有幾點可說：(1)「心」是生命體在「十法界」中輾轉升降、或凡或聖的主導因素所在，而「觀心」的修學功夫論意義便被帶出來，因為它是切近佛法行者自身的修學入手處。又，身實相、佛實相、眾生實相、心實相，並是「空」、「假」、「中」三諦圓融的緣起法性，「觀心」所論，不過以切近行者自身的「心」來作為總攝性的說明，並且用以指導易於下手的修行法門。(2)「觀心」便是要洞見作為諸法之一的「心法」本身，也是「緣起有」、「自性空」；因此，心、法皆是無有定實的體性可得，所以「觀心實相」就是觀見三千世間一切法實相。若落在十法界生命體來論說，「緣起性空」的十法界實相義，可以就「心法」入手去了解、通透。(3)在「緣起性空」的意義下，成立「(一念)心具」三千世間法，以及從「一心三觀」、「三諦圓融」對緣起法相，做「空」、「假」、「中」等三個意義面向的展示性說明。

然而，「心」雖是生命體流轉、超昇的主導因素，卻不是「成佛」，尤其是指大乘佛教意義的「成佛」的唯一條件。因為，不僅是說「心具」三千世間一切法，或是說三千世間一切無不由「心」造，都只是對於一切緣起相關的存在界的總攝性言說而已，並且「心（意識）法」也是根、塵相對所生起的，因而「心」也是緣起的，不是一個「實體」。所以，「觀心」不僅是行者自身靜坐默想的功夫，而且必須在與他互動的生活事行中展開、落實，這便是在菩提道上莊嚴成佛果報的實踐活動，《觀音玄義》總說之為「福德」與「智慧」二種莊嚴。

菩提道的修學，是以「自行」、「化他」為行持的兩大軸線，以期成就「上求佛道」、「下化眾生」的願行；而他利心行的落實，則是由慈悲心願的發起與修集為前導；又，慈悲心是為發起菩提心的基礎，而上求下化的行願落實下來，可以「智慧」與「福德」，也就是「慧」、「定」來打開其內容，並由之修學來完成。因此，透過「定」、「慧」的修習，可以圓滿菩提道上的行願。

關於「福德」（「定」）與「智慧」（「慧」）的修學，《觀音玄義》是由「首楞嚴三昧」與「般若智慧」的實踐來討論。

關於「首楞嚴三昧」，《觀音玄義》屢屢提及觀世音菩薩由於成就「首楞嚴三昧」，因之能夠自在地於眾生所在之處「普門示現」來行其度生事業，然卻未對「首楞嚴三昧」的內容有一深入探討，於是本論文藉由《首楞嚴三昧經》經文，試著對「首楞嚴三昧」在菩提道上修行的位置，稍作論釋。

「首楞嚴三昧」的利生大用：獲得「首楞嚴三昧」的菩薩，雖具有入大般涅槃的能力，卻是不住著、安住於其中，而由此現起利濟眾生的廣大利用——無礙地隨順眾生需求而示現；在一切處「普門示現」，乃至能入魔界惡道隨緣應機地施教佛法，卻不會受到污染。既然為利眾生願成佛，是菩提道的誓願行，而「首楞嚴三昧」又是成滿此願行所必須的，所以，修得「首楞嚴三昧」是菩提道上修行的重要法目。當菩薩成辦了「首楞嚴三昧」後，便能了知一切眾生心行，進而給予最適合於眾生的指導，讓眾生走向修行佛法的道路。又，「首楞嚴三昧」的修學，不僅在利生上有其大用，卻也是菩薩行者產生「福田」的所在。總的來說，修得「首楞嚴三昧」的菩薩，由於具有了知眾生心行的能力，以及自在任運的本事，所以，消極地，可以為利生行作保證，不產生過患；積極地，便能給以眾生最恰如的教導。

以「定」為主的「福德」修集，並不是離開「般若（智慧）」的佛果「莊嚴」之道。就最終的結果而言，「摩訶般若」與「首楞嚴定」是合一的；就修行的過程來說，「般若之慧」與「五度之福」，也是「定」、「慧」等學、並修「不二」的。「五度」的修福，也是貫徹「般若」一味的。由「無二的中道智慧正見」來貫攝「首楞嚴三昧」的修習，由此得以發生「普門圓應」的神通大力。所以，「智慧」成滿的實踐過程，還須有「福德」行門的資助，然後「普門示現」救度眾生的聖賢性格內涵、生命品質，方得具體滿足。定莊嚴、慧莊嚴，圓滿了慈悲心願；而以緣起中道的智慧正見行慈悲的利濟事業，即是福慧相互資予的自利利他的菩薩事業。

大乘佛教菩提（薩）道的修學，是以「自行化他」為主要內容，因此，度化眾生是成佛不可或缺的修行要道。緣此，菩薩遂有「感應」之門；而「感應」的具體的落實，便關涉到佛教聖者與眾生的生命內涵。在《觀音玄義》裡，是以慈悲度眾的觀世音菩薩為菩提道上修學的代表人物，來闡釋諸佛菩薩弘法利生的佛化事業。已悟的聖者，以及凡夫眾生，同具有圓滿證悟的成

佛潛能：「性德」；基於此一內在的平等性，成就的聖者藉著慈悲願行大力引導眾生，在凡的有情眾生具有可以轉凡爲聖的因緣，在這世間凡眾有「感」，佛教聖賢能「應」的兩端，於事理上便是由「感應」做爲兩方的貫串。在「感應」關係網絡的確立上，爲了使引導眾生的弘化事業可以順利的進行，以「惡」爲方便的「法門」，便有了可以成立的理由。其次，應化救苦在菩薩的修行上，透顯出「慈悲」的主題；尙受煩惱纏縛的眾生，在心佛眾生三無差別的實相觀照上，就眾生而言，「觀心」是修學道上的入手處；「定慧」則是菩提道上的六度行。因此，關於修行方面的內容，《觀音玄義》便是由「慈悲」、「觀心」、「定慧」三項法目來闡說。

重要參考書目

一、漢譯印度經、論（依《大正藏》所收冊數排序）

1. 《佛說長阿含經》後秦・佛陀耶舍共竺佛念譯，《大正藏》第一冊。
2. 《雜阿含經》，劉宋・求那跋陀羅譯，《大正藏》第二冊。
3. 《大般若經》，唐・玄奘譯，《大正藏》第七冊。
4. 《摩訶般若波羅蜜經》（二十七卷），後秦・鳩摩羅什譯，《大正藏》第八冊。
5. 《金剛般若波羅蜜經》，姚秦・鳩摩羅什譯，《大正藏》第八冊。
6. 《般若波羅蜜多心經》，唐・玄奘譯，《大正藏》第八冊。
7. 《妙法蓮華經》，姚秦・鳩摩羅什譯，《大正藏》第九冊。
8. 《正法華經》，西晉・竺法護譯，《大正藏》第九冊。
9. 《添品妙法蓮華經》，隋・闍那崛多共笈多譯，《大正藏》第九冊。
10. 《薩曇分陀利經》，失譯，《大正藏》第九冊。
11. 《無量義經》，蕭齊・曇摩伽陀耶舍譯，《大正藏》第九冊。
12. 《佛說觀普賢菩薩行法經》，宋・曇無蜜多譯，《大正藏》第九冊。
13. 《大方廣佛華嚴經》（六十卷），東晉・佛馱跋陀羅譯，《大正藏》第九冊。
14. 《大方廣佛華嚴經》（八十卷），唐・實叉難陀譯，《大正藏》第九冊。
15. 《大方廣佛華嚴經入不思議解脫境界普賢行願品》（四十卷），唐・般若譯，《大正藏》第十冊。
16. 《勝鬘獅子吼一乘大方便方廣經》，劉宋・求那跋陀羅譯，《大正藏》第十二冊。
17. 《佛說觀無量壽佛經》，劉宋・畺良耶舍譯，《大正藏》第十二冊。
18. 《大般涅槃經》，北涼・曇無讖譯，劉宋・慧嚴等再治（依《泥洹經》加之），《大正藏》第十二冊。
19. 《維摩詰所說經》，姚秦・鳩摩羅什譯，《大正藏》第十四冊。

20. 《思益梵天所問經》，姚秦・鳩摩羅什譯，《大正藏》第十五冊。

21. 《佛說首楞嚴三昧經》，姚秦・鳩摩羅什譯，《大正藏》第十五冊。

22. 《大佛頂如來密因修證了義諸菩薩萬行首楞嚴經》，唐・般剌蜜帝譯，《大正藏》第十九冊。

23. 《菩薩瓔珞本業經》，姚秦・竺佛念譯，《大正藏》第二十四冊。

24. 《大智度論》，龍樹菩薩造，後秦・鳩摩羅什譯，《大正藏》第二十五冊。

25. 《妙法蓮華經憂波提舍》，婆藪槃豆釋，後魏・菩提留支共曇林等譯，《大正藏》二十六冊。

26. 《中論》，龍樹菩薩造，梵志青目釋，姚秦・鳩摩羅什譯，《大正藏》第三十冊。

27. 《攝大乘論》，無著菩薩造，陳・眞諦譯，《大正藏》第三十一冊。

28. 《佛性論》，天親菩薩造，陳・眞諦譯，《大正藏》第三十一冊。

29. 《究竟一乘寶性論》，後魏・勒那摩提譯，《大正藏》第三十一冊。

30. 《大乘起信論》，馬鳴菩薩造，梁・眞諦譯，《大正藏》第三十二冊。

二、天臺要典 (依《大正藏》所收冊數排序)

1. 《妙法蓮華經玄義》，隋・智顗說，灌頂錄，《大正藏》第三十三冊。

2. 《法華玄義釋籤》，唐・湛然述，《大正藏》第三十三冊。

3. 《法華文句記》，唐・湛然述，《大正藏》第三十四冊。

4. 《妙法蓮華經文句》，隋・智顗說，灌頂錄，《大正藏》第三十四冊。

5. 《觀音玄義》，隋・智顗說，灌頂記，《大正藏》第三十四冊。

6. 《觀音義疏》，隋・智顗說，灌頂記，《大正藏》第三十四冊。

7. 《觀音玄義記》，宋・知禮述，《大正藏》第三十四冊。

8. 《觀音義疏記》，宋・知禮述，《大正藏》第三十四冊。

9. 《維摩經玄疏》，隋・智顗撰，《大正藏》第三十八冊。

10. 《請觀音經疏》，隋・智顗說，灌頂記，《大正藏》第三十九冊。

11. 《金光明經玄義》，隋・智顗說，灌頂錄，《大正藏》第三十九冊。

12. 《南嶽思大禪師立誓願文》，陳・慧思撰，《大正藏》第四十六冊。

13. 《法華經安樂行義》，陳・慧思說，《大正藏》第四十六冊。

14. 《大乘止觀法門》，陳・慧思說，《大正藏》第四十六冊。

15. 《法界次第初門》，隋・智顗撰，《大正藏》第四十六冊。

16. 《四念處》，隋・智顗說，《大正藏》第四十六冊。

17. 《六妙法門》，隋・智顗說，《大正藏》第四十六冊。

18. 《摩訶止觀》，隋・智顗說，灌頂錄，《大正藏》第四十六冊。

19. 《觀心論》，隋・智顗述，《大正藏》第四十六冊。

20. 《十不二門》，唐・湛然述，《大正藏》第四十六冊。

21. 《止觀輔行傳弘決》，唐・湛然述，《大正藏》第四十六冊。

22. 《十不二門指要鈔》，宋・知禮述，《大正藏》第四十六冊。

23. 《四明十義書》，宋・知禮撰，《大正藏》第四十六冊。

24. 《性善惡論》，明・傳燈註，《卍續藏》第一〇一冊。

25. 《天台傳佛心印記註》，明・傳燈註，《卍續藏》第一〇一冊。

三、僧傳暨天臺、《法華》相關史傳（依《大正藏》所收冊數排序）

1. 《佛祖統紀》，宋・志磐撰，《大正藏》第三十九冊。

2. 《國清百錄》，隋・灌頂撰，《大正藏》第四十六冊。

3. 《佛祖歷代通載》，元・念常集，《大正藏》第四十九冊。

4. 《隋天臺智者大師別傳》，隋・灌頂撰，《大正藏》第五十冊。

5. 《高僧傳》，梁・慧皎撰，《大正藏》第五十冊。

6. 《續高僧傳》，唐・道宣撰，《大正藏》第五十冊。

7. 《弘贊法華傳》，惠詳撰，《大正藏》第五十一冊。

8. 《法華傳記》，《大正藏》第五十一冊。

9. 《天台九祖傳》，宋・士衡編，《大正藏》第五十一冊。

四、藏經目錄（依朝代先後排序）

1. 《出三藏記集》（十五卷），梁・僧祐撰，《大正藏》第五十五冊。

2. 《眾經目錄》（七卷），隋・法經撰，《大正藏》第五十五冊。

3. 《大唐內典錄》（十卷），唐・道宣撰，《大正藏》第五十五冊。

4. 《開元釋教錄》（二十卷），唐・智昇撰，《大正藏》第五十五冊。

五、現代專籍論著（依著者姓氏筆畫排序）

（一）史傳、史料

1. 朱封鰲、韋彥鐸《中華天台宗通史》，北京：宗教文化出版社，2001 年。

2. 張風雷：《智顗評傳》，北京：京華出版社，1995 年。

3. 梁啟超：《古書真偽及其年代》，台北：台灣中華書局，1978 年 12 月，台六版。

4. 蔡運辰編著：《二十五種藏經目錄對照考釋》，台北：新文豐出版公司，1983年 12 月。

5. 潘桂明、吳忠傳著：《中國天台宗通史》，南京：江蘇古籍出版社，2001年。

6. 潘桂明：《智顗評傳》，南京：南京大學出版社，1996 年。

7. 釋慧嶽：《天臺教學史》，中華佛教文獻編纂社，1974 年。

8. 藍吉富：《佛教史料學》，台北：東大圖書公司，1997 年 7 月。

9. 藍吉富：《隋代佛教史述論》，台北：臺灣商務印書館，1993 年。

（二）通　著

1. 大谷大學佛教學會編，舟橋一哉等著，關世謙譯：《佛學研究指南》，台北：東大圖書公司，1993 年，再版。

2. 文殊大藏經編輯委員會主編：《文殊大藏經‧法華部（全)》，台北：文殊出版社，1987 年 5 月初版，1988 年 9 月再版。

3. 太虛大師著，唐一玄編解：《法華經教釋》，高雄：佛光出版社，1990 年 2月，重排五版。

4. 尤惠貞：《天台宗性具圓教之研究》，台北：文津出版社，1993 年 5 月。

5. 中村元著，江支地譯：《慈悲》，台北：東大圖書公司，1997 年 9 月。

6. 印順：《如來藏之研究》，台北：正聞出版社，1981 年 12 月。

7. 印順：《佛法研究佛法》，台北：正聞出版社，1987 年，七版。

8. 印順：《初期大乘佛教之起源與開展》，台北：正聞出版社，1994 年 7 月，七版。

9. 平川彰、尾山雄一、高崎直道編輯，林久稚譯：《法華思想》，台北：文殊出版社，1987 年 11 月。

10. 平川彰等著，許明銀譯：《佛學研究入門》，台北：法爾出版社，1990 年。

11. 安滕俊雄著，演培法師譯：《天台性具思想論》，台北：天華出版公司，1989年 9 月，天華版。

12. 安滕俊雄著，蘇榮焜譯：《天台學 ── 根本思想及其開展》，台北：慧炬出版社，1998 年 10 月。

13. 牟宗三：《佛性與般若（下)》，台北：台灣學生書局，1984 年 9 月，修訂四版。

14. 牟宗三：《圓善論》，台北：台灣學生書局，1985 年 7 月。

15. 朱封鰲：《中國佛學天台宗發展史》，北京：漢語大詞典出版社，1996。

16. 朱封鰲：《妙法蓮華經文句校釋》，北京：宗教文化出版社，2000。

17. 呂澂：《中國佛學思想概論》，台北：天華出版社，1982。

18. 呂澂：《印度佛學思想概論》，台北：天華出版社，1982 年。

19. 呂澂：《佛教研究法》，台北：新文豐出版社，1984 年，再版。

20. 李志夫：《法華玄義研究（上、下）》，台北：中華佛教文獻編纂社，1997。

21. 李志夫：《摩訶止觀之研究（上、下）》，台北：法鼓文化，2001 年。

22. 河村孝照：《法華經概說》，台北：新文豐出版公司，1989 年 2 月，台版。

23. 吳汝鈞：《佛學研究方法論》，台北：學生書局，1996 年 7 月，增訂版。

24. 吳汝鈞：《佛教的概念與方法》，台北：台灣商務印書館，1989 年。

25. 吳汝鈞：《中國佛學的現代詮釋》，台北：文津出版社，1995 年。

26. 吳汝鈞：《天台智顗的心靈哲學》，台北：台灣商務印館，1999 年。

27. 吳汝鈞：《法華玄義的哲學與綱鎮》，台北：文津出版社，2002 年。

28. 唐君毅：《中國哲學原論（原道篇卷三）》，台北：台灣學生書局，1984 年 1 月，修訂五版（台四版）。

29. 唐君毅：《中國哲學原論（原性篇）》，台北：台灣學生書局，1984 年 2 月，全集校訂版。

30. 袁保新：《老子哲學之詮釋與重建》，台北：文津出版社，1991 年 9 月。

31. 陳英善：《天台緣起中道實相論》，台北：東初出版社，1995 年 3 月。

32. 陳英善著：《天台性具思想》，台北：東大圖書公司，1997 年 8 月。

33. 張曼濤：《現代佛教學術叢刊 55・天台學概論》，台北：大乘文化出版社，1976 年。

34. 張曼濤：《現代佛教學術叢刊 56・天台宗之判教與發展》，台北：大乘文化出版社，1976 年。

35. 張曼濤：《現代佛教學術叢刊 57・天台典籍論籍》，台北：大乘文化出版社，1976 年。

36. 張曼濤：《現代佛教學術叢刊 58・天台典籍研究》，台北：大乘文化出版社，1976 年。

37. 張曼濤：《天台思想論集》，台北：大乘文化出版社，1979 年 5 月初版。

38. 黃永武：《敦煌寶藏》，台北：新文豐出版公司，1986 年。

39. 曾其海：《天台佛學》，上海：學林出版社，1999 年。

40. 湯用彤：《漢魏兩晉南北朝佛教史》，台北：臺灣商務印書館，1998 年。

41. 楊惠南：《吉藏》，台北：東大圖書，1989 年。

42. 蒙培元：《中國心性論》，台北：台灣學生書局，1990 年 4 月。

43. 臺大哲學系主編：《中國人性論》，台北：東大圖書公司，1990 年 3 月。

44. 蔡耀明：《般若波羅蜜多教學與嚴淨佛士——內在建構之道的佛教進路論文集》，南投，正觀出版社，2001 年 2 月初版。

45. 曉雲法師：《天台宗論集》，台北：原泉出版社，1987 年。

46. 曉雲導師宣講：《妙音妙行》，台北：原泉出版社，1987 年 10 月。

47. 曉雲導師宣講：《觀音圓行》，台北：原泉出版社，1989 年 7 月。

48. 賴永海：《中國佛性論》，高雄：佛光出版社，1990 年 12 月。

49. 賴永海：《湛然》，台北：東大圖書，1993 年。

50. 賴永海：《佛學與儒學》，台北：揚智文化，1997 年。

51. 釋智諭：《性緣問題之申論》，台北：西蓮淨苑，1988 年 2 月。

52. 釋智諭講述：《妙法蓮華經講記》，台北：西蓮淨苑，1989 年 5 月。

53. 釋聖嚴：《大乘止觀法門之研究》，台北：東初出版社，1991 年 1 月。

54. 釋恆清：《佛性思想》，台北：東大圖書公司，1997 年 2 月。

六、學位論文（依時間順序排列）

（一）碩士論文

1. 黃香蘭：《法華經的研究》，香港能仁書院哲學研究所，1980 年。

2. 廖寶泉：《從天台圓教看無情有性》，香港新亞書院，1983 年。

3. 李燕蕙：《智者大師的實相論與性具思想之研究》，中國文化大學哲學研究所，1985 年。

4. 郭朝順：《智者與法藏圓頓思想之研究》，中國文化大學哲學研究所，1989 年。

5. 陳水淵：《智顗「四句」理論之研究》，台灣大學哲學研究所，1992 年。

6. 張明杰：《智者與荀子性惡觀之比較研究 —— 基於社會歷史發展的考察》，中國文化大學哲學研究所，1992 年。

7. 吳宜芳：《智者「三諦圓融」思想之探微》，中國文化大學哲學研究所，1992 年。

8. 程國強：《龍樹、智顗、慧能之存在論 —— 空、圓、無的比較研究》，香港能仁書院，1993 年。

9. 許國華：《天台圓教與佛性思想之研究》，政治大學哲學研究所，1994 年。

10. 賴志銘：《天台智顗性惡說研究》，中央大學哲學研究所，1994 年。

11. 蔡朝枝：《天台安樂行之研究》，華梵大學東方人文思想研究所，1996 年。

12. 洪淑卿：《論知禮十不二門指要鈔的妄心觀思想傳承》，中國文化大學哲學研究所，1997 年。

13. 戴裕記：《湛然《金剛錍》「無情有性」論思想研究》，淡江大學中國文學研究所，1999 年。

14. 林妙貞：《試析「佛法身之自我坎陷」與天台圓教「性惡法門」之關係》，南華哲學研究所，1999 年。

15. 陳平坤：《論慧能會通般若與佛性的頓教禪法 ── 《壇經》禪教思想探義》，華梵大學東方人文思想研究所，1999 年。

（二）博士論文

1. 尤惠貞：《天台性具圓教之義理根據及其開展之獨特模式》，東海大學哲學研究所，1991 年。

2. 郭朝順：《湛然與澄觀佛性思想之研究》，中國文化大學哲學研究所，1994 年。

3. 金希庭：《唐‧湛然金剛錍的無情有性論之研究》，中國文化大學哲學研究所，1997 年。

4. 韓子峰：《天臺法華三昧之研究》，臺灣師範大學國文研究所，1999 年。

5. 林志欽：《智者大師教觀思想之研究》，中國文化大學哲學研究所，1999 年。

七、現代單篇論文（依姓氏筆畫排序）

1. 王志楣：〈試論「佛不斷性惡」說之思惟方式〉，《中華學苑》第五十二期，1999 年 2 月。

2. 尤惠貞：〈由「一心開二門」之思想架構看天台宗「一念無明法性心」之特殊涵義〉，《中華佛學學報》第十期，1997 年 7 月。

3. 方立天：〈中國佛教心本源說的創立與發展〉，《中國佛學》第一卷第一期，1998 年 10 月。

4. 古正美，〈定義大乘及研究佛性論上的一些反思〉，《佛學研究中心學報》第三期，1998 年 7 月。

5. 任博克：〈由「相互主體性」的立場論天台宗幾個基本概念以及山家與山外之爭〉，《中華佛學學報》第十期，1997 年 7 月。

6. 朱文光：〈考證、典範與解釋的正當性：以《大乘止觀法門》的作者問題為線索〉，《中華佛學研究》第一期，1997 年 3 月。

7. 李光泰：〈圓教中「即」之思想探究〉，《東南學報》第十九期，1996 年 12 月。

8. 杜正民：〈當代如來藏學的開展與問題〉，《佛學研究中心學報》第三期，1998 年 7 月。

9. 板本幸男著，釋慧岳譯：〈法華經之開會思想與權實論〉，收在《妙法蓮華經文句記》上冊，台北：中華文獻編撰社，1993 年 7 月，校訂合刊版。

10. 板本幸男著，釋慧岳譯：〈法華至上思想之開展〉，收在《妙法蓮華經文句

記》上冊，台北：中華文獻編撰社，1993 年 7 月，校訂合刊版。

11. 板本幸男著，釋慧岳譯：〈法華思想史研究——特以《法華經》「十如是」爲焦點〉，收在《妙法蓮華經文句記》上冊，台北：中華文獻編撰社，1993 年 7 月，校訂合刊版。

12. 林崇安：〈漢藏的佛性論〉，《佛教思想的傳承與發展——印順導師九秩華誕祝壽文集》，台北：東大圖書公司，1995 年 4 月。

13. 林志欽：〈天台智顗教觀思想體系〉，《中華佛學研究》第五期，台北：中華佛學研究所，2001 年 3 月。

14. 金希庭：〈關於天台「性具善惡論」之形成與闡發之考察——以「性惡」說爲中心〉，《華岡研究學報》第二期，1997 年 3 月。

15. 恆清法師主持：〈宗教對談（二）：善與惡〉，《法光雜誌》第二十六期，1991 年 11 月。

16. 細井日達編，印海譯：〈法華經大意〉，《海潮音》第六七卷第二號，1986 年 2 月。

17. 張瑞良：〈天台智者大師的如來性惡說之探究〉，《臺大哲學評論》第九期，1986 年 1 月。

18. 張瑞良：〈天台智者的「一念三千」之研究〉，《臺大哲學論評》第十一期，1988 年 11 月。

19. 張瑞良：〈智者之哲學方法〉，《臺大哲學評論》第十四期，1991 年 1 月。

20. 張風雷：〈智顗的「性具善惡」學說及其理論價值〉，《宗教哲學》第三卷第二期，1997 年 4 月。

21. 郭朝順：〈智者的圓頓思想〉，《中華佛學學報》第五期，1992 年 7 月。

22. 郭朝順：〈智者與法藏教相判釋略論（上、下）〉，《鵝湖月刊》第十六卷十二期，1998 年 7 月。

23. 郭朝順：〈湛然「無情有性」佛性思想中的真如概念〉，《圓光佛學學報》三期，1999 年 2 月。

24. 郭朝順：〈智顗「五重玄義」的佛教詮釋學〉，《華梵大學第四次儒佛會通學術研討會論文集》，2000 年 5 月。

25. 郭朝順：〈從《法華玄義》所引重要經論看智顗的思想結構〉，《華梵大學第五次儒佛會通學術研討會論文集》，2001 年 5 月。

26. 郭朝順：〈智顗「四意消文」的解經方法〉，《第四屆天台宗學會論文發表會》，2002 年 7 月。

27. 陳英善：〈《觀音玄義》性惡問題之探討〉，《中華佛學學報》第五期，1992 年 7 月。

28. 陳英善：〈由《大乘止觀法門》論慧思思想有否與前期相違〉，《諦觀》第

八十五期，1996 年 4 月。

29. 陳英善：〈評〈從「法性即無明」到「性惡」〉〉，《佛學究中心學報》第二期，1997 年 4 月。

30. 陳英善：〈慧思與智者心意識說之探討〉，《中華佛學學報》第十一期，1998 年 4 月。

31. 陳一標：〈真諦的「三性」思想——以《轉識論》為中心〉，《東方宗教研究》新四期，1994 年 10 月。

32. 傅偉勳：〈由中觀的二諦中道到後中觀的台賢二宗思想對立——兼論中國天台的特質與思維限制〉，《中華佛學學報》第十期，1997 年 7 月。

33. 黃夏年：〈傳燈大師對智者大師的繼承——有門性學思想框架的討論〉，《中國佛學》第一卷，第一期，1998 年 10 月。

34. 鈴木大拙著，孫富支譯：〈論佛的三身〉，《國際佛學譯粹》第一輯，台北：靈鷲山出版社，1991 年 6 月。

35. 蔣義斌：〈鳩摩羅什譯《大品經》《妙法蓮華經》中的「深心」〉，《佛教思想的傳承與發展——印順導師九秩華誕祝壽文集》，台北：東大圖書公司，1995 年 4 月。

36. 楊祖漢：〈天台宗性惡說的意義〉，《鵝湖學誌》第十四期，1995 年 6 月。

37. 楊惠南：〈從「法性無明」到「性惡」〉，《佛學研究中心學報》第一期，1996 年 7 月。

38. 楊惠南：〈智顗對秦譯《法華經》的判釋〉，《佛學研究中心學報》第二期，1997 年 7 月。

39. 楊惠南：〈智顗的「三諦」思想及其所依經論〉，《台大佛學研究中心學報》第六期，2001 年 7 月。

40. 楊維中：〈論天台宗的染淨善惡觀〉，《中國佛學》第三卷第一期（春季號），2000 年 4 月。

41. 鄧克銘：〈智者天台教觀中之心的涵義〉，《佛學研究中心學報》第三期，1998 年 7 月。

42. 蔡耀明：〈《阿含經》和《說無垢稱經》的不二法門初探〉（原名為〈《說無垢稱經·不二法門品》義理構造探析：背景篇〉，《佛教研究的傳承與創新學術研討會論文集》，台北：現代佛教學會，2002 年 2 月。

43. 魏德東：〈論智顗的「一念」思想〉，《宗教哲學》四卷二期，1998 年 4 月。

44. 釋恒清：〈智顗的性惡說〉，《臺大哲學論評》第十三期，台北：臺大哲學系，1990 年 1 月。

45. 釋道昱：〈觀世音經考〉，《圓光佛學學報》，中壢：圓光出版社，1997 年 10 月。

附錄：《觀音玄義》新校

《觀世音玄義》卷上　隋·天台智者大師說，門人灌頂記

夫法界圓融，像無所像；眞如清淨，化無所化。雖像無所像，無所而不像；化無所化，無所而不化。故無在無不在，化應九道之身；處有不永〔註1〕，寂入不二之旨。是以三業致請，蒙脫苦涯〔註2〕；四弘爲誓，使露上樂。故娑婆世界，受無畏之名；寶藏佛所，稟觀音之目。已成種覺，號正法明；次當補處，稱爲普光功德。其本跡若此，寧可測知？方便隨緣，趣〔註3〕舉一名耳。今言觀世音者，西土正音，名阿耶婆婁吉低輸，此言觀世音。能所圓融，有無兼暢。照窮正性，察其本末，故稱觀也。世音者，是所觀之境也。萬像流動，隔別不同；類音殊唱，俱蒙離苦。菩薩弘慈，一時普救，皆令解脫，故曰觀世音。此即境智雙舉，能所合標。經者，由義，文理表發，織成行者之心，故曰經。普門者，普是遍義，門曰能通。用一實相，開十普門，無所障閡，故稱普門。品者，類也。義類相從，故名爲品也。

大部既有五章明義，今品例爲此釋，五意者：一釋名、二出體、三明宗、四辯用、五教相。釋名爲二：一通釋，二別釋。通者，人法合明；別者，人法各辯。何故爾？緣有利鈍，說有廣略。今就通釋爲四：一列名、二次第、三解釋、四料簡。

一、列名者，十義以爲通釋。所以者何？至理清淨，無名無相，非法非

〔註1〕《觀音玄義記會本》爲「處有不永有」。
〔註2〕《觀音玄義記會本》「涯」爲「崖」。
〔註3〕《觀音玄義記會本》「趣」爲「輒」。

人，過諸數量，非一二三。但妙理虛通，無名相中，假名相說，故立無名之名，假稱人法，雖非數量，亦論數量。故《大論》云：般若是一法，佛說種種名。隨諸眾生類，爲之立異字。今處中說，略用十義，以釋通意也。十義者：一、人法，二、慈悲，三、福慧，四、眞應，五、藥珠，六、冥顯，七、權實，八、本跡，九、緣了，十、智斷。

　　第二次第者，此有兩意：一約觀明次第，二約教明次第。約觀，則總初中後心，因圓果滿；約教，則該括漸頓小大諸經。約觀以人法爲初者，欲明觀行，必有其人，人必秉法。譬如人受一期果報，攬陰成人，雖具無量德行，必先標名字。故以人法居初，意亦例此。人法居九義之初可爾，何意乘以人法爲次耶？此須據經。《經》云：「以是因緣名觀世音」即前辯人；後云「方便之力」，「普門示現」，即卻論於法。人能秉法，故言人法也。二、次慈悲者，良由觀音之人，觀於實相普門之法，達於非人非法實相之理。一切眾生，亦復如是，故《華嚴》云：「心、佛及眾生，是三無差別。」此理圓足，無有缺減，云何眾生理具情迷，顛倒苦惱？既觀是已，即起慈悲，誓拔苦與樂。是故明慈悲也。復次若就言說爲便，初慈後悲。亦是就菩薩本懷，欲大慈與樂，既不得樂，次大悲拔苦，故初慈後悲。若從用次第者，初以大悲拔苦，後方以大慈與樂。又就行者先脫苦，後蒙樂，故先悲後慈。今從前義次第也。三、福慧者，初則人法相成，此據其信。次則慈悲與拔者，此明其願。欲滿此願，必須修行。修行不出福慧：慧即般若，福即五度。互相資導，以行順〔註4〕願，事理圓足。若智慧增明，則大悲誓滿，拔苦義成。若福德深厚，則大慈誓滿，與樂義成。故福慧居三也。復次言說爲便，先福後慧。若化他本意，先欲實慧利益。如其不堪，方示福德，又資故先福，導故先慧。四、眞應者，若智慧轉明，則契於法性。法性即實相，名爲法身；法身既顯，能從眞起應；眞顯應起，只由福慧開發，故次第四也。又若就方便化物，先用應，後用眞。今從前義爲次第也。五、明藥珠二身者，先明眞應，直語證得，未涉利人，今明兩身俱能益物。眞身破取相，諭〔註5〕如藥；應身對萬機，類於珠。就兩字明次第者，與慈悲相似也。六、明冥顯者，前明二身道理，即能顯益。今辯被緣得冥益，或得顯益，故次二身後明也。七、明權實者，前緣得益何意不同？良由權巧無方，赴機允當，不失其宜，二智之力，故以此爲次也。先

〔註4〕《觀音玄義記會本》，「順」作「塡」。
〔註5〕《觀音玄義記會本》，「諭」爲「喻」。

權後實者，此就淺深爲次也。若依文者，先以實益，次以權度，此隨物爲次。若就佛本意，先只爲一大事因緣，先顯實益，衆生未堪，後用權度。八、明本跡者，雖復益物權實之巧，而巧有優降，必是上中下智本跡之殊。權實略而且橫。今欲細判高下，以明次位。若其本高，所作權實之跡則妙。是故次總略之後，辯其細妙之能也。非本無以垂跡，故先明本，非跡無以顯本，應先跡也。九、明了因緣因者，上來行人發心修行，從因剋果；化他利物，深淺不同。從人法至眞應，是自行次第；藥珠至本跡，是化他次第。此乃順論，未是卻討根本。今原其性德種子。若觀智之人，悲心誓願，智慧莊嚴，顯出眞身，皆是了因爲種子。若是普門之法，慈心誓願，福德莊嚴，顯出應身者，皆是緣因爲種子。故次第九也。十、明智斷者，前明緣了，是卻討因源；今明智斷，是順論究竟。始則起自了因，終則菩提大智。始則起自緣因，終則涅槃斷德。若入涅槃，衆行休息，故居第十也。二、約諸教明次第者，又爲通、別。通義可解。別今當說，如華嚴頓教，教名大方廣佛華嚴。依題，初明人法。此人秉法，必具慈悲，菩薩修因，居然福慧，既入地位，必證眞應。既能利物，則辯藥珠。物得其益，有冥有顯。而未得別論權實、本跡、緣了、智斷者。通義則有，別意則無。何故爾？佛一期化物。明於頓漸，頓教雖說，漸教未彰，故不明四意也。所以不明者，彼經明小隔於大，如聾如（病一丙十亞），覆於此權。未顯其實。故云久默斯要，不務速說。故言無權實也。言無本跡者，彼經未發王宮生身之跡。寂滅道場法身之跡。未彈指謦欬，發久遠所得生法二身之本，故言無本跡。言無緣了智斷者，不明小乘根性及有心之者，本自有常住之因，當剋智斷菩提本果，故言無也。次，約三藏教，但明人法慈悲福慧三義，無眞應等七種。何故爾？二乘教中，但明灰身滅智，那得從眞起應，既無眞應，將何益物。私難，通論備十，別語但三，此三若約眞諦，則隨通義，乃具十意，何止但三？若言是別，別應約中道，既得有中道人法三種，何意無七？私答：通論十意，此約三乘。別語三科，的據菩薩，三藏菩薩，得有慈悲、福慧、伏惑之義，既伏而不斷，故無眞應七法。師云：「齊教止三」。若約方等教，對小明大，得有中道大乘人法至冥顯兩益等六意。然猶帶方便，調熟衆生，故不得說權實等四意。若明般若教，雖未會小乘之人，已會小法皆是摩訶衍，但明人法等六意，亦帶方便，未明權實等也。若約法華教，則會小乘之人，汝實我子，我實汝父，汝等所行，是菩薩道，開權顯實，發本顯跡，了義決定，不相疑難，故知《法華》得明中道

人法至本跡八意。前諸教所不明，《法華》方説。故云：「未曾向人説如此事，今所説者，即是今當爲汝説最實事也。」三世諸佛調熟眾生，大事因緣，究竟圓滿，備在《法華》。故二萬燈明，但説法華，息化入滅，迦葉如來，亦復如是。若約《涅槃》，即有二種，所謂利鈍，如身子之流，皆於《法華》悟入，八義具足，不待涅槃；若鈍根弟子，於《法華》未悟者，更爲此人卻討源由，廣説緣了，明三佛性。若論性德了因種子，修德即成般若，究竟即成智德菩提；性德緣因種子，修德成解脫，斷德涅槃。若性德非緣非了，即是正因，若修德成就，則是不縱不橫三點法身，故知《涅槃》所明，卻説八法之始，終成智斷，十義具足。此歷五味，論十法次第。約四教則可解。故知十法，收束觀教，結撮始終。商略大意，何觀而不攝，何教而不收。意氣宏遠，義味深邃。前後有次第，麤細不相違，以釋生起意也。問：《法華》前教，同有六意。云何爲異？答：《華嚴》六意，於利人成醍醐，於鈍人成乳。「三藏」中三意，於利人密去，於鈍人成酪。「方等」六意，於利成醍醐，於鈍人成生酥。《般若》六意，約利人成醍醐，於鈍人成熟酥。若《法華》八意，於鈍人成醍醐。

第三，解釋者，人，即假名所成之人也。法，即五陰能成之法。此之人法，通於凡聖。若色受想行識，是凡鄙法，攬此法，能成生死之人。戒、定、慧、解脫、解脫知見，是出世法，攬此成出世聖人。故《大論》云：「眾生無上者佛是，法無上者涅槃是。」雖通凡聖，不無差別。上中下惡，即成三途之人法；上中下善，即成三善道之人法。故有六趣階差。若更細論，百千萬品。聖人人法，亦復不同。若三藏有門，觀眾生我人，如龜毛、兔角，畢竟不可得，但有五陰之法，此即人空法不空。觀此法無常，生滅不住，發生煖頂等位，即是攬方便之法，成似道賢人。若發眞成聖，生方便有餘土，攬法性色識等，成彼土行人。若空門，明有實法之體，攬此實法，得有假名之人。觀三假浮虛，會入空平煖頂，即攬方便法，成似道賢人。若發眞成無學，生方便土，攬法性五陰，成彼土行人。餘兩門人法，例此可知。摩訶衍中，明人法者，亦不言人空法不空，亦不言體有假用。但觀假名、陰、入等，性本自空。故《大品》云：「色性如我性，我性如色性。」始從初心，終于後心，常觀人法俱空。故《大論》云：「菩薩常觀涅槃行道」。以觀人空，即是了因種子者，《論》云：「眾生無上者，佛是。」佛者即覺，覺是智慧；始覺人空，終覺法空。故知觀人空，是了因種也。觀法空，是緣因種者，《大論》云：「法

無上者，涅槃是。」以生死陰斷，涅槃陰興；《大經》云：「因滅是色，獲得常色，乃至識亦如是」；《大品》云：「菩薩行般若時，得無等等色，無等等受想行識」，當知涅槃是無上法也。攬此法，成無上之眾生，號之爲佛。故知觀法空，是緣因種也。以觀人法空，即識三種佛性。故《大經》云：「眾生佛性，不即六法，不離六法。」不即者，此明正因佛性，非陰非我。非陰故非法，非我故非人，非人故非了，非陰故非緣，故言不即六法也。不離六法者，不離眾生空而有了因，不離陰空而有緣因，故言不離六法也。佛從初發心，觀人法空，修三佛性，歷六即位，成六即人法。今觀世音未是究竟之人法，即是分證之人法。前一番問答，是分釋無上之人，稱「觀世音」。後一番問答，分釋攬無上之法，故稱「普門」。當知人法因緣故，故名「觀世音普門」也。

二，釋「慈悲」者，悲名愍傷，慈名愛念；愍故拔苦，念故與樂。菩薩若但起慈悲，心不牢固，故須發弘誓，加持使堅。譬如工匠造物，節廗雖復相應，若無膠漆，則有零落。誓願如膠，亦復如是。悲心愍傷，拔於世間苦集因果，興兩誓願：所謂「眾生無邊誓願度，煩惱無量誓願斷」。此兩誓願，從大悲心起。以慈愛故，欲與道滅出世因果之樂，興兩誓願：所謂「法門無邊誓願知，無上佛道誓願成」。此兩誓願，從大慈心起。但前明人法，凡聖不同；今辯慈悲，大小亦異。若三藏行人，觀分段生老病死八苦，即起誓願：「眾生無邊誓願度」。若觀分段顛倒結業，而起誓願：「煩惱無量誓願斷」。欲令眾生觀此因果，無常生滅，念念流動，修於道品，即起誓願：「法門無量誓願知」。若觀眞諦無爲之理，即起誓願：「無上佛道誓願成」。如此慈悲，緣有作四諦所起也。復次，通教觀老死八苦，如幻如化；眾生顛倒，謂爲眞實，即起誓願。貪、恚、癡等〔註6〕，如幻如化；眾生顛倒，爲之受惱，即起誓願。觀即色是空、即識是空、即貪癡等是空，非色滅空，色性自空，空亦不可得；而眾生不能即色是空，即起誓願。又觀涅槃，若有一法過涅槃者，我亦說如幻化；而眾生謂有佛道可求，即起誓願。是約無生四諦起慈悲誓願也。別教觀假名之法，森羅萬象，應須分別，導利眾生。那得沈空取證，觀此苦果，非止一種，即起誓願。無量之苦由無量集，集既無量，治亦無量，滅亦無量。如此誓願，緣界內外苦集因果無量四諦，而起誓願也。圓教觀法界圓融，本非違非順，非明非闇。無明闇故則違，違之則有苦集因果；智慧明故則順，順之則有道滅因果，緣此違順因果，而起慈悲。譬如磁石，不作心想，任運吸鐵。

〔註6〕《觀音玄義記會本》作「觀貪、恚、癡等」。

今此慈悲，不作眾生及以法想，任運拔苦與樂；故名無緣慈悲也。菩薩從初發心，修無緣慈悲，歷六即位。今此觀音，是分證慈悲。若前一番問答，明無緣大悲拔苦，一心稱名，即得解脫。後一番問答，從無緣大慈，普門與樂，皆令得度。故知以大慈大悲因緣故，名觀世音普門也。三，釋福慧者，亦名定慧。定名靜愛，慧名觀策。《大論》云：「定愛慧策」。寂照之智，無幽不朗，如明鏡高堂；福德禪定，純厚資發，如明燈淨油。亦稱為目足備，得入清涼池；池即涅槃。涅槃稱為二種莊嚴，莊嚴法身。釋此定慧，自有多種。三藏以無常觀理為慧；以事中諸禪定為福；以定資慧，發真無漏天然之理，名為法身。若通教，但以體法，異於析法爾。若別教，以緣修智慧，與諸禪定，助開中道法身也。圓教，以實相觀為慧；實相寂定為福。共顯非定非慧之理，名實相法身。今圓教菩薩，從初發心，修此不二定慧，歷於六即。觀音所以用智光照苦者，苦是顛倒迷惑所致。智慧是破惑之法，故智慧能拔苦。《華嚴》云：「又放光明名智慧，又放光明名無惱。」〔註7〕《思益》亦然。《請觀音》云：「普放淨光明，滅除癡闇瞑。」〔註8〕故知前問答應機拔苦，是從慧莊嚴以得名。後問答，住首楞嚴，普現色身，不起滅定，現此〔註9〕威儀。安禪千偈，讚諸法王；故知普門示現，從福德受名。良以福慧因緣，故名觀世音普門也。四，釋真應者，真名不偏不動，應名稱適根緣，集藏名身。若契實相不偏不動之理，即能稱機而應。譬如攬鏡，像對即形。此之真應，不得相離。苦〔註10〕外道作意修通，雖能變化，譬如瓦石，光影不現，豈可以此為應？尚未破四住顯偏真理，那忽有中道真應？若二乘變化，修通所得，此亦非應。譬如圖畫，作意乃成，了不相似。大乘不爾，得實相真，譬得明鏡，不須作意，法界色像，即對即應，如鏡寫像，與真不殊，是時乃名真寂身應。菩薩從初發心，歷於六即。今經前問答，明於真寂而不動法界大益，觀音從真身得名。後問答，明隨機廣利，出沒多端，普門是從應身得名。良以真應因緣，故名觀世音普門也。五，釋藥樹王身、如意珠王身者，藥王療治苦患，出《奈女經》，珠是如意之寶。廣歷諸教，明治病得寶。今約圓教明者，如《華嚴》云：「有上藥樹，其根深入，枝葉四布，根莖枝葉，皆能愈病，聞香觸身，無

〔註7〕 《觀音玄義記會本》「無惱」作「無慳」。
〔註8〕 《觀音玄義記會本》「瞑」作「瞑」。
〔註9〕 《觀音玄義記會本》「此」作「諸」。
〔註10〕 《觀音玄義記會本》「苦」為「若」。

不得益。」菩薩亦如是，大悲熏身，形聲利物，名大藥王身。又如如意珠，能雨大千珍寶，隨意而不窮不盡。菩薩大慈熏身，與眾生樂，名如意珠王身。此亦約六即判位。就前問答，遍救幽厄苦難，此從藥王身以得名，從後問答：稱適所求，雨實相雨，得涅槃樂，此從如意珠王身以得名。故知二身因緣，名觀世音普門也。六，釋冥顯兩益者，冥是冥密，顯是彰露。大聖恆以二益。利安一切，而眾生及以下地，日用不知。譬如日月照世，盲雖不見，實荷深恩。故〈藥草喻〉云：「而諸草木，不覺不知，只同是一地」，下品不知上品冥顯兩益，如文殊不知妙音神力所作，以不知故，名為冥益。此亦約六即判位。若就前問答，不見形聲，密荷深祐，名為冥益，聖人之益，雖不可知，聖欲使知，昆蟲能知，如後問答：親睹色身，得聞說法，視聽彰灼，法利顯然。故知觀音從冥益得名，普門從顯益得名，以冥顯因緣，故名觀世音普門也。七，釋權實者，權是暫用，實非暫用。略言權實，則有三種：一、自行論權實，自觀中道為實，二觀為權。二、就化他論權實，他根性不同，或說權為實，說實為權，不可定判，但約他意以明權實也。三、自行化他合明權實者，若自觀三諦，有權有實，皆名為實；化他隨緣，亦有權有實，皆名為權。用此三義歷四教。復就自行權實，明六即判位。尋此品意，是明自行化他論權實。前問答，從自行化他之實智益物；後問答，從自行化他之權以益物。故知權實因緣，故名觀世音普門也。八，釋本跡者，本名實得，跡名應現。若通途作本跡者，世智高凡，夫本意難測〔註11〕，乃至別教本跡。若圓教無始發心，初破無明，所得法身者，名之為本；垂形百億，高下不定，稱之為跡。若一往判真應，多用上地為真為本，下地為應為跡，地地傳作此判。真本唯據於高，應跡唯指於下，此義不可。今細明本跡，則與真應異。本是實得，始坐道場，及初住所得法身，即是其本。跡為上地之佛，及作上地菩薩，悉名為跡。不可以上地高故，稱之為本；始得初住，目之為跡。何以故？實不得上地，上地非本。實得下地，下地非跡。故〈壽量〉云：隨自意隨他意，是本跡意也。就本跡明六即。就前問答，不可說示，但冥祐前人，從本地得名。後問答殊形異狀，應現度脫，從跡地得名。故知本跡因緣，故名觀世音普門也。九，釋了因緣因者，了是顯發，緣是資助，資助於了，顯發法身。了者，即是般若觀智，亦名慧行正道智慧莊嚴；緣者，即是解脫，行行助道福德莊嚴。《大論》云：一人能耘，一人能種。種喻於緣，耘喻於了。通

〔註11〕《觀音玄義記會本》為「世智凡夫，本意難測」。

論教教皆具緣了義。今正明圓教二種莊嚴之因，佛具二種莊嚴之果。原此因果根本，即是性德緣了也。此之性德，本自有之〔註12〕，非適今也。《大經》云：「一切諸法，本性自空，亦用菩薩修習空故，見諸法空」即了因種子，本自有之。又云：「一切眾生，皆有初地味禪」。《思益》云：「一切眾生，即滅盡定。」此即〔註13〕緣因種子，本自有之。以此二種方便修習，漸漸增長，起於毫末，得成修得合抱大樹。摩訶般若、首楞嚴定。此一科不論六即，但就根本性德義爾。前問答，從了種受名；後問答，從緣種受名。故知了因緣因，故名觀世音普門也。十，釋智斷者，通途意，智即有爲功德滿；亦名圓淨涅槃。言有爲功德者，即是因時智慧，有照用修成之義，故稱有爲。因雖無常，而果是常。將因來名果，故言有爲功德滿也。斷即無爲功德滿。亦名解脫；亦名方便淨涅槃。言無爲者，若小乘但取煩惱滅無爲斷，但離虛妄名爲解脫，其實未得一切解脫，此乃無體之斷德也。大乘是有體之斷，不取滅無爲斷。但取隨所調伏眾生之處，惡不能染。縱任自在無有累縛，名爲斷德。指此名無爲功德。故《淨名》云：「不斷癡愛，起諸明脫。」又云：「於諸見不動，而修三十七品。」愛見爲侍，亦名如來種。乃至五無間皆生解脫，無所染礙，名爲一切解脫：即是斷德無爲也。寂而常照，即智德也。小乘灰身滅智，既其無身，將何入生死而論調伏？無礙無染，滅智何所照寂？如此智斷圓極，故法身顯著，即是三種佛性義圓也。法身滿足，即是非因非果，正因滿，故云隱名如來藏，顯名法身。雖非是因，而名爲正因。雖非是果，而名爲法身。《大經》云：「非因非果名佛性」者，即是此正因佛性也。又云：「是因非果名爲佛性」者，此據性德。緣了皆名爲因也。又云：「是果非因名佛性」者，此據修得。緣了皆滿。了轉名般若，緣轉名解脫；亦名菩提果，亦名大涅槃果果，皆稱爲果也。佛性通於因果，不縱不橫性德時三因〔註14〕，不縱不橫果滿時名三德。故《普賢觀》云：大乘因者，諸法實相。大乘果者，亦諸法實相。智德既滿，湛然常照，隨機即應，一時解脫。斷德〔註15〕，處處調伏，皆令得度。前問答，從智德分滿受名；後問答，從斷德分滿受名。故知以智斷因緣，名觀世音普門也。

〔註12〕《觀音玄義記會本》作「本即有之」。
〔註13〕《觀音玄義記會本》無「即」字。
〔註14〕《觀音玄義記會本》爲「不縱不橫性德時名三因」。
〔註15〕《觀音玄義記會本》爲「斷德既滿」。

問：此十義名字出餘經，那得用釋此品？答：大乘義通，眾經共用。若不許此者，佛性出《涅槃》，五住二死出《勝鬘》，諸師那得浪用通眾經耶？此品在文雖無十名，總將二問答，帖〔註16〕十義，意宛然可解。今已如前，今更別點句句來證十義者，如文云：以何因緣名觀世音？又云：以是因緣名觀世音，即是據人名也。後文云：普門示現，即是明法也。有如是等大威神力，多所饒益，即慈也。愍諸四眾，即悲也。欲知智在說，十九說法，即智慧也。一時禮拜，得無量無邊福德之利，即福德也。自在之業，即法身也。何故爾？法身於一切得自在，智慧契此，故名為業。〈壽量〉云：「慧光照無量，久修業所得。」威神之力，巍巍如是。如是滿足之名，即是真身也。普門示現神通力，即應身也。遊諸國土，度脫眾生，即藥樹王身也。於怖畏急難之中，能施無畏，即如意珠王身也。福不唐捐，即冥益也。三十三身，即顯益也。現佛身，即實智也。現餘身，即權智也。觀音身即本，餘身即跡也。又大威神力是本，方便力是跡。聞是觀世音菩薩名者，若有聞是品者，即證了因；功德不少，即緣因。不肯受常捨行故，及即時觀其音聲，觀即智；皆得解脫，種種調伏眾生，八萬四千發心等是利益，即斷也。

第四，料簡者，問：人對觀音，法對普門者，方等有普門法王子，標於人名，此義云何同？答：此應作四句分別。人非法，法非人；人即法，法即人。若約華嚴次第意，地前生死行人，未是實相之法，此法亦非彼人。若作不次第意者，人即實相，實相即人，人法不二也。若三藏有門，明無假人但實法，此法非人。若空門，攬實法成假人，人法兩異。若其不離人論法，不離法論人，此乃是二諦意，非中道之人法也。若方等對小明大論人法者，明小同三藏，明大同華嚴。般若涅槃等例爾。今方等中明普門者，即大乘意。今明普門是法，何得有法無人。彼明普門是人，何得但人無法。此則人法互舉。彼經標人，此處標法爾。例如小乘，明身子智慧第一，餘弟子各就餘法門論第一。本以智慧斷惑，發真無漏，餘人無慧，那得入道？既得道果，果知有慧。但各舉其初門，別稱第一。譬如刀刃斷物，必藉於背，方有利用。諸數如刀背，慧數如刀刃。今普門義亦爾，但以緣因之法，當普門之名，何得無了因之人耶？若併從觀音標名者，此則通漫。欲使世諦不亂，互舉別名。如身具六根，但稱為淨眼淨意，豈得無餘根耶？料簡慈悲者，問：若大悲拔苦，苦除即是得樂；大慈與樂，樂至即是拔苦，何意兩分？答：通論如此，

〔註16〕《觀音玄義記會本》「帖」作「貼」。

別則不然。譬如拔罪於獄，未施五塵，身雖免痛，根情未娛；此但拔苦，未名與樂。又如施五塵於獄，耳眼雖悅，不名拔苦，爲從別義。各顯一邊，故別說爾。問：此中何意，不論喜捨？答：四無量心，名雖有四，但是三義。《大經》云憂畢叉，畢叉〔註17〕名捨。捨者，兩捨也。即是非慈非悲不二之意。不二而二，即是慈悲。喜者，從樂生喜。初欲與樂，眾生苦重，不能得樂，則無所可喜。若拔苦竟，即能得樂。還遂本懷，故樂後加喜。苦後無此，故不開喜。如阿翰加王，七日應死，雖有五欲之樂，憂苦切心，又如一身少許痛惱，能奪一身之樂，故知苦重不得樂也。問：禪支明喜在前，樂支在後，復云何？答：禪支就從麤入細，此中慶彼得樂，故喜心在後也。復次，外道修四無量，自證禪定，作想虛運，彼無實益，不能令他拔苦得樂。雖自獲定，虛妄世法，報盡還墮，不免於苦，自他俱無利益。若二乘修四無量，但自拔苦，於他無益。自拔分段，未免變易，灰身滅智，非究竟樂。今菩薩不爾。非凡夫行，非賢聖行。非凡夫者，不同自受禪樂；非賢聖者，不同自拔於苦。不同自受樂故，即與他樂；不同自拔苦故，即拔他苦。亦是即拔苦，是即與樂。即與樂亦即是〔註18〕拔苦，但分別說之，誓願相對，前明拔苦，後明與樂爾。料簡福慧者，問：觀音對智，稱之而拔苦；普門對福，見之而得樂。何也？答：智是光明，正治闇惑。惑是生死苦惱。若治闇惑之苦，豈不用智解之光？故稱智慧人名，即拔苦也。法是法門，門名能通，通至涅槃安樂之處。初習此法，是得樂因；後證此法，是得樂果。故對此普門，明其與樂也。問：福慧相須，本不相離。若定而無慧者，此定名癡定。譬如盲兒騎瞎馬，必墮坑落塹而無疑也。若慧而無定者，此慧名狂慧。譬如風中然燈搖颺，搖颺照物不了。故知福慧相資，二輪平等，堪能運載也。若爾，何意以智慧拔苦、福德與樂耶？自有福德是智慧；智慧是福德。自有福德非智慧；智慧非福德。大小乘皆備四句。如六度菩薩修般若，分閻浮提爲七分。此是世智，不能斷惑，此猶屬福德攝，即名此福是智故，此智是福，不斷惑故。若聲聞人智慧能斷若名〔註19〕，智慧非福德，如餓羅漢也；若福德非世智，亦非出世智者，如白象也。若大乘四句者，別教地前三十心，行行名福德，慧行名智慧。此慧不能破無明，此慧還屬福德攝，不破無明故。此福是智慧，方便

〔註17〕《觀音玄義記會本》爲「憂畢叉」。
〔註18〕《觀音玄義記會本》作「是即」。
〔註19〕「若名」，《觀音玄義記會本》作「苦者」。

治取相故。若地前皆名福德，地上皆名智慧；此智慧非福德，福德非智慧。方等般若，帶小明大，若帶小，福慧如前四句。明大，福慧，如向四句。今此普門，名福慧者，福即是慧，慧即是福，福慧不二。故《大論》云：「如是尊妙人，則能見般若，此慧那得無定？得首楞嚴定，何曾無慧？」《論》云：「健相三昧，能破彊〔註20〕敵。」《大經》云：「佛性者有五種名：亦名般若，亦名師子吼，亦名首楞嚴，亦名金剛佛性」等，即是定慧具足之名也。非禪不慧，非慧不禪，禪慧不二。不二而二，分門別說，作定慧二解。故《釋論》解般若，明十八空；解禪定，明百八三昧。此是二說，二即不二。料簡真應者，亦有四句之殊，非真非應，應而非真，真而非應，亦真亦應。若非真非應，此就理可解，又就凡夫，不見理故非真，無用故非應，此亦可解。應而非真者，外道亦得五通，同他施化，通論亦得是應，而不得名真。真而非應者，二乘人入真斷結灰身滅智，不能起應，此亦是通論其真爾。亦真亦應者，此則別顯中道爲真，即真而論用爲應。真應不二，不二而二者，故言真應爾。今依文互舉，一往言其真應，前番問答，明真身常益，後番問答，明應身間益。常間不得相離，二鳥俱遊，二往爲論，真身亦恆亦不恆；應身亦間亦不間。若小乘明義，例如善吉，石窟觀空，見佛法身，蓮華尼則不見，此豈非小乘中，真身恆益不恆益義？丈六之應，亦有見不見，此豈非應身有間有不間義？大乘法身亦爾，於理爲恆益，於情爲不恆益，應身亦爾。此緣滅，彼緣興，無有斷絕，是不間義，同質異見，是其間義。而今分別一往，前問答屬恆益，後問答屬不恆益也。料簡藥珠二身者，藥有差〔註21〕病拔苦之功，亦有全身增命致寶之用。故《經》云：「若全身命，便爲已得玩好之具也。如意珠王，非但雨寶，亦能除〔註22〕病。大施太子入海得珠，還治父母眼。」《大品》云：「若人眼痛，珠著身上，病即除愈。」故知通具二義。若別據一邊，約除患以譬藥，證樂以況珠爾。料簡冥顯兩益，凡有三十六句。料簡權實二智者，前問答，實智照真，而眾生得脫；權智照假，而眾生得度。度爲度權，亦度於實；脫爲脫真，亦脫〔註23〕於假。答此亦具四句。或因真智，解脫於權；七難消除，二求願滿，是也。或因真智，解脫於實；三毒皆離，是也。

〔註20〕「彊」，《觀音玄義記會本》作「強」。
〔註21〕「差」，《觀音玄義記會本》作「瘥」。
〔註22〕「除」，《觀音玄義記會本》作「治」。
〔註23〕「脫」，《觀音玄義記會本》作「說」。

或因權智，得度於實；三十三身得度，是也。或因權智，得度於權；於怖畏急難之中得無畏，是也。或二俱度脫，或二俱不度不脫。今依文判，互出一邊。前文脫權，後文度實。料簡本跡者，通論本跡俱能拔苦與樂。故〈壽量〉云：「聞佛壽無量，得清淨無漏無量之果報。」即是從本得樂。《請觀音》云：「或遊戲地獄，大悲代受苦。」此是從跡拔苦。眾生不達本源，後〔註24〕流轉苦惱，若識本理，即於苦而得解脫也。眾生若不見跡中施化，不能三業種福，則無功德之因，焉致樂果。非本無以垂跡，非跡無以顯本。前問答，是明跡本；後問答，是明本跡。問：本跡與真應，云何異？答：真應就一世橫辯，如諸經所明。本跡就三世豎論，如〈壽量〉所說。料簡緣了者，問：緣了既有性德善，亦有性德惡否？答：具。問：闡提與佛，斷何等善惡？答：闡提斷修善盡，但性善在。佛斷修惡盡，但性惡在。問：性德善惡，何不可斷？答：性之善惡，但是善惡之法門。性不可改，歷三世無誰能毀，復不可斷壞。譬如魔雖燒經，何能令性善法門盡？縱令佛燒惡譜，亦不能令惡法門盡。如秦焚典坑儒，豈能令善惡斷盡耶？問：闡提不斷性善，還能令修善起。佛不斷性惡，還令修惡起耶？答：闡提既不達性善，以不達故，還爲善所染。修善得起，廣治諸惡。佛雖不斷性惡，而能達於惡。以達惡故，於惡自在，故不爲惡所染。修惡不得起故，佛永無復惡。以自在故，廣用諸惡法門，化度眾生。終日用之，終日不染。不染故不起，那得以闡提爲例耶。若闡提能達此善惡，則不復名爲一闡提也。若依他〔註25〕人，明闡提斷善盡，爲阿梨耶識所熏，更能起善。梨耶即是無記無明，善惡依持，爲一切種子。闡提不斷無明無記，故還生善。佛斷無記無明盡，無所可熏，故惡不復還生。若欲以惡化物，但作神通變現度眾生爾。問：若佛地斷惡盡，作神通以惡化物者，此作意方能起惡，如人畫諸色像，非是任運。如明鏡不動，色像自形，可是不可思議理能應惡，若作意者，與外道何異？今明闡提不斷性德之善，遇緣善發；佛亦不斷性惡，機緣所激，慈力所熏，入阿鼻，同一切惡事化眾生。以有性惡，故名不斷。無復修惡，名不常。若修性俱盡，則是斷，不得爲不斷、不常。闡提亦爾。性善不斷，還生善根。如來性惡不斷，還能起惡。雖起於惡，而是解心無染。通達惡際，即是實際。能以五逆相，而得解脫，亦不縛不脫。行於非道，通達佛道。闡提染而不達，與此爲異也。料簡智斷者，

〔註24〕「後」，《觀音玄義記會本》作「故」。
〔註25〕「他」，《觀音玄義記會本》作「地」。

此是一法異名，不得相離，如人一體。何故從智拔苦，從斷與樂？然而慧解之心稱智，無縛礙身稱斷。譬如人被縛，運力屬智，肅〔註26〕然附外屬斷。運力屬心，故名「智慧莊嚴」；附斷體散屬色身，名「福德莊嚴」〔註27〕。今經文言說：「不得一時，故互舉智斷。」若深得此十義意者，解一千從。廣釋「觀世音普門」，義則不可盡也。

第二，別釋名者，爲二：先明觀世音，次明普門。

以何因緣名觀世音？通釋如前；別者，則以境智因緣，故名觀世音。云何境智？境智有二：一、思議境智，二、不思議境智。思議境智又二：一約理外，二約理內。理外爲四。一，天然境智，只問此境爲當由境故境，由智故智；此智爲當由智故智，由境故智。若由境故境，此境是境，境即自生境。若智由智故智，亦是自生智。自生名性自爾，非佛天人所作。照與不照，恆是境智，故名天然境智。二，明相待者，若境不自境，因智故境。智不自智，因境故智，此即他生義。何故爾？境自生境，既稱爲自，以境望智，智即是他。今境從智生，豈非他境？智亦如是，故名相待。次明因緣境智者，若境不由智故境，亦不由境故境，智境因緣故境。智亦如是，此即境智因緣共生義。共生有二過，墮自他性中。次絕待明境智者，非境非智，而說境智，此即離境離智。無因緣而辯境智者，此是無因緣絕待。從因緣尚不可得，何況無因緣？一往謂絕理而窮之，不成絕待。並是理外行心，妄想推計。故《中論》云：「諸法不自生，亦不從他生，不共不無因，是故說無生。」那得如前四種。計執是實，餘妄語。性實之執，見愛生著。九十八使苦集浩然，流轉不息。云何執此而生苦集？隨執一種境智，謂以爲是。隨順讚歎，心則愛著而生歡喜，即是貪使。若人違逆責毀，心則忿怒而生瞋恚，即是瞋使。貪恚既起，豈非癡使？我解此境智，他所不解，以其所執，矜傲於人，豈非慢使？既執此爲是，今雖無疑，後當大疑，豈非疑使？我知解此法，法中計我，豈非身見？六十二見，隨墮一邊，豈非邊見？如此妄執，不當道理，豈非邪見？執此是實，計爲涅槃，豈非見取果盜？謂此爲道，依之進行，豈非戒取因盜？十使宛然，皆從所執境智上起。將此歷三界四諦，則有八十八使。就思惟歷三界，則有九十八使。此則集諦結業，顚倒浩然，方招苦果，生死不絕。於其境智，不識苦集，何處有道滅？既不識四諦，則破世間出世間因果。無世出世法故，無法寶。不識出世果，無佛寶。不

─────────

〔註26〕「肅」，《觀音玄義記會本》作「蕭」。
〔註27〕《觀音玄義記會本》作「福慧莊嚴」。

識出世因，無僧寶。賢聖之義，一切俱失。若作如此執自生境智者，只是結構生死，增長結業，過患甚多。若非理外境智，更將何等爲理外耶？故《大論》云：「凡夫三種語，見、慢、名字。聖人但一種語，名字。」今凡夫見慢取著，謬用佛語。介爾取著，乖理成諍。雖傍經論，引證文字，如蟲蝕木，偶得成字。尋其內心，實不能解是字非字。口言境智，不解境智；以不解故，如服甘露；則以境智起見，傷命早夭，故爲龍樹所破。今不取此爲境智，以釋觀世音。自生境智既爾。餘三句亦然。二，明思議理內境智者，亦作上四門；名字雖同，觀智淳熟，不生執見。畢故不造新，成方便道，發生煖頂乃至十六心。眼智明覺，豁然得悟，破諸見惑，與理相應。譬如盲人，金錍抉膜，灼然不謬。此之眞觀，名之爲智。所照之理，名之爲境。以發無漏故，稱理內境智。雖見此理，終是作意入眞，故名思議境智也。今明觀世音，亦不從此境智因緣得名也。次明不思議境智者，若自、他、共、無因等四句，俱非境智者；今諸經論所明，或從自生、他生、共生、無因等。若不爾者，云何辯境智耶？答：經中所明，皆是四悉檀赴緣，假名字說，無四性執。若人樂聞自生境智，即說境是自境，智是自智，以赴其欣欲之心。或時宜聞自境自智，聞必生善。或時對治說自生境智，說必破惑。有時說此，令即悟道。若無四悉檀益，諸佛如來不空說法。雖作四說，無四種執。無執故無見愛。眾生聞者，如快馬見鞭影，即破惑入道，故名爲智。此智所照，名之爲境。如是通達，則識苦集道滅。三寶四諦，宛然具足。若以智照境，入空取證，成眞諦理內思議境智，如前說。若不以果爲證，知此境智，但有名字，名爲境智。是字不在內外中間。是字不住，亦不不住。是字無所有故，雖作四句明境智，實不分別四句境智。雖作四句聞境智，實不得四句境智。雖體達四句境智，實不作四句思量境智。言語道斷，心行處滅，不可四句思惟圖度，故名不思議境智。《金光明》云：「不思議智，照不思議智境。」此具如大本《玄義》境智妙中廣說。龍樹先破一異時方，然後釋如是我聞等義。今類此；先破理外境智，後明不思議四悉檀。悉檀義，如大本《玄義》。夫依名字爲便，應先明觀智，次辯世境之音。若解義爲便，前明世境；次辯觀智。如先有境，可得論觀。若未有境，何所可觀？譬如鏡、鼓，後方映、擊。今從義便，先明世音，後論觀智也。世者爲三：一、五陰世間，二、眾生世間，三、國土世間。既有實法，即有假人；假實正成，即有依報。故名三種世間也。世是隔別，即十法界之世，亦是十種五陰、十種假名、十種依報，隔別不同，故名爲世也。間是間差，三十種世間差別，不相謬亂，故名爲間。各各有因，

各各有果，故名爲法。各各有界畔分齊，故名爲界。今就一法界，復有十法，所謂如是相性究竟等。十界即有百法。十界相互，則有千法。如是等法，皆是因緣生法。六道是惑因緣法。四聖是解因緣法。《大經》云：「無漏亦有因緣。因滅無明，即是〔註28〕三菩提燈。」是諸因緣法，即是三諦。因緣所生法，我說即是空，亦名爲假名，亦名中道義。故明十種法界、三十種世間，即是所觀之境也。此境復爲二，所謂自、他。他者，謂眾生、佛；自者，即心而具。如《華嚴》云：「心如工畫師，造種種五陰，一切世間中，莫不由心造。」問：自他那得各具十法界？答：觀身實相，觀佛亦然。《華嚴》云：「心然，佛亦然。」「心佛及眾生，是三無差別。」豈不各各具三諦境耶？音者，即十法界口業之機也。界既不同，音亦有異。問：眾生各有三業，何意但觀音？然通論皆得。常念恭敬，得離三毒，即是觀世〔註29〕。禮拜供養，所求願滿，即是觀世身。而今但言觀世音者，舊釋此義爲六。一、趣立者，諸名不可累出，舉一趣以標名。若稱爲觀世身者，已復還問此言，何意不名觀世音？此則非問！二、隨俗者，釋迦所說，以音聲爲佛事。故言觀世音。若遊諸國土，隨彼所宜。三、互舉者，能觀所觀，所觀即眾生色心也。今從能觀，故但言觀。能聞所聞，能聞是聖人耳識，所聞是眾生音聲。今取所聞之音聲。舉所聞，得能聞。舉能觀，得所觀。從此爲名，故言觀世音。舊問：能所既爾。何不取所觀之色心，能聞之耳識以標名，稱爲聞色心菩薩耶？舊答云：菩薩一觀於色心，此是應廣；眾生之一音，此是機狹；若從難者，則機有兩字。應但一字，便是應狹機廣。故不如所難。今更作難，此語應從義理，那得逐字？菩薩以能觀色心，何意不能觀音聲。眾生何意但以聲感，色心不能感耶？若其俱感俱應，此逐字爲觀，則感應齊等。若爲判其廣狹。今不作此明互舉。凡聖感應，皆通三業，而聖人與意，凡夫與聲。故言觀世音爾。四、義攝者，如發聲，必先假意，氣觸脣〔註30〕口，其音能出。口業若成，則攝得身意；若觀於口業，亦攝得身意。觀餘不爾。故言義攝。五、隱顯者，身雖禮拜、意雖存想、未知歸趣何等，故名隱；若口音宣暢，事義則彰，故名顯。舉顯沒隱，故言〔註31〕名「觀世音」。六、難易者，臨危在厄，意則十念難成；身則拜跪遲鈍，口唱爲急，故成機。從易受名也。

〔註28〕 「是」，《觀音玄義記會本》作「得」。
〔註29〕 《觀音玄義記會本》爲「觀世意」。
〔註30〕 「脣」，《觀音玄義記會本》作「唇」。
〔註31〕 《觀音玄義記會本》無「言」字。

又，第六爲有緣。觀音昔爲凡夫，居茲忍界。見苦發誓：今生西方，多還此土；既有誓緣，急須稱名。今明若如前六義，皆遍〔註32〕有所舉，若依《釋論》，其義即圓，何以故？出入息是身行；覺觀是口行；受爲心行。心覺觀故，尚具三業，何況發音成聲，而不備三業耶！但舉一觀，即備三應；但舉一音，即備三機。而凡情謂聲彊〔註33〕智利，逐物標名。圓義往推，悉皆具足。

《觀世音玄義》卷下

第二明觀者，又爲二：一、結束世音之境；二、明能觀之智。結境即爲六：一、結十法界是因緣境；二、四諦境；三、三諦境；四、二諦境；五、一實諦境；六、無諦境。此具出大本《玄義》。二、明觀智者，傍境明智，作五番明觀智。就因緣則四番因緣論觀；四諦亦有四番論觀；三諦有兩番論觀；二諦有七番論觀；一實諦則一番論觀；無諦則無觀。如此等義，具在《大本》。今約三諦明觀。若通論，十法界，皆是因緣所生法。此因緣，即空即假即中。即空是眞諦；即假是俗諦；即中是中道第一義諦。若別論，六道界是因緣生法。二乘界是空；菩薩界是假；佛界是中。論境即有二意。今對境明觀，亦爲二意：一、次第三觀；二、一心三觀。次第者，如《瓔珞》云：從假入空名二諦觀；從空入假名平等觀。二觀爲方便，得入中道第一義諦觀。此之三觀，即是《大品》所明三智：一、一切智。知一切內法內名，一切能知能解；一切外法外名，能知能解，但不能用。以一切道，起一切種，故名一切智。二、道種智。能知一切道種差別，則分別假名無謬，故名道種智。三、一切種智。能於一種智，知一切道、知一切種、一相寂滅相；種種行類，能知能解，名一切種智。通而爲論，觀智是其異名。別而往目，因時名觀，果時名智。此三觀智，即是《大經》四種十二因緣觀：下、中、上、上上。《涅槃》通取析法，明於四觀。《大品》、《瓔珞》，直就摩訶衍，但明三觀三智。今若開二經合涅槃者，應開衍法，從假入空，觀生滅一切智也；若合涅槃就二經，合下中二觀，同是一切智也。若將三經，若開若合，對五眼者，天眼、肉眼，照麤細事皆是世智，悉爲諸觀境本。若三觀三智，從此即入體法一切智；若四觀四智，此即入析法一切智，故肉眼天眼爲本。若入一切智對慧眼；道種智對法眼；一切種智對佛眼。《中論》偈，因緣所生法一句，爲觀智之本。三

〔註32〕 「遍」，《觀音玄義記會本》作「偏」。
〔註33〕 「彊」，《觀音玄義記會本》作「強」。

句對三智。若將三觀智對四教，即須開之如前。若將《涅槃》四觀對四教，下智是生滅一切智，對三藏教也；中智是體法一切智，對通教也；上智即道種智，對別教；上上智即一切種智，對圓教。所以應明三觀，那忽對四教者何？若無教，即無觀；稟教修觀，得成於智，所以明教也。教必有主。有主，即佛也。或可一佛說四教；或可示四相明四佛。四教既有四主，即應有四補處。即是四種菩薩，輔佛弘此四教也。若言諸法寂滅相，不可以言宣。《大經》云：「生生不可說，乃至不生不生亦不可說。」一教尚不可說，云何有四？答：理論實爾，皆不可說。赴緣利物，有因緣故，亦可得說。非但生生可說，乃至不生不生亦可說。以佛教門出生死苦！三藏教者，如《釋論》引迦旃延子明菩薩義。釋迦初爲陶師，值昔釋迦佛發願。從是已來，始發菩薩心，即是行人所求菩提，即名爲法。深厭苦集，欣求滅道，即起慈悲心，誓度一切！行六度行，行願相扶，拔苦與樂。所以者何？慳名爲集；墮餓鬼名苦；行檀名道；慳息名滅。菩薩自伏慳貪，悲心熏物。眾生稱名，即能脫苦！自行檀施，慈心熏物。物應可度，即能示現，令得安樂！當知爲滿弘誓而修檀行也！乃至愚癡名集；生天名苦；修慧名道；癡伏名滅。修慧度時，自破苦集，爲成悲心，以熏眾生。眾生稱名，即得解脫！自證道滅，以成慈心，以熏眾生。眾生有感，應機得度！故知「行填於願」。行此六度，各論時節：尸毘〔註34〕代鴿是「檀滿」；須摩提不妄語是「尸滿」；歌利王〔註35〕割截不動是「忍滿」；大施抒海是「精進滿」；尚闍黎坐禪是「定滿」；劬儐大臣分地是「般若滿」。如此修行，至初僧祇劫，不知作佛、不作佛。第二僧祇，心知作佛，口不言作佛。第三僧祇，心知口言。過三僧祇已，又百劫，種相百福〔註36〕；凡用三千二百福，修成三十二大人相現時，方稱菩薩摩訶薩！但伏惑不斷，如「無脂肥羊」，取世智爲般若，即此意也。用此菩薩行，對聲聞行位者，初僧祇可對總別念處；二僧祇可對煖法；三僧祇可對頂法；百劫種相可對忍法；坐道場時，可對世第一；三十四心斷結成佛，即對十六心發眞；乃至九解脫無學也。爾時坐道場上，三十四心斷惑，正習俱盡，名爲三藏佛。所以釋迦精進、弟子純熟。以精進故，九劫前超、八相成佛。此即是三藏教主所說教門。此中補處，位在百劫。種相伏惑，住最後身。六度行成，誓願將滿，慈悲熏於

〔註34〕 「毘」，《觀音玄義記會本》作「毗」。
〔註35〕 《觀音玄義記會本》無「王」字。
〔註36〕 《觀音玄義記會本》於「種相百福」後有「成一相」。

眾生，拔苦與樂！若就此辯者，但是因緣生法。世智明觀，即是三藏教觀世音義也！問：依三藏說，釋迦、彌勒同時發心，一超九劫！何意二佛俱成賢劫中佛耶？答：釋迦值弗沙促百劫；彌勒值諸佛，何必不促爲九十一劫耶？若爾，則無百劫義？答：任此法門，則有百劫。以精進力傳超！通教者，如《大品》明三乘之人，同以第一義諦，無言說道、斷煩惱、入涅槃，共緣一理，用觀斷惑，通也。亦名共般若教。此事與三藏異。《釋論》破云：豈以不淨心修菩薩行！如毒器盛食，食則殺人。檀有上、中、下，謂捨財、身、命也。勇士、烈女，亦能捨身。何得中捨名檀滿？中檀但名施，非波羅蜜。不見能、所、財物，三事皆空。非慳非施，此是眞檀波羅蜜。乃至非愚非智，無著空慧，名眞般若，不取世智。《論》云：「若不信空，一切皆違失，當知汝所修，皆不與理相應；若信諸法空，一切有所作，良以空故，能成一切諸法。」故知若得空慧，能具一切法也。又復菩薩無量劫修行，何但三阿僧祇？如是等種種破三藏失，以顯摩訶衍中通教意也。《大品》云：「菩薩發心，與薩婆若相應。」此即觀眞斷結，與理相應也。發心已〔註37〕來，即觀眞斷結，便稱菩薩，即是假人也。又觀眞，即是法也。常與慈悲俱起，自斷苦集，修道滅，亦以慈悲誓願，斷一切眾生苦集。與其道滅，體達諸法。如幻如化，不生不滅。三事俱亡以行檀，乃至一切法無所著名般若。以此諸行塡願，即能破四住惑，見第一義。則有三乘，共十地。所謂乾慧，乃至佛地。若將此十地，來對聲聞者，乾慧地對總別念處，性地對四善根位，八人地對八忍，見地對初果，薄地對二果，離欲地對三果，已辦地對四果，支佛地自對支佛位，菩薩地自是出假方便，道觀雙流，斷正侵習，佛地盡故。《論》云：是人煩惱盡，習不盡。以誓扶習，還生三界，利益眾生，淨佛國土，豈同三藏菩薩，伏惑行〔註38〕六度行耶？此菩薩修行斷惑，餘殘未盡。譬若微煙，慈悲五道，示現度物。眾生若稱名，若感見，即能拔苦與樂，解脫得度也。此是通教體假入空觀，亦名一切智。即是通教觀世音義也。別教者，別異通也。別明不共般若，故言別也。比〔註39〕教雖明中道，爲鈍根人方便說中，次第顯理，廣明歷劫修行。故《大品》云：「有菩薩從初發心，遊戲神通，淨佛國土。次第修習恆沙法門，助顯中理，前卻四住，次破塵沙，後破無明。」十

〔註37〕「已」，《觀音玄義記會本》作「巳」。
〔註38〕《觀音玄義記會本》無「行」字。
〔註39〕「比」，《觀音玄義記會本》作「此」。

信通伏諸惑，而正伏四住。十住，亦是通伏諸惑，而正斷四住，成一切智。十行出假，斷無知成道種智，兼伏界外塵沙。十回向斷界外塵沙成道種智，正修中道，伏無明。十地斷無明，見佛性，成一切種智。譬如燒金，塵垢先去，然後鎔金，次第斷結，亦復如是。此菩薩發心秉法，慈悲修行，自斷無明，成就真應。大誓慈悲，熏於法界。眾生機感，即拔苦與樂。此是從空出假觀道種智，別教觀世音義也。圓教者，此正顯中道，遮於二邊，非空非假，非內非外。觀十法界眾生，如鏡中像，水中月，不在內，不在外，不可謂有，不可謂無。畢竟非實，而三諦之理，宛然具足。無前無後，在一心中。即一而論三，即三而論一。觀智既爾，諦理亦然。一諦即三諦，三諦即一諦。《大品》云：「有菩薩從初發心，即坐道場，轉法輪，度眾生。」即於初心，具觀三諦一切佛法。無緣慈悲，於一心中，具修萬行諸般羅蜜。入十信鐵輪，已能長別苦輪海。四住惑盡，六根清淨，名似解。進入十住銅輪，初心即破無明。開發實相，三智現前得如來一身無量身，湛然應一切，即是開佛知見，示悟入等。文云：「正直捨方便，但說無上道。」又云：「今當為汝說最實事」，即是圓教一實之諦，三觀在一心中也。《大品》云：「若聞阿字門，則解一切義。」《大經》云：「發心畢竟二不別，如是二心，前心難，是故敬禮初發心」，即是義也。此中知見，但稱為佛知佛見，即是一切種智知，佛眼見。佛眼見，佛智知，非不照了餘法，從勝受名，譬如眾流入海，失本名字。《大論》云：「十智入如實智，無復本名，但稱如實智。」眼亦如是，五眼具足成菩提，而今但稱為佛眼。《大經》云：「學大乘者，雖有肉眼，名為佛眼。」若例此語，學小乘者，雖有慧眼，名為〔註40〕肉眼也。若能如是解者，名圓教人法，約無作四諦，起無緣慈悲。修不二定慧，成真應二身。真遍法界，藥珠普應一切。橫豎逗機，冥顯兩益。以無缺寶藏金剛般若，拔根本究竟解脫；以首楞嚴法界健相，與三點涅槃大自在樂。是名中道第一義諦觀一切種智。是名圓教觀世音義也。問：此觀，觀眾生非空非有，云何行慈悲？答：如《淨名》中說。問：若觀十法界非空非假者，即是破一切因果耶？答：若不明中道，則不識非權非實，亦無權無實，則無四番因果。若明中道，則權實雙照，得有三種權四諦苦集因果，三種道滅因果，乃至一實無作四諦世出世因果，宛然具足在一念心中。所以者何？以實相慧，覺了諸法非空非有，故名為佛寶；所覺法性之理，三諦具足，即是法寶：如此覺慧，與理事和，名僧寶。事和，

〔註40〕《觀音玄義記會本》無「為」字。

即有前三教賢聖僧；與理和，即有圓教四十二賢聖僧。故《大經》月光增損，而舉兩喻。前十五日，約光論增；後十五日，約光論滅，而其月性實不偏圓。前後往望，不無盈昃。月性圓者，喻於實相；光明增減，以喻智斷。智光增者，即諸法不生而般若生；斷光減者，即是諸法不滅而煩惱減。《大經》亦稱無明爲明，故知用譬邪光滅也。如是增減，日日有之；如是智斷，地地皆具。若十五日體圓光足，則月不更圓，光不更盛，此喻中道理極，菩提智滿，故云不生，不生名大涅槃。若三十日體盡光減，究竟無餘，此喻無明已遣，邪倒永除，無惑可斷，故云不滅，不滅名大涅槃。初三日月，即喻三十心智斷；次十日月，喻十地智斷；十四日月，喻等覺智斷；十五日月，喻妙覺智斷。《仁王》、《天王》等般若，以十四日譬十四般若，即此意也。如此明僧寶智斷，皆約中道一實相法，一切因果，無所破失也。若不明中道非空非假，但計斷常等，即是破生滅四諦世出世因果、破三藏三寶；若但說無常生滅者，即破無生四諦通教三寶；若但說體法不生不滅真諦者，即破無量四諦別教三寶；若但說次第顯非空非假者，此亦破圓教無作四諦一體三寶。傳傳相望，前所破失者多，後所破失者少，可以意得。問：若圓修實相，一法三諦，一心三觀，具足諸法，亦應一教四詮，稱於圓教即足。何用四教，如前分〔註41〕耶？答：上開章云，次第三觀，一心三觀，明教亦二。若一教圓詮一切諸法者，赴利根人；若四教差別，逗鈍根人。若不假漸次分別圓頓，何由可解？用別顯圓，故先明四教也。雖說種種道，其實爲一乘。又於如來餘深法中，示教利喜，餘法即三方便引導，弄引開空法道。若入佛慧，方便無用，故云唯此一事實，餘二則非真，故知但一圓頓之教，一切種智中道正觀，唯此爲實，觀世音餘皆方便說也。復次，若有所說，若權若實，悉是方便；非權非實，言語道斷，心行處滅，不可說示。不生，不生，妙悟契理，方名爲真，此亦無實可實。次明觀心者，夫心源本淨，無爲無數，非一非二，無色無相，非偏非圓。雖復覺知，亦無覺知，若念未念，四運檢心，畢竟叵得。豈可次第、不次第，偏、圓觀耶？猶如虛空，等無有異。此之心性，畢竟無心。有因緣時，亦得明心。既有論心，即有方便、正觀之義。譬如虛空，亦有陰陽兩時。心亦如是，雖無偏圓，亦論漸頓。若作次第觀心者，即是方便，漸次意也。若觀心具有性德三諦、性德三觀及一切法，無前無後，無有次第，一念具足。十法界法、千種性相，因緣生法，即空、即假、即中；千種三諦，無量無邊

〔註41〕《觀音玄義記會本》「分」後多一「別」字。

法，一心悉具足。此即不次第觀也。《華嚴》云：「一切世間中，無不從心造，心如工畫師，造種種五陰。」若觀心空，從心所造〔註42〕，一切皆空。若觀心有，從心所生，一切皆有。心若定有，不可令空，心若定空，不可令有。以不定空，空則非空；以不定有，有則非有。非空非有，雙遮二邊，名爲中道。若觀心非空非有，則一切從心生法，亦非空非有。如是等一切諸法，在一心中。若能如是觀心名上，上觀得諸佛菩提。《淨名》云：「觀身實相，觀佛亦然。」觀身相既等於佛，觀心相亦等於佛。《華嚴》云：「心、佛及眾生，是三無差別。」當知觀此心源與如來等。若作餘觀觀心，皆是方便，名爲邪觀；若作如此圓觀，名爲眞實正觀。即開佛知見，坐如來座；如此慈悲，即是入如來室；安忍此法，即是著如來衣；修此觀慧，即是如來莊嚴。其人行、住、坐、臥，皆應起塔。如此觀心，名觀佛心也。

第二明普門，即爲二：一、通途明門，二、歷十義解釋。通六意者，一、略列門名，二、示門相，三、明權實，四、明普不普，五、約四隨，六、明觀心。列門名者，通從世間，如人門戶，通至貴賤居室。凡鄙以十惡、五逆爲門，通至三途；清昇以五戒、十善、四禪、四定等爲門，通至人天；外道以斷常爲門，通至惑苦；愛以四倒爲門，見以四句爲門。善惡雖殊，束而爲言，俱是有漏世間之門，通至生死爾。若就佛法論門，亦復眾多。三藏四門，通有餘無餘涅槃；通教四門，近通化城，遠通常住；別教四門，漸通常住；圓教四門，頓通常住。此則四四十六教門，又有十六觀門，合三十二門。能通之義，分別其相，在大本《玄》中。二、示門相者，三藏四門，所謂阿毘〔註43〕曇是有門，成實〔註44〕是空門，昆勒亦空亦有門，車匿非空非有門。一一廣明行法，判賢聖位，由門通理。通教四門者，謂如幻之有、如幻之空、亦空亦有、非空非有，一一作行相，判賢聖位，由門通理。別教四門，觀佛性如闇室瓶〔註45〕盆，即有門；觀佛性如空〔註46〕迦毘〔註47〕羅城空，即無門；觀佛性如石中金，福人得寶，罪人見石，是亦有亦無門；觀佛性離二邊，即中道非有非無門。一一作行相判位，由門通理。圓教四門，名不異別，但

〔註42〕「造」，《觀音玄義記會本》作「起」。
〔註43〕「毘」，《觀音玄義記會本》作「毗」。
〔註44〕「成實」，《觀音玄義記會本》作「成論」。
〔註45〕「瓶」，《觀音玄義記會本》作「鉼」。
〔註46〕「如空」，《觀音玄義記會本》作「空如」。
〔註47〕「毘」，《觀音玄義記會本》作「毗」。

一門即三門，三門即一門，不一不四，無歷別之殊，圓融不四之四，一一判不思議行位之相，由門通理，此義皆在《大本》。次論諸門權實。三藏、通教教觀十六門，能通所通皆是權；別教教觀，能通是權，所通是實；圓教教觀八門，能通所通皆是實。具論在彼《玄義》。次明普不普者，若凡夫外道、見愛等門，尚不能通出三界，何況普耶？三藏、通教，雖通化城，亦復非普；別教漸通，亦非普義。唯圓教教觀實相法門，能遍十法界，千性相三諦一時圓通，圓通中道，雙照二諦，獨稱爲普門也。復次如《淨名》中說：「入不二門者，生死涅槃爲二。不依生死，不依涅槃，名爲不二，亦復非一。」何以故？既除於二，若復在〔註48〕一，一對不一，還復成二，豈名不二耶？今不在〔註49〕二，故言不一不二；亦名不有不無。不有是破假，不無是破空；不有是破二、不無是破一。若爾者，應存中道，中道〔註50〕亦空。《大經》云：「明與無明，其性不二。」不二之性，即是中道。中道既空於二邊，此空亦空：故名空空。空名不可得空，是爲入不二法門，即是圓教就空門辯普門之意也。三十一菩薩，各說不二門。文殊說無說，爲不二門。淨名杜口，爲不二門。細尋彼文，皆有四門義。肇師注云：「諸菩薩歷言法相，即有門。文殊言於無言，此即空門。」《思益》云：「一切法正、一切法邪」，亦是普門意。遊心法界如虛空，是亦空亦有門。淨名默然，即非空非有門。《大品》四十二字門，先阿後茶〔註51〕。中有四十字，皆具諸字功德。此亦是不二普門。上〈方便品〉云：「其智慧門，難解難入。」〈譬喻〉云：「唯有一門，而復狹小。」眾經明實理門者，悉普門意也。四隨、觀心等，悉在《大本》。二、別釋普門者，至理非數，赴緣利物，或作一二之名、或至無量。廣略宜然，且存中適十義。一、慈悲普，二、弘誓普，三、修行普，四、斷惑普，五、入法門普，六、神通普，七、方便普，八、說法普，九、供養諸佛普，十、成就眾生普。上過〔註52〕途普門，已約法竟。此十普門，皆約修行福德莊嚴。前五章是自行，次三章是化他，後二章結前兩意。自行中，前四是修因、後一是明果。修因又二，初二是願、後二是行。總生起者，菩薩見一切苦惱眾生，起大慈悲。此心雖不即是菩提心，能發生菩提心。譬如地水，雖

〔註48〕 「在」，《觀音玄義記會本》作「存」。
〔註49〕 「在」，《觀音玄義記會本》作「存」。
〔註50〕 《觀音玄義記會本》無「中道」二字。
〔註51〕 「茶」，《觀音玄義記會本》作「荼」。
〔註52〕 「過」，《觀音玄義記會本》作「通」。

非種子，能令芽生。今因大悲起菩提心，亦復如是。次誓願者，若但慈悲，喜〔註53〕多退墮。魚子菴羅華，菩薩初發心。三事因時多，及其成就少，以不定故，須起誓願，要期制持此心，即菩提堅固。次明修行者，若但發願，於他未益。如無財物勢力權謀，不能拔難，菩薩亦爾。須福德財、神通力、智慧謀，乃可化道〔註54〕。《大經》云：「先以定動、後以慧拔」修行填願，意在此也。次斷惑者，成論人，無礙道伏，解脫道斷。若然者，修行是伏道為因、斷惑是解脫道為果。若毘〔註55〕曇，明無礙道一念即斷，那得容與〔註56〕七覺，而有伏惑之義？以方便道伏，無礙道斷，解脫道證。引《釋論》云：「無礙道中行名菩薩、解脫道中行名佛。」此約究竟為語，佛證三菩提，名解脫道也。若然者，修行是方便道、斷惑是無礙道、入法門是解脫道。取此自行次第也。次神通者，若欲化他示三密，神通是示色身，方便示意同情；說法是示口隨其類音，此是化他次第也。供養諸佛，結自行。非但華香四事是供養。隨順修行，是法供養，於供養中最。《大經》云：「汝隨我語，即供養佛。」稟教而行，是結自行也。成就眾生，是結化他。菩薩四威儀中，尚不忘眾生，何況入諸法門，淨佛國土，皆為饒益一切眾生。故一句結化他也。次解釋者，始從人天乃至上地，皆有慈悲。此語乃通。不出眾生、法緣、無緣。若緣眾生，眾生差別，假名不同，因果苦樂有異，尚不得入於法緣之慈，何得稱普耶？若法緣，無人、無我、無眾生，從假以入空，尚不得諸假名，何況是普。若無緣慈者，不緣二十五有假名、不緣二乘涅槃之法。不緣此二邊，雖無所緣，而能雙照空假，約此起慈，名無緣慈，心〔註57〕通三諦，稱之為普也。別釋者，若修眾生緣慈者，觀一法界眾生假名，可不名普。今觀十法界眾生假名，一一界各有十種性相本末究竟等。十法界交互，即有百法界千種性相，冥伏在心。雖不現前，宛然具足。譬如人面備休否相，庸人不知，相師善識。今眾生性相，一心具足，亦復如是。凡人多顛倒，少不顛倒，理具情迷，聖人知覺即識，如彼相師。知此千種性相，皆是因緣生法。若是惡因緣生法，即有苦性相，乃至苦本末；既未解脫，觀此苦而起大悲。若觀善因緣生法，即有樂性相，乃至樂本末，觀此而起大慈，具解如大本。今約

〔註53〕「喜」，《觀音玄義記會本》作「恐」。
〔註54〕「道」，《觀音玄義記會本》作「導」。
〔註55〕「毘」，《觀音玄義記會本》作「毗」。
〔註56〕「與」，《觀音玄義記會本》作「有」。
〔註57〕「心」，《觀音玄義記會本》作「慈」。

初後兩界，中間可解。地獄界如是性者，性名不改，如竹中有火性，若其無者，不應從竹求火，從地求水，從扇求風；心有地獄界性，亦復如是。地獄相者，攬而可別，名之爲相；善觀心者，即識地獄之相；如善相師別相無謬，故名相也。體者，以心爲體，心覺苦樂，故以當體。譬如釵鐺環釧之殊，終以銀爲體質。六道之色乃異，只是約心，故心爲體也。乃至運御名力，緣山入火，皆是其力也。作者，爲動曰作。已能有力，即有所作；或作善作惡也。因者，業是因也。緣者，假藉爲緣也。如愛潤業，因緣合也。果者，習果也。如地獄人，前世多淫，生地獄中。還約多淫，見可愛境，即往親附，名習果也。報者，報果也。昔有淫罪，今墮地獄，受燒炙之苦，名報果也。本者，性德法也。末者，修得〔註58〕法也。究竟等者，攬修得即等有性德；攬性德即具有修得。初後相在，故言等也。地獄界十相性既如此；餘九亦然。問：當界有十性相可然，云何交互相有？餘界交互，已〔註59〕難可信，云何獄有佛性相本末耶？答：《大經》云：夫有心者，皆當得三菩提；如仙豫殺婆羅門，即有三念。又婆藪地獄人，好高剛柔等義。雖在地獄，佛性之理，究竟不失。故知地獄界即有佛性。佛相者，即是性德之相也。《淨名經》云：「一切眾生，即菩提相」，聖人鑑之，冷〔註60〕然可別也。體者，即是地獄界心實相理也。力者，法性十力，變通大用也。作者，從無住本，立一切法，如師子筋、師子乳也。因者，正因也。緣者，性德緣了也。果即般若菩提大果也。報即大涅槃果果也。本即性德，末即修得；等者，修得相貌在性德中，性德中亦具修得相貌，故言究竟等也。《大經》云：「雪山之中，有妙藥王，亦有毒草。」地獄一界，尚具佛果性相十法，何況餘界耶？地獄互有九界，餘界互有亦如是。菩薩深觀十法界眾生，千種性相，具在一心。遠討根源，照其性德之惡、性德之善，尚自冷〔註61〕然。何況不〔註62〕照修得善惡耶？如見雪山藥王毒草。以觀性德惡毒，惻愴憐愍，起大悲心，欲拔其苦。以觀性德善樂，愛念歡喜，起大慈心，欲與其樂。此十法界收一切眾生，罄無不盡。緣此眾生，假名修慈，豈非眾生慈普耶？問：地獄界重苦未拔，云何言與樂耶？答：眾生入地獄時，多起三念，菩薩承機即與樂因，故言與樂也。

〔註58〕「得」，《觀音玄義記會本》作「德」。
〔註59〕「已」，《觀音玄義記會本》作「巳」。
〔註60〕「冷」，《觀音玄義記會本》作「泠」。
〔註61〕「冷」，《觀音玄義記會本》作「泠」。
〔註62〕「不」，《觀音玄義記會本》作「本」。

又，菩薩能大悲代受苦，令其休息。餘界苦輕，與樂義可解。二、法緣慈者，觀十法界性相一切善惡，悉皆虛空。十法界假名，假名皆空。十法界色、受、想、行、識，行識皆空。十法界處所，處所皆空。無我、無我所，皆不可得。如幻如化，無有真實。常寂滅相，終歸於空。眾生云何彊〔註63〕計爲實？良以眾生不覺不知，爲苦、爲惱，不得無爲寂滅之樂。拔其此苦，而起大悲；欲與其此樂，故起大慈。《淨名》云：「能爲眾生說如此法，即真實慈也。」若緣一法界法起慈者，可不名普。今緣十法界法，豈非普耶？是名法緣慈普也。三、無緣慈者，若緣十法界性相等差別假名，此假則非假。十法界如幻如化，空則非空。非假故不緣十法界性相，非空故不緣十法界之真。既遮此二邊，無住無著，名爲中道。亦無中可緣，畢竟清淨。如是觀時，雖不緣於空假，任運雙照二邊，起無緣慈悲，拔二死之苦，與中道之樂。如磁石吸鐵，無有教者，自然相應。無緣慈悲，吸三諦機，更無差忒，不須作念，故言無緣慈悲也。行者始於凡地，修此慈悲，即得入於五品弟子；觀行無緣慈悲，進入十信位；相似無緣慈悲，入於十住，方是分證無緣慈悲，乃至等覺，鄰極慈悲熏眾生。不動如明鏡，無念如磁石，任運吸鐵故，名無緣慈悲。三諦具足，名之爲普，通至中道，故稱爲門也。二、弘誓普者，弘名爲廣，誓名爲制，願名要求，是故制御其心，廣求勝法，故名弘誓也。弘誓本成慈悲，慈悲既緣苦樂，弘誓亦約四諦。若見苦諦逼迫，楚毒辛酸，緣此起誓，故言未度令度也。若見集諦顚倒流轉，迷惑繫縛，生死浩然而無涯畔，甚可哀傷，約此起誓，故言未解令解也。清淨之道，眾生不識，行此道者，能出生死，至安樂地，欲示眾生立於此道，故言未安令安。滅煩惱處，名爲涅槃，子果縛斷，獲二涅槃，約此起誓，故云未得涅槃，令得涅槃。生死因難識，苦果易知，故先果後因；涅槃理妙，須方便善，故先因後果。《大經》云：不解鑽搖，漿猶難得。況復生酥、醍醐？如此四意但一往〔註64〕，只迷心起業，業即感果，欲識果源，知果因集。制心息業，則生死輪壞。煩惱調伏，名之爲道。修行不懈，苦忍明發，子果俱斷，證盡無生，名之爲滅。雖有四別，終是一念，更非異法。四諦既爾，弘誓亦然。次明普不普者，若凡夫即厭下攀上。約此立誓是不名普。二乘見三界火宅，畏此修道，此乃見分段四諦。亦不名普。若別教，先約分段，次約變易，此亦非普。若圓教菩薩，於一心

〔註63〕「彊」，《觀音玄義記會本》作「強」。
〔註64〕《觀音玄義記會本》「往」後有「耳」字。

中，照一切苦集滅道。遍知凡夫見愛，即有作之集。二乘著空，即無作之集。故《淨名》云：「法名無染，若染於法，是名染法，非求法也。」又云：「結習未盡，華則著身」即是變易之惑，全未除也。《大經》云：「汝諸比丘於此大乘，未爲正法，除諸結使」即無作集也。乃至順道法愛生，亦是無作集也，是名遍知集。遍知苦者，以有集故，即能招苦報。有作之集，招分段苦，無作之集，招變易苦。即知苦諦也。遍知對治苦集之道滅，從五戒十善，不動不出，二乘四諦十二因緣，通至有餘無餘涅槃，通教亦爾，別教歷別通至常住，不能於一道有無量道，不名普道。圓教中道，即是實相，《普賢觀》云，大乘因者，諸法實相，修如此道，名爲圓因，稱爲普道。故所得涅槃，即是究竟常住，一切煩惱，永無遺餘，譬如劫火，無復遺燼，故名普滅。所觀四諦既周，緣諦起誓，何得不遍，故稱弘誓普也。私用觀十法界性德修得善惡，而起弘誓，論普不普，自是一節大義，與四諦語異。故逭用之，亦應善也。三、明修行普，先明次第修行，次明不次第修行，具在大本行妙中。四、明斷惑普者，若從假入空，止斷四住惑，華猶著身，未爲正法，除諸結使，但離虛妄，非一切解脫。若從空入假，止除塵沙，不依根本而斷，亦不名普。若空假不二，正觀中道，根本既傾，枝條自去，如覆大地，草木悉碎，故名斷惑普也。五、入法門普者，二乘若入一法門，不能入二，何況眾多？若修歷別之行，階差淺深，我唯知此一法門，餘不能知者，此亦非普。若入王三昧，一切悉入其中。譬如王來，必有營從，營從復有營從。王三昧，亦如是。入此三昧，一切三昧悉入其中。所謂：三諦、三昧、三諦三昧，復有無量法門而爲眷屬，亦皆悉入王三昧中，故名，入法門普。六、神通普者，若大羅漢天眼見大千，支佛見百佛土，菩薩見恆沙佛土，皆是限量之通，故不名普。何以故？緣境既狹，發通亦小。今圓教菩薩，緣十法界境發通，偏見十法界，而無限極。三乘尚不知其名，何況見其境界？眼見既爾，餘例可知，神通妙中，當廣說。七、方便普者，進行方便，是道前方便；起用方便，是道後方便。今正明道後方便也。若二乘及小菩薩所行方便，入一法門，若欲化他齊其所得，起用化物，道前道後，俱非是普。圓教菩薩，二諦爲方便，收得一切方便，入中道已，雙照二諦，二諦神變，遍十法界，而於法身，無所損減。道前道後，皆名爲普。八、說法普者，二乘小菩薩說法，不能一時遍答眾聲；又殊方異俗，不能令俱解。《大經》云：拘絺羅於聲聞中，四無礙辯，爲最第一，非謂菩薩也。今圓教人，一音演法，隨類得解；以一妙音，遍滿十方

界。如修〔註65〕羅琴，隨人意出聲，故名說法〔註66〕，說法妙中廣說。九、
供養諸佛普者，就此爲二。一事、二理。《華嚴》云：不爲供養一佛、一國
土微塵佛，乃至爲供養不可說不可說佛，能不起滅定，現諸威儀，安禪合掌，
讚諸法王，以身命財，一切供具，周至十方，譬如雲雨，供養諸佛也。理解
者，圓智正觀之心名爲覺，覺即是佛義。萬行功德熏修此智，此智名一切修
功德，資供此智，即是供養一切智。《淨名》云：「以一施食一切」，故云供
養諸佛普。十、成就眾生普者，譬螢火、燈燭、星月，爲益蓋微。日光照世，
一切卉木〔註67〕叢林遍令生長，華果成就。外道如螢火，二乘如燈燭，通教
如星，別教如月。成就義約。今圓教聖人，慈慧饒潤，冥顯兩益，而無限量。
《華嚴》云：菩薩不爲一眾生、一國土、一方眾生發菩提心，乃爲不可說不
可說佛刹微塵國土眾生發心。成立利益，一時等潤。譬如大雨，一切四方俱
下，故名成就眾生普。普門之義，何量何邊，豈可窮盡？如《淨名》之儔，
不能受持。今此觀世音普門，即對三號。觀即是覺，覺名爲佛。世音是境，
境即是如〔註68〕。普門即正遍知。此之三義，不可窮盡。若見其意，則自在
說也。私就〈普門品〉搜十普之義，證成此者。若如觀音愍諸四眾，受其瓔
珞者，諸是不一之名。愍是悲傷之義，此即慈悲普；有慈悲任運，有弘誓普
義也。以種種形遊諸國土，度脫眾生，即是淨佛國土，豈非修行普？自既無
縛，能解他縛；自既無毒，令他離毒，一時稱名，皆得解脫，皆是偏〔註69〕
悉之言，豈非斷惑普？普門示現，即是入法門普。方便之力，即是方便普。
神通力者，即神通普。而爲說法，即說法普。多所饒益，即成就眾生普。分
作二分，奉二如來，即供養諸佛普。如是義意，悉在經文，故引以爲證也。

第二，釋體者，以靈智合法身爲體。若餘經明三身者，則單以法身爲體。
此品但有二身義，故用理智合爲體也。只此智即實相理。何以故？若無靈智，
實相隱名如來藏。今知權實相，與理不二，如左右之名爾。若明實相體義，
廣出大本《玄義》。

第三，明宗者，以感應爲宗。十界之機，扣寂照之知，致有前後感應之
益。益文雖廣，直將感應往收，如牽綱目動。所以用感應爲宗。餘經或用因

〔註65〕「修」，《觀音玄義記會本》作「脩」。
〔註66〕「說法」，《觀音玄義記會本》作「說法普」。
〔註67〕「卉木」，《觀音玄義記會本》作「草木」。
〔註68〕「如」字後，《觀音玄義記會本》有一「來」字。
〔註69〕「偏」，《觀音玄義記會本》作「遍」。

果爲宗。今品不爾者，因果語通，從凡乃至上地，各有因果。能感所感，既皆有因果。但經文意似不至此。機家雖有因果，但以感爲名；聖雖無因果，但以應爲名。則扶文義便也。感應義有六。一、列名，二、釋相，三、釋同異，四、明相對，五、明普不普，六、辯觀心。具在大本。問：若言機者，是微善之將生。惡微將生，亦是機不〔註70〕？答：然。問：機爲是善爲不善？若已是善，何須感聖；若未是善，那得言善之將生？答：性善冥伏，如蓮華在泥；聖人若應，如日照則出。又問：若言機是關者，爲善關不善關。若已是善，何須關聖而成善？若非是善，復何得關聖而成非善？凡聖條然，何曾相關？答：善關於大慈，惡關於大悲，故言相關。問：若言宜釋機者，此乃是應家觀機用與之言，那釋感義。答：圓蓋圓底，互得相宜。問：爲用法身應，爲用應身應。應身無常，此則無應；法身若應，此則非法身。答：法既言身，何不言應？應身既稱應，何意不應？故〔註71〕俱應。又問：感應爲一爲異。若一，感即是應，凡便是聖。若異，則不相關。答：不一不異，而論感應。問：感應爲虛爲實。若是實者，凡夫是實。實則何可化？若言是虛，虛何所化？答：云云。以他問：聖人是所感，凡夫是能感；聖人是能應，凡夫是所應。所感非是感，所應非是應，云何言感應道交？答：所感實無感，從感名所感，言聖人是所感；所應實無應，從應名所應，言凡夫是所應。還是感所爲應能，應能爲感所；亦是應所爲感能，感能爲應所。既無感應之實，亦無感應之異。不異而異者，聖沒所感，目爲能應；凡沒所應，目爲能感，故言感應道交。私難此語，若實無感應之異。今聖沒能感、凡沒能應。何不聖沒能應、凡沒能感？若如此，則無凡聖之殊；若不如此，感應便異，何言不異？又感能、無感能之實。而名感能者，何不名應能？若應所無實，何不名感所？若爾，則無凡聖感應；若不爾，則是異。云何不異？又難，若以感能爲應所，感所爲應能。此是自生義。若能應只是所應，能感只是所感，還是自生義。若應能生應所，感能生感所；能感生所感，所感生能感；能應生所應，所應生能應，皆是從他生，豈非他性義？若共生則二過，若離二，墮無因過。問：若爾，則無感應？答：聖人以平等無住法、不住感。以四悉檀隨機應爾。問：妄執之善能感否？答：執是惡，亦得感。問：妄執既非一，應亦爲二。答：應本無二，爲緣何所不作。問：凡名凡僻，善則招樂，惡則

〔註70〕「不」，《觀音玄義記會本》作「否」。
〔註71〕《觀音玄義記會本》在「故」後，有一「須」字。

—170—

感苦。聖名爲正，正則非善非惡，非苦非樂。善惡之僻，何能感非善非惡之正耶？答：正聖慈悲，拔其善惡之僻，令入非善非惡之正，故有感應。

第四，慈悲利物爲用者，二智不當用耶？答：二智語通。今別附文，以盛明隱顯之益。故以此當用爾。他釋法身冥益爲常，應身暫出還沒爲無常。今明法身常寂而恆照，此理宜然。應身處處利益，未嘗休廢，亦是常義。若言有應不應以爲無常者，法身亦有益無益。故知俱是常無常，俱有冥顯。如日月共照，一虧一盈。如來恆以常無常二法，熏修眾生。故言二鳥雙遊，而呼爲常無常爾。譬如種植，或假外日風雨，內有土氣煖潤，而萬物得增。冥顯兩益，亦復如是。此中應用王三昧。十番破二十五有，以辯慈悲益物之用。具在大本《玄》中。問：觀音利物，廣大如此。爲已成佛，猶是菩薩？答：本地難知，而經有兩說。如《觀音受〔註72〕記經》：明觀音勢至，得如幻三昧，周旋往返十方化物。昔於金光師子遊戲如來國，王名威德，化生二子。左名寶意，即是觀音；右名寶尚，即是勢至。往問佛：何供養勝？佛言：當發菩提心。從如來初發菩提心，次阿彌陀佛後，當成正覺。觀音名普光功德山王、勢至名善住功德寶王。又《如來藏經》，亦云：觀音文殊，皆未成佛。若《觀音三昧經》云：先已〔註73〕成佛，號正法明如來。釋迦爲彼佛作苦行弟子。二文相乖，此言云何？乃是四悉檀化物，不可求其實也。

第五，明教相者，夫《觀音經》部黨甚多，或《請觀世音》、《觀音受記》、《觀音三昧》、《觀音懺悔》、《大悲雄猛觀世音》等不同。今所傳者，即是一千五百三十言，《法華》之一品。而別傳者，乃是曇摩羅讖法師，亦號伊波勒菩薩。遊化蔥嶺，來至河西。河西王沮渠蒙遜，歸命正法，兼有疾患，以告法師。師云：觀世音與此土有緣。乃令誦念，患苦即除。因是別傳一品，流通部外也。此品是法華流通分。既通於開權顯實之教，令冥顯兩益，被於將來。以十法界身，圓應一切使得解脫。圓人秉於圓法，流通此圓教，故即是流通圓教相也。五味爲論，即是流通醍醐味也。問：文云：「方便之力」，種種不同，說亦應異。何得是圓教相？答：就能說之人爲圓，弘圓教，遍逗法界之機，機雖不同，不可令能秉法人，隨機而遍〔註74〕。例如佛於一乘分別說三。豈可令佛便是聲聞緣覺耶？又〈付囑〉云：若人深信解者，爲說此經。若不信者，於餘深法中，

〔註72〕 「受」，《觀音玄義記會本》作「授」。
〔註73〕 「已」，《觀音玄義記會本》作「巳」。
〔註74〕 「遍」，《觀音玄義記會本》作「偏」。

示教利喜。既奉佛旨，圓逗萬機，種種不同。只是流通圓教。又問：能説人圓，於教亦圓。行人機異，此人稟何教耶？若稟偏教，與鹿苑人同。若稟圓教，機亦應一。答：昔鹿苑，佛未發本顯跡，不會三歸一。人法未圓，所稟方便，不得稱圓。今經已〔註75〕開權顯實，雖是〔註76〕種種身，本跡不思議，一，雖説種種法，爲開圓道，於義無咎。問：上文云：「正直捨方便」，此中那言以方便？答：上正顯實，故言其捨。此中論用，故言示現，體用不思議一也。

〔註75〕「已」，《觀音玄義記會本》作「巳」。
〔註76〕「是」，《觀音玄義記會本》作「示」。